Gabriele Schnaß

Daniela Schroeder

Polizei- und Ordnungsrecht Nordrhein-Westfalen

JURIQ Erfolgstraining

Herausgegeben von JURIQ® Juristisches Repetitorium, Köln

Polizei- und Ordnungsrecht Nordrhein-Westfalen

von
Dr. Daniela Schroeder, LL.M.
Rechtsanwältin, zugl. Fachanwältin für Verwaltungsrecht
AnwaltMediatorin (DAA), Wirtschaftsmediatorin (CfM)

3., neu bearbeitete Auflage

CFM C.F. Müller

Bibliografische Information der Deutschen Nationalbibliothek
Die Deutsche Nationalbibliothek verzeichnet diese Publikation in der Deutschen Nationalbibliografie; detaillierte bibliografische Daten sind im Internet über <http://dnb.d-nb.de> abrufbar.

ISBN 978-3-8114-4341-9

E-Mail: kundenservice@cfmueller.de
Telefon: +49 89/2183-7923
Telefax: +49 89/2183-7620

www.cfmueller.de
www.cfmueller-campus.de

Satz: TypoScript, München
Illustrationen: Mattfeldt & Sänger, München
Druck: Kessler Druck + Medien, Bobingen

Liebe Leserinnen und Leser,

die Reihe „JURIQ Erfolgstraining“ zur Klausur- und Prüfungsvorbereitung verbindet sowohl für Studienanfänger als auch für höhere Semester die Vorzüge des klassischen Lehrbuchs mit meiner Unterrichtserfahrung zu einem umfassenden Lernkonzept aus Skript und Online-Training.

In einem ersten Schritt geht es um das **Erlernen** der nach Prüfungsrelevanz ausgewählten und gewichteten Inhalte und Themenstellungen. Einleitende Prüfungsschemata sorgen für eine klare Struktur und weisen auf die typischen Problemkreise hin, die Sie in einer Klausur kennen und beherrschen müssen. Neu ist die **visuelle Lernunterstützung** durch

- ein nach didaktischen Gesichtspunkten ausgewähltes Farblayout
- optische Verstärkung durch einprägsame Graphiken und
- wiederkehrende Symbole am Rand

= Definition zum Auswendiglernen und Wiederholen

= Problempunkt

= Online-Wissens-Check

Illustrationen als „Lernanker“ für schwierige Beispiele und Fallkonstellationen steigern die Merk- und Erinnerungsleistung Ihres Langzeitgedächtnisses.

Auf die Phase des Lernens folgt das **Wiederholen und Überprüfen** des Erlernten im **Online-Wissens-Check**: Wenn Sie im Internet unter **www.juracademy.de/skripte/login** das speziell auf das Skript abgestimmte Wissens-, Definitions- und Aufbautraining absolvieren, erhalten Sie ein direktes Feedback zum eigenen Wissensstand und kontrollieren Ihren individuellen Lernfortschritt. Durch dieses aktive Lernen vertiefen Sie zudem nachhaltig und damit erfolgreich Ihre Kenntnisse des Polizei- und Ordnungsrechts!

Frage 1 (Punkte: 1)

Welche der folgenden Aspekte gehören zum Schutzgutz der öffentlichen Sicherheit?

Antwort

Aussagen	Antwort	Aussagerichtigkeit und Kommentar
a) die Einrichtungen und Veranstaltungen des Staates	☑ ✓	Richtig, auch dies zählt zur öffentlichen Sicherheit.
b) die ungeschriebenen Regeln, die für ein Zusammenleben unerlässlich sind	☐ ✓	Falsch, diese gesellschaftlichen Ordnungsnormen, die herrschenden sozialen und ethischen Anschauungen bilden die öffentliche Ordnung.
c) die Rechte Einzelner	☑ ✓	Richtig, dabei ist vor allem an Grundrechte zu denken.
d) die Unverletzlichkeit der objektiven Rechtsordnung	☑ ✓	Richtig, jeder Verstoß gegen die objektive Rechtsordnung kann eine Gefahr für die öffentliche Sicherheit begründen.

→ **Richtig**
Punkte für diese Antwort: 1/1.

Schließlich geht es um das **Anwenden und Einüben** des Lernstoffes anhand von Übungsfällen verschiedener Schwierigkeitsstufen, die im Gutachtenstil gelöst werden. Die JURIQ **Klausurtipps** zu gängigen Fallkonstellationen und häufigen Fehlerquellen weisen Ihnen dabei den Weg durch den Problemdschungel in der Prüfungssituation.

Das **Lerncoaching** jenseits der rein juristischen Inhalte ist als zusätzlicher Service zum Informieren und Sammeln gedacht: Ein erfahrener Psychologe stellt u.a. Themen wie Motivation, Leistungsfähigkeit und Zeitmanagement anschaulich dar, zeigt Wege zur Analyse und Verbesserung des eigenen Lernstils auf und gibt Tipps für eine optimale Nutzung der Lernzeit und zur Überwindung evtl. Lernblockaden.

Dieses Skript behandelt das allgemeine Polizei- und Ordnungsrecht Nordrhein-Westfalen. Es beschäftigt sich mit den prüfungsrelevanten Grundlagen des allgemeinen Polizei- und Ordnungsrechts, mit Gefahrenabwehrverfügungen nach allgemeinem Polizei- und Ordnungsrecht, mit dem polizei- und ordnungsrechtlichen Zwangsverfahren, mit ordnungsbehördlichen Gefahrenabwehrverordnungen sowie mit dem polizei- und ordnungsrechtlichen Haftungsrecht.

Auf geht's – ich wünsche Ihnen viel Freude und Erfolg beim Erarbeiten des Stoffs!

Und noch etwas: Das Examen kann jeder schaffen, der sein juristisches Handwerkszeug beherrscht und kontinuierlich anwendet. Jura ist kein „Hexenwerk". Setzen Sie nie ausschließlich auf auswendig gelerntes Wissen, sondern auf Ihr Systemverständnis und ein solides methodisches Handwerk. Wenn Sie Hilfe brauchen, Anregungen haben oder sonst etwas loswerden möchten, sind wir für Sie da. Wenden Sie sich gerne an C.F. Müller GmbH, Waldhofer Straße 100, 69123 Heidelberg, E-Mail: kundenservice@cfmueller.de. Dort werden auch Hinweise auf Druckfehler sehr dankbar entgegen genommen, die sich leider nie ganz ausschließen lassen. Oder wenden Sie sich direkt an die Verfasserin unter kanzlei@rdds.eu.

Köln, im Februar 2017

Daniela Schroeder

JURIQ Erfolgstraining – die Skriptenreihe von C.F. Müller mit Online-Wissens-Check

Mit dem Kauf dieses Skripts aus der Reihe **„JURIQ Erfolgstraining"** haben Sie gleichzeitig eine Zugangsberechtigung für den Online-Wissens-Check erworben – ohne weiteres Entgelt. Die Nutzung ist freiwillig und unverbindlich.

Was bieten wir Ihnen im Online-Wissens-Check an?

- Sie erhalten einen individuellen Zugriff auf **Testfragen zur Wiederholung und Überprüfung des vermittelten Stoffs**, passend zu jedem Kapitel Ihres Skripts.
- Eine individuelle **Lernfortschrittskontrolle** zeigt Ihren eigenen Wissensstand durch Auswertung Ihrer persönlichen Testergebnisse.

Wie nutzen Sie diese Möglichkeit?

Online-Wissens-Check

Registrieren Sie sich einfach für Ihren kostenfreien Zugang auf **www.juracademy.de/skripte/login** und schalten sich dann mit Hilfe des Codes für Ihren persönlichen Online-Wissens-Check frei.

Ihr persönlicher User-Code: 253081509

Der Online-Wissens-Check und die Lernfortschrittskontrolle stehen Ihnen für die **Dauer von 24 Monaten** zur Verfügung. Die Frist beginnt erst, wenn Sie sich mit Hilfe des Zugangscodes in den Online-Wissens-Check zu diesem Skript eingeloggt haben. Den Starttermin haben Sie also selbst in der Hand.

Für den technischen Betrieb des Online-Wissens-Checks ist die JURIQ GmbH, Unter den Ulmen 31, 50968 Köln zuständig. Bei Fragen oder Problemen können Sie sich jederzeit an das JURIQ-Team wenden, und zwar per E-Mail an: info@juriq.de.

Inhaltsverzeichnis

Literaturverzeichnis

Achterberg/Püttner (Hrsg.)	Besonderes Verwaltungsrecht, Band II, 2. Aufl. 2000
Degenhart	Staatsrecht I, Staatsorganisationsrecht, 32. Aufl. 2016
Dietlein/Hellermann	Öffentliches Recht in Nordrhein-Westfalen, 6. Aufl. 2016
Drews/Wacke/Vogel/Martens	Gefahrenabwehr. Allgemeines Polizeirecht (Ordnungsrecht) des Bundes und der Länder, 9. Aufl. 1986
Erbguth/Mann/Schubert	Besonderes Verwaltungsrecht, 12. Aufl. 2015
Götz	Allgemeines Polizei- und Ordnungsrecht, 15. Aufl. 2013
Knemeyer	Polizei- und Ordnungsrecht, 11. Aufl. 2007
Kopp/Ramsauer	Verwaltungsverfahrensgesetz, 17. Aufl. 2016
Kopp/Schenke	Verwaltungsgerichtsordnung, 22. Aufl. 2016
Kugelmann	Polizei- und Ordnungsrecht, 2. Aufl. 2012
Lisken/Denninger (Hrsg.)	Handbuch des Polizeirechts, 5. Aufl. 2012
Maurer	Allgemeines Verwaltungsrecht, 18. Aufl. 2011
Möller/Warg	Allgemeines Polizei- und Ordnungsrecht, 6. Aufl. 2012
Möstl/Kugelmann (Hrsg.)	Beck'scher Onlinekommentar Polizei- und Ordnungsrecht Nordrhein-Westfalen
Pieroth/Schlink/Kniesel	Polizei- und Ordnungsrecht, 9. Aufl. 2016
Schenke	Polizei- und Ordnungsrecht, 9. Aufl. 2016
Schönenbroicher/Heusch	Ordnungsbehördengesetz Nordrhein-Westfalen, Kommentar, 2014
Schroeder	Baurecht Nordrhein-Westfalen, 3. Aufl. 2016
Schroeder	Grundrechte, 4. Aufl. 2016
Schwerdtfeger	Öffentliches Recht in der Fallbearbeitung, 14. Aufl. 2012
Stelkens/Bonk/Sachs (Hrsg.)	Verwaltungsverfahrensgesetz, 8. Aufl. 2014
Tegtmeyer/Vahle	Polizeigesetz Nordrhein-Westfalen, 11. Aufl. 2014
Wehr	Examensrepetitorium Polizeirecht, 3. Aufl. 2015
Wolffgang/Hendricks/Merz	Polizei- und Ordnungsrecht in Nordrhein-Westfalen, 3. Aufl. 2011

Tipps vom Lerncoach

Warum Lerntipps in einem Jura-Skript?

Es gibt in Deutschland ca. 1,6 Millionen Studierende, deren tägliche Beschäftigung das Lernen ist. Lernende, die stets ohne Anstrengung erfolgreich sind, die nie kleinere oder größere Lernprobleme hatten, sind eher selten. Besonders juristische Lerninhalte sind komplex und anspruchsvoll. Unsere Skripte sind deshalb fachlich und didaktisch sinnvoll aufgebaut, um das Lernen zu erleichtern.

Über fundierte Lerntipps wollen wir darüber hinaus all diejenigen ansprechen, die ihr Lern- und Arbeitsverhalten verbessern und unangenehme Lernphasen schneller überwinden wollen.

Diese Tipps stammen von *Frank Wenderoth,* der als Diplom-Psychologe seit vielen Jahren in der Personal- und Organisationsentwicklung als Berater und Personal Coach tätig ist und außerdem Jurastudierende in der Prüfungsvorbereitung und bei beruflichen Weichenstellungen berät.

Wie lernen Menschen?

Die Wunschvorstellung ist häufig, ohne Anstrengung oder ohne eigene Aktivität „à la Nürnberger Trichter" lernen zu können. Die modernen Neurowissenschaften und auch die Psychologie zeigen jedoch, dass Lernen ein aktiver Aufnahme- und Verarbeitungsprozess ist, der auch nur durch aktive Methoden verbessert werden kann. Sie müssen sich also für sich selbst einsetzen, um Ihre Lernprozesse zu fördern. Sie verbuchen die Erfolge dann auch stets für sich.

Gibt es wichtigere und weniger wichtige Lerntipps?

Auch das bestimmen Sie selbst. Die Lerntipps sind als Anregungen zu verstehen, die Sie aktiv einsetzen, erproben und ganz individuell auf Ihre Lernsituation anpassen können. Die Tipps sind pro Rechtsgebiet thematisch aufeinander abgestimmt und ergänzen sich von Skript zu Skript, können aber auch unabhängig voneinander genutzt werden.

Verstehen Sie die Lerntipps „à la carte"! Sie wählen das aus, was Ihnen nützlich erscheint, um Ihre Lernprozesse noch effektiver und ökonomischer gestalten zu können!

Lernthema 4
Grundlagen: Lernen, Behalten und Erinnern

Die Lern- und Gedächtnispsychologie hat einige praktische Ideen, die Ihr Lernen erleichtern werden. Sie können damit effektiver lernen, mehr behalten und später den Lernstoff wieder gut abrufen. Sie können diese Methoden und Techniken sofort in die Praxis umsetzen und deren Erfolg unmittelbar feststellen. Lerntipps gibt es zu den Themen Arbeitsplanung, Techniken zum Warmlaufen, Einteilung des Lernpensums, Pausenmanagement und positive Abschlussgestaltung. Übrigens: Sie brauchen nicht alle Tipps auf einmal anzuwenden. Testen Sie ruhig einen nach dem anderen!

Lerntipps

Fangen Sie nicht einfach an!

Viele wollen das große Arbeitspaket möglichst schnell hinter sich bringen und fangen einfach an. Verschaffen Sie sich besser zu Beginn eine Übersicht über folgende Punkte:

- Inhalte, die erarbeitet werden müssen
- Tätigkeiten, die erbracht werden müssen (Lesen, Schreiben, Sammeln, Gliedern, Auswendiglernen)
- Benötigte Arbeitszeiten
- Dringlichkeit und Priorisierung einzelner Inhalte und Tätigkeiten

Schreiben Sie auf Arbeitskarten (Karteikartengröße), welche Arbeiten im folgenden Zeitabschnitt von ca. 2 bis 4 Stunden zu erledigen sind. Sie können das Ganze in eine optimale Reihenfolge bringen und an eine Pin-Wand heften. Damit bekommen Sie eine sinnvolle Ordnung, die Ihr Lernleben erleichtert. Und immer, wenn eine Tätigkeit beendet ist, vernichten Sie die Zettel als positiven Abschluss. Die Planungstechnik eignet sich auch für langwierige schriftliche Ausarbeitungen sehr gut.

Machen Sie Ihren Denkapparat warm!

Ein Sportler macht sich vor Beginn des Wettkampfes warm, um körperlich, aber auch mental auf „Betriebstemperatur" zu kommen. Ein Musiker spielt sich vor seinem Konzert ein. Auch der Denkapparat braucht eine Warmlaufphase, da zu Beginn einer Lerneinheit die Aufnahmefähigkeit noch relativ gering ist. Starten Sie also mit möglichst einfachen Tätigkeiten, Dingen, die Ihnen persönlich eher leicht von der Hand gehen.

Startarbeiten können sein:

- Definitionen erst einmal nur durchlesen
- Begriffe aus einem Buch zu einem Thema heraussuchen, kennzeichnen, mit Seitenzahlen versehen
- Einfache Texte lesen
- Karteikarten schreiben und ordnen
- Material abheften

Bei umfassenderen Arbeiten das wiederholte Warmlaufen nicht vergessen!

Wenn Sie an einer Hausarbeit oder an einem umfangreicheren Lernstoff sitzen, starten Sie nach Pausen immer wieder neu. Sie können sich das Denken für einen Neustart erleichtern, wenn Sie sich am Ende einer Arbeitsphase kurze Merksätze notieren, was Sie nach der Pause konkret lesen, erarbeiten, vergleichen oder welche Fragen Sie beantworten wollen. Mit diesen Notizen können Sie sehr schnell wieder Gedankengänge aktivieren und in Ihr Gesamtkonzept einsteigen. Sie können aber auch die Feingliederung für den geplanten Teil noch einmal durchgehen oder zwei Seiten zurückzublättern, um sich wieder einzulesen.

Den Lernstoff in 5 bis 7 Lernportionen einteilen!

Es gibt auch beim Lernen eine optimale Menge der „akuten Lernbelastbarkeit". Ein Lernumfang von 5 bis 7 Elementen („Chunks") kann leicht auf einmal gespeichert werden. Wird diese Menge überschritten, ist Ihr Arbeitsspeicher (Speicherdauer 15 bis 30 Sekunden) überfordert, und es wird weniger ins Langzeitgedächtnis („Festplatte") befördert, also behalten. „Chunks" sind sinnvolle Gruppierungen von Informationen, – z. B. 7 Aufbauschemata, 7 Definitionen etc. Der mögliche Umfang Ihrer „Chunks" hängt von Ihrem Vorwissen zu einem Lerngebiet ab.

Fazit für die Praxis:

- Bereiten Sie Ihr Lernmaterial so auf, dass die Zahl von 5 bis 7 Fachbegriffen, Definitionen, Merksätzen, Kategorien nicht überschritten wird.
- Teilen Sie umfangreicheres Material in Einheiten mit Untereinheiten (ebenfalls max. 7), die sinnvoll miteinander in Beziehung stehen.
- Denn: Sinnvoll gruppiertes Material wird besser behalten als beziehungslos nebeneinanderstehendes.
- Stabilisieren Sie das Wissen durch regelmäßiges Wiederholen in kleineren Portionen.

Testen Sie den Positionseffekt beim Lernen!

Es gibt nicht nur bevorzugte Plätze im Stadion oder Konzertsaal, sondern auch in einer Reihe von Lernelementen. Der Anfang und das Ende werden besser behalten und erinnert (Erfahrung des Autors als Coach: auch die ersten und letzten Stellenbewerber werden besser erinnert als die in der Mitte eines Bewerbungsprozesses). Stellen Sie sich vor, Sie müssen 20 Aufbauschemata oder Definitionen lernen. Die erste und die letzte Definition machen 10% des Lernmaterials aus, das Sie sich ohne besonderes Zutun besser einprägen können. Bei 2 Lernpaketen wären das 20%, bei 4 Paketen à 5 Definitionen schon 40% erleichterte Aufnahme.

Fazit für die Praxis:

- Nutzen Sie den Vorteil, dass Anfang und Ende einer Reihe leichter behalten werden!
- Teilen Sie Ihre Gesamtmenge in Portionen von 5 bis 7 Elementen auf, dann haben Sie entsprechend mehr Randelemente!
- Lernen Sie die Einheiten stets mehrfach in einer jeweils anderen Reihenfolge, dadurch wird der Positionseffekt mehrfach genutzt und sie werden damit flexibler bereitgestellt!

Beseitigen Sie die „Ähnlichkeitshemmung"!

Sind Lernelemente einander sehr ähnlich, so hemmen sie sich gegenseitig beim Lernen (= Ähnlichkeitshemmung). Man kann z. B. 5 unterschiedliche Begriffe besser abspeichern als 5 ähnliche. Lernen Sie ähnliche Inhalte stets zeitlich voneinander getrennt. Sie können diese dann „verwechslungssicherer" abrufen. Machen Sie sich also keine Sorgen, wenn Sie inhaltlich unterschiedliche Dinge lernen. Das ist sogar eher förderlich.

Mit verteiltem Lernen behalten Sie auf die Dauer mehr!

Unsere Aufnahmefähigkeit ist begrenzt. Das haben Sie und ich schon mehrfach festgestellt. Selbst nach einem Warmstart dürfen wir nicht mit einer gleichmäßig ansteigenden Zunahme unseres Wissens rechnen. Es mag Sie zwar enttäuschen, aber wir behalten nach längerer Lernzeit immer weniger. Wir erreichen dann ein Lernplateau, wenn wir zu lange oder zu häufig denselben Stoff wiederholen. Es wird dann oft ohne Gewinn unnötiger Energieaufwand betrieben. Es kann sogar zu einer Abnahme schon erworbenen Wissens führen. Mehrarbeit kann also auch schaden. Das Gehirn braucht zum effektiven Lernen Zeit, um neue neuronale Verknüpfungen zu bilden, damit das Lernen auch „Spuren" hinterlässt.

Die Konsequenz heißt „verteiltes statt massiertes Lernen", den Lernstoff also mit Zwischenpausen bearbeiten.

- Zuerst langsam und aufmerksam lesen und nicht direkt einprägen wollen.
- Pause: Etwas ganz anderes tun.
- Wesentliche einzelne Begriffe und Zusammenhänge aufschreiben.
- Pause: Wieder ganz andere Dinge tun, auch Geistiges, jedoch möglichst unähnlich zu dem bisherigen Lernstoff.
- Wieder Begriffe und Zusammenhänge einprägen.
- usw.

Für Definitionen und Aufbauschemata zu einem Thema sind Abstände von 20 bis 40 Minuten zu empfehlen, bei größeren Textabschnitten wie Buchkapiteln können das auch mehrere Stunden sein.

Den Lernmotor und Ihre Motivation vor Überbelastung schützen!

Die maximale Leistungsfähigkeit kann nur in einem begrenzten Zeitraum erreicht werden. Bei Überschreitung passieren Fehler, die Leistung wird gemindert und die Motivation möglicherweise dauerhafter geschädigt. Vor Eintritt in eine solche Negativphase sollten Sie ein für Sie passendes Pausenmanagement einrichten.

Generell gilt:

- Häufige Pausen von weniger als 20 Minuten sind besonders effektiv und besser als wenige lange Pausen.
- Pausen sollten nicht mit lernnahen Tätigkeiten oder speicherbelastenden Aktivitäten (PC-Spiele) ausgefüllt werden.

Beispiele für unterschiedliche Pausenarten, die in den Tages- und Lernablauf integriert werden sollten:

- Abspeicherpausen (Augen zu): 10 bis 20 Sekunden nach Definitionen, Begriffen und komplexen Lerninhalten zum sicheren Abspeichern und zur Konzentration.
- Umschaltpausen: 3 bis 5 Minuten nach ca. 20 bis 40 Minuten Arbeit, um Abstand zum vorher Gelernten zu bekommen und dadurch besser Neues aufzunehmen.
- Zwischenpausen: 15 bis 20 Minuten nach 90 Minuten intensiver Arbeit, also nach zwei Arbeitsphasen, dient dem Erholen und Abschalten.

Und nicht vergessen:

- Die lange Erholungspause von 1 bis 3 Stunden, z. B. mittags oder zum Feierabend nach 3 Stunden Arbeit sollten Sie ebenfalls zum richtigen Abschalten, Regenerieren, Sich-Belohnen nutzen!

Die Lernarbeit positiv abschließen!

Unsere Erinnerung behält vor allem die letzten Erlebnisse. Endet ein an und für sich schöner Abend mit einem Streit, so wird der Abend rückwirkend als unangenehm empfunden. Ein Kellner bietet uns nach dem Essen auf Rechnung des Hauses einen Espresso oder Schnaps an. Wenn wir uns erinnern, werden wir geneigt sein, das gute Essen noch besser zu erinnern. D. h. wenn eine Tätigkeit positiv beendet wird, wird sie insgesamt als positiver erlebt.

Nach einer längeren Arbeitsphase von 1 bis 3 Stunden können Sie Folgendes tun:

- Bewusst feststellen, was Sie alles geschafft haben, beachten Sie dabei weniger die unbearbeitete Menge.
- Vergleichen Sie, was Sie zu Beginn einer Lernphase konnten oder wussten – und was Sie nun beherrschen.
- Legen Sie eventuell ein Karteikartensystem an, mit dem Sie sehr leicht feststellen können, was Sie können (z. B. eine Kartei mit Aufbauschemata, Definitionskartei; siehe dazu auch die Arbeitskarten aus dem ersten Lerntipp)

Jeden Tag das gleiche Ritual!

Der Abschluss eines Lerntages sollte auch symbolisch eine Zäsur setzen, analog dem Wechsel von Arbeit zu Freizeit mit der Schulklingel oder dem Kleidungswechsel nach der Arbeit.

Lernen, Behalten und Erinnern

Abschlussrituale am Ende eines Tages können sein:

- Denken Sie bereits 10 Minuten vor dem Arbeitsende eines Tages an das Ende der Arbeit.
- Denken Sie kurz aber bewusst darüber nach, an welcher Stelle Sie die Arbeit für heute beenden.
- Sagen Sie sich bewusst: Für heute ist die Arbeit für mich beendet.
- Verschaffen Sie sich einen Überblick über das Geleistete.
- Machen Sie sich kurze Notizen, welche Aspekte in der nächsten Arbeitsphase zu berücksichtigen sind. Das erleichtert den Einstieg am Folgetag.
- Klappen Sie den Ordner bewusst zu, fahren Sie den PC bewusst herunter und sagen Sie sich „Ich habe jetzt Freizeit!"
- Verlassen Sie den Arbeitsplatz und den Arbeitsbereich. Wenn möglich, ziehen Sie sich um.
- Gestalten Sie dieses Abschlussritual jeden Tag!

1. Teil
Einführung

Dieses Skript behandelt das allgemeine Polizei- und Ordnungsrecht Nordrhein-Westfalen. In der ersten Prüfung und im zweiten juristischen Staatsexamen gehört das allgemeine Polizei- und Ordnungsrecht zu den Pflichtfächern (vgl. §§ 11 Abs. 2 Nr. 13 lit. a; 52 Abs. 1 S. 1 Nr. 1 JAG NRW[1]) und ist regelmäßig Prüfungsgegenstand. 1

Fallbearbeitungen aus dem allgemeinen Polizei- und Ordnungsrecht sind in Prüfungen beliebt. Die Gründe hierfür liegen auf der Hand: Das allgemeine Polizei- und Ordnungsrecht ist allgemeines Gefahrenabwehrrecht und steht als solches beispielhaft für den klassischen Bereich der Eingriffsverwaltung, der in einer Prüfung ohne Weiteres mit verfassungsrechtlichen Problemstellungen, insbesondere grundrechtlichen Fragen, verbunden werden kann.[2] Als Materie des besonderen Verwaltungsrechts baut das allgemeine Polizei- und Ordnungsrecht außerdem auf dem allgemeinen Verwaltungsrecht auf, so dass regelmäßig auch das allgemeine Verwaltungsrecht relevant ist. Dazu gehören vor allem auch verwaltungsvollstreckungsrechtliche Aspekte. Schließlich wird das allgemeine Polizei- und Ordnungsrecht mit Hilfe des Verwaltungsprozessrechts durchgesetzt. Prüfungen im allgemeinen Polizei- und Ordnungsrecht haben daher regelmäßig einen prozessrechtlichen Aufhänger, so dass auch entsprechende verfahrensrechtliche Kenntnisse zur Lösung des Falls abverlangt werden. Vor diesem Hintergrund sollten Sie dem allgemeinen Polizei- und Ordnungsrecht bei Ihrer Prüfungsvorbereitung daher unbedingt die entsprechende Aufmerksamkeit schenken! 2

---

1 Juristenausbildungsgesetz Nordrhein-Westfalen (*v. Hippel/Rehborn* Nr. 190).

2 Vgl. hierzu die beispielhafte Darstellung typischer polizei- und ordnungsrechtlicher Fallgestaltungen bei *Kugelmann* Polizei- und Ordnungsrecht Kap. 1 Rn. 80 ff.

2. Teil
Grundlagen des allgemeinen Polizei- und Ordnungsrechts

3 In diesem Teil des Skripts werden wir uns zunächst mit einigen Grundlagen befassen, die für das Grundverständnis des allgemeinen Polizei- und Ordnungsrechts unerlässlich sind.

A. Gegenstand des allgemeinen Polizei- und Ordnungsrechts

» Lesen Sie § 1 Abs. 1 OBG und § 1 Abs. 1 S. 1 PolG NRW! «

4 Das allgemeine Polizei- und Ordnungsrecht überträgt der Polizei und der Ordnungsverwaltung die Aufgabe, **Gefahren für die öffentliche Sicherheit oder Ordnung abzuwehren** (sog. **Gefahrenabwehr**).

Diese Aufgabenzuweisung ist für die Ordnungsverwaltung in **§ 1 Abs. 1 OBG**[1] und für die Polizei in **§ 1 Abs. 1 S. 1 PolG NRW**[2] geregelt.

Hinweis

Bei der Gefahrenabwehr handelt es sich um eine im Kern staatliche Aufgabe. Das schließt aber nicht aus, dass Private an der Wahrnehmung dieser Aufgaben beteiligt werden. In der Praxis werden Private auch tatsächlich an der Gefahrenabwehr beteiligt, so z.B. im privaten Bewachungs- und Sicherheitsgewerbe.[3] Da diese Beteiligung in der juristischen Ausbildung aber nur eine untergeordnete Rolle spielt, wird sie in diesem Skript nicht näher behandelt.

5 Die Aufgabe der Gefahrenabwehr umfasst vor allem die **Abwehr konkreter Gefahren im Einzelfall**.

Beispiel Die zuständige Ordnungsbehörde erhält Kenntnis davon, dass R schadstoffbelastete Kanister im städtischen Badesee versenken will. – Um dies zu verhindern, kann die Behörde gegenüber R tätig werden. ■

6 Zur Gefahrenabwehr gehört erst recht, bereits eingetretene **Störungen der öffentlichen Sicherheit oder Ordnung zu beseitigen**. In diesem Falle können die Folgen einer bereits realisierten Gefahr für die öffentliche Sicherheit oder Ordnung beseitigt werden, wenn von der Störung eine Gefahr (für die Zukunft) ausgeht.

Beispiel Wie Beispiel oben (Rn. 5). Allerdings hat R hat die ersten Kanister bereits im Badesee versenkt. – Im Gegensatz zum Beispiel oben (Rn. 5) hat sich die Gefahr für die öffentliche Sicherheit bereits realisiert. Die Behörde kann hier zur Beseitigung der Folgen der Störung der öffentlichen Sicherheit tätig werden, weil die versenkten Kanister z.B. eine Gefahr für die Gesundheit der Benutzer des Badesees darstellen. ■

---

1 Ordnungsbehördengesetz (*v. Hippel/Rehborn* Nr. 55).

2 Polizeigesetz des Landes Nordrhein-Westfalen (*v. Hippel/Rehborn* Nr. 51).

3 Vgl. hierzu näher *Schenke* Polizei- und Ordnungsrecht Rn. 472 ff.

Hinweis

Näher zur Abgrenzung zwischen einer Gefahr und einer Störung s.u. Rn. 262 f.

Zur Gefahrenabwehr gehört jedoch auch, **Gefahren für die öffentliche Sicherheit oder Ordnung bereits im Vorfeld zu verhindern** bzw. die **Abwehr künftiger Gefahren vorzubereiten** (sog. **Gefahrenvorsorge**).[4] 7

Beispiel Wie Beispiel oben (Rn. 5). Allerdings weiß die Behörde noch nicht sicher, ob die Kanister des R tatsächlich schadstoffbelastet sind. – Hier kann die Behörde Maßnahmen durchführen, um herauszufinden, ob die Kanister überhaupt schadstoffbelastet sind. Die Behörde wird in diesem Fall bereits im Vorfeld einer Gefahr für die öffentliche Sicherheit tätig. ■

Die Aufgabe der Gefahrenvorsorge ist Ausfluss des **sozialen Rechtsstaates** und verpflichtet den Staat, durch die technische Entwicklung bedingte Gefahren für die Allgemeinheit und den Einzelnen durch Gesetze und durch verwaltungsorganisatorische Maßnahmen zu begrenzen, zu steuern und zu überwachen. Hierzu gehört z.B. der Schutz vor schädlichen Umwelteinflüssen.[5] 8

Speziell zu dem gerade erwähnten Bereich der Gefahrenvorsorge gehört vor allem auch die Aufgabe der Polizei, **Straftaten zu verhüten sowie vorbeugend zu bekämpfen** und die **erforderlichen Vorbereitungen für die Hilfeleistung und das Handeln in Gefahrenfällen zu treffen** (vgl. **§ 1 Abs. 1 S. 2 PolG NRW**). 9

Hinweis

Die vorbeugende Bekämpfung von Straftaten wird vom Bundesverfassungsgericht als Unterfall der Verhütung von Straftaten betrachtet[6] und fällt daher in die Gesetzgebungskompetenz der Länder.

Zur Erfüllung der gesetzlich übertragenen Aufgabe der Gefahrenabwehr sind die Polizei und die Ordnungsverwaltung mit **Handlungsbefugnissen** ausgestattet. Das Polizei- und Ordnungsrecht bildet damit die Grundlage der sog. **präventivpolizeilichen Tätigkeit**.[7] Merken Sie sich daher: Das Polizei- und Ordnungsrecht regelt die **Tätigkeit des Staates, die der Gefahrenabwehr dient**, und ist damit **Gefahrenabwehrrecht**. 10

Hinweis

Unterscheiden Sie im Polizei- und Ordnungsrecht sorgfältig zwischen Aufgaben- und Befugnisnormen: Eine Aufgabennorm beschreibt einen Aufgabenbereich und setzt äußere Grenzen, innerhalb derer die Polizei und die Ordnungsverwaltung tätig werden können. Mit § 1 Abs. 1 S. 1 PolG NRW und § 1 Abs. 1 OBG haben Sie Aufgabennormen bereits kennengelernt. Eine Befugnisnorm enthalten demgegenüber die für die Wahrnehmung der übertragenen

4 Vgl. *Wehr* Examens-Repetitorium Polizeirecht Rn. 10.
5 Vgl. zum Ganzen *Wolffgang/Hendricks/Merz* Polizei- und Ordnungsrecht in Nordrhein-Westfalen Rn. 3.
6 Vgl. *BVerfGE* 113, 348.
7 Vgl. *Götz* Allgemeines Polizei- und Ordnungsrecht § 1 Rn. 1.

Aufgaben erforderlichen Eingriffsermächtigungen zugunsten der Polizei bzw. der Ordnungsverwaltung. Eine Befugnisnorm ist z.B. die polizei- und ordnungsrechtliche Generalklausel (§ 8 Abs. 1 PolG NRW bzw. § 14 Abs. 1 OBG).

11 Von der präventivpolizeilichen Tätigkeit ist die sog. **repressivpolizeiliche Tätigkeit** zu unterscheiden. Diese Tätigkeit besteht in der **Ermittlung und Verfolgung von (begangenen) Straftaten und Ordnungswidrigkeiten** und unterliegt den Regelungen der Strafprozessordnung und des Ordnungswidrigkeitengesetzes. Die repressivpolizeiliche Tätigkeit bleibt in diesem Skript außer Betracht.

B. Unterscheidung zwischen allgemeinem und besonderem Polizei- und Ordnungsrecht

12

Polizei- und Ordnungsrecht

Allgemeines Polizei- und Ordnungsrecht	Besonderes Polizei- und Ordnungsrecht
→ allgemeine Regelungen und Grundsätze des Gefahrenabwehrrechts	→ spezialgesetzliche Vorschriften für bestimmte Bereiche des Gefahrenabwehrrechts

Das **allgemeine Polizei- und Ordnungsrecht** normiert die **allgemeinen Regelungen und Grundsätze des Rechts der Gefahrenabwehr**. Demgegenüber hält das **besondere Polizei- und Ordnungsrecht** für bestimmte Bereiche des Gefahrenabwehrrechts **spezialgesetzliche Vorschriften** bereit. Spezialgesetzlich geregelte Bereiche des besonderen Polizei- und Ordnungsrechts gibt es **insbesondere** für das **gefahrenabwehrrechtliche Handeln der Ordnungsbehörden**. Dazu gehören z.B. das Ausländerrecht, das Bauordnungsrecht, das Bodenschutzrecht, das Gewerberecht, das Gesundheitsschutzrecht, das Gentechnikrecht, das Handwerksrecht, das Immissionsschutzrecht, das Lebensmittelrecht, das Recht der Veranstaltung von Wetten, das Spielbankenrecht, das Straßenverkehrsrecht, das Versammlungsrecht, das Waffen- und Sprengstoffrecht etc.

C. Historische Entwicklung des allgemeinen Polizei- und Ordnungsrechts

13 Das heute geltende allgemeine Polizei- und Ordnungsrecht ist das Ergebnis einer **langen historischen Entwicklung**. Deren Kenntnis ist unerlässlich für das Verständnis des Systems des allgemeinen Polizei- und Ordnungsrechts und wird daher im Folgenden in der gebotenen Kürze nachgezeichnet.[8]

8 Vgl. ausführlich hierzu etwa *Boldt/Stolleis*, in: Lisken/Denninger (Hrsg.) Handbuch des Polizeirechts A Rn. 1 ff.; *Kugelmann* Polizei- und Ordnungsrecht Kap. 2 Rn. 1 ff.; *Möller/Warg* Allgemeines Polizei- und Ordnungsrecht Rn. 1 ff.

Hinweis

Kenntnisse über die historische Entwicklung des allgemeine Polizei- und Ordnungsrechts erleichtern Ihnen nicht nur das Verständnis der Materie, sondern geben Ihnen auch die notwendigen Informationen an die Hand, um in einer mündlichen Prüfung auf eine historische Frage vorbereitet zu sein. Denn in mündlichen Prüfungen werden historische Aspekte des allgemeinen Polizei- und Ordnungsrechts durchaus gerne zur Sprache gebracht.

Das heute als allgemeines Polizei- und Ordnungsrecht bezeichnete Rechtsgebiet hieß **bis zum Ende des Zweiten Weltkrieges** schlicht **„Polizeirecht"**. Die historische Entwicklung des früheren Polizeirechts bzw. des heutigen allgemeinen Polizei- und Ordnungsrechts wird herkömmlich an den **Wandlungen des Polizeibegriffs** festgemacht.[9] 14

Der **Ursprung** des Terminus „Polizei" wird nach nicht unbestrittener Ansicht im griechischen Wort **„politeia"** gesehen. „Politeia" bezeichnete die **Verfassung des städtischen Gemeinwesens** und den bürgerschaftlichen **Status der dort lebenden Menschen**,[10] d.h. die gesamte Verwaltung des Staates.[11] Die Römer übernahmen diesen Begriff ins Lateinische (**„politia"**).[12] Politia beschrieb das **städtische Gemeinwesen** und die **Bürgerschaft**.[13] Das hierfür geltende Recht wurde als **„ius politiae"** bezeichnet. 15

Die im Lateinischen verwendeten Begriffe „politia" und „ius politiae" blieben in der Folgezeit **im germanischen Sprachraum nahezu identisch** erhalten.[14] In **Deutschland** wurde der Terminus **„Polizey"** erstmals in einer **bischöflichen Verordnung von 1476** für die **Stadt Würzburg** verwendet.[15] Im **15. bis 17. Jahrhundert** bezeichnete Polizey den **gesamten Bereich einer „guten Ordnung des Gemeinwesens und der allgemeinen Wohlfahrt"**, d.h. einer **„guten Polizey"**.[16] Mit diesem umfassenden Verständnis war der Begriff der Polizey in den **Reichspolizeiordnungen von 1530, 1548 und 1577** und in **mehreren Landespolizeiordnungen** enthalten. Diese Reichs- und Landespolizeiordnungen regelten dementsprechend **nahezu alle Bereiche des Lebens**. Neben der Aufrechterhaltung einer heute sog. „öffentlichen Sicherheit und Ordnung" enthielten die Reichs- und Landesordnungen viele Verhaltensanweisungen für die Bürger.[17] Dazu gehörten z.B. Vorschriften über das Vertragswesen, das Liegenschafts- und Erbrecht, die Berufsausübung, den Wirtschaftsverkehr (Monopole, Zölle, Maße und Gewichte, Preise, Lebensmittelrecht), die Religionsausübung, die allgemeine Sittlichkeit etc.[18] 16

Später **wandelte** sich das **Begriffsverständnis**: Im **absolutistischen Fürstenstaat** stand der Terminus „Polizey" nicht mehr für die gute Ordnung des Gemeinwesens, sondern wurde nunmehr zum **Inbegriff der absoluten Staatsgewalt des Fürsten über seine Untertanen**. Mit Hilfe der Polizeigewalt konnte der Fürst alle Lebensbereiche (einschließlich des Bereichs 17

9 Vgl. *Götz* Allgemeines Polizei- und Ordnungsrecht § 2 Rn. 1.
10 Vgl. *v. Unruh* DVBl. 1972, 469; zum Meinungsstreit *Wolffgang/Hendricks/Merz* Polizei- und Ordnungsrecht in Nordrhein-Westfalen Rn. 11.
11 Vgl. *Möller/Warg* Allgemeines Polizei- und Ordnungsrecht Rn. 2.
12 Vgl. *Drews/Wacke/Vogel/Martens* Gefahrenabwehr S. 2.
13 Vgl. *v. Unruh* DVBl. 1972, 469.
14 Vgl. *Wolffgang/Hendricks/Merz* Polizei- und Ordnungsrecht in Nordrhein-Westfalen Rn. 11.
15 Vgl. *v. Unruh* DVBl. 1972, 469.
16 Vgl. *Möller/Warg* Allgemeines Polizei- und Ordnungsrecht Rn. 2.
17 Vgl. *Möller/Warg* Allgemeines Polizei- und Ordnungsrecht Rn. 2.
18 Vgl. *Götz* Allgemeines Polizei- und Ordnungsrecht § 2 Rn. 2.

der Wohlfahrt) verbindlich regeln und Vorschriften – ggf. auch zwangsweise – durchsetzen. Es wurde nicht mehr nur der Zweck (nämlich die gute Ordnung), sondern es wurden auch die zur Erreichung dieses Zwecks erforderlichen Mittel vorgegeben. Das Polizeisystem wurde – kritisch – als **Polizeistaat** bezeichnet.[19] Mit diesem inhaltlichen Wandel des Polizeibegriffs ging einher, dass der Polizeibegriff nun auf bestimmte Behörden beschränkt wurde (Begründung des sog. formellen oder institutionellen Polizeibegriffs, s.u. Rn. 27 ff.).

Hinweis

Erschwerend kam hinzu, dass eine sog. **Kammerjustiz** eingeführt wurde. Die Kammerjustiz war eine Behörde innerhalb der Verwaltung, die keine den Gerichten vergleichbare Funktion hatte. Eine wirksame gerichtliche Kontrolle gegen polizeiliche Maßnahmen gab es daher nicht.[20]

18 Im Zeitalter der **Aufklärung** wurde der Polizeibegriff **verengt**: Es wurde die Auffassung vertreten, dass der **Polizeistaat eingegrenzt** werden müsse. So forderte z.B. der Göttinger Staatsrechtslehrer *J. St. Pütter* im Jahre 1770, dass die Aufgabe der Polizey in der Sorge für die Abwendung bevorstehender Gefahren bestehe; die Förderung der Wohlfahrt sei dagegen nicht die eigentliche Aufgabe der Polizey. Diese Forderung fand in **§ 10 II 17 pr.ALR**[21] **1794** positiv-rechtlichen Niederschlag: „Die nöthigen Anstalten zur Erhaltung der öffentlichen Ruhe, Sicherheit und Ordnung, und zur Abwendung der dem Publico, oder einzelnen Mitgliedern desselben, bevorstehenden Gefahr zu treffen, ist das Amte der Polizey." Diese Generalklausel wies der Polizey im Grunde lediglich nur noch die **Aufgabe der Gefahrenabwehr** zu. In der Praxis blieb diese Regelung allerdings noch längere Zeit ohne Wirkung, weil die Befürworter des Polizeistaates und der Wohlfahrtspolizei zu jener Zeit eine noch zu starke Stellung innehatten.[22]

19 Zu einer **tatsächlichen Verengung des Polizeibegriffs** kam es erst im **liberal-bürgerlichen Rechtsstaat**. Den eigentlichen Durchbruch für das enge Verständnis des § 10 II 17 pr.ALR 1794 brachte sodann das sog. **Kreuzberg-Urteil** des Pr.OVG vom 14.6.1882,[23] in dem es um die Gültigkeit einer Polizeiverordnung des Polizeipräsidenten ging, die dieser aus ästhetischen Gründen zum Schutz des auf dem Kreuzberg zur Erinnerung an die Freiheitskriege errichteten Denkmals erlassen hatte. Unter Berufung auf § 10 II 17 pr.ALR 1794 stellte das Pr.OVG fest, dass die Aufrechterhaltung der öffentlichen Sicherheit oder Ordnung, nicht jedoch die Förderung der allgemeinen Wohlfahrt die Aufgabe der Polizei sei. Bei der allgemeinen Wohlfahrtspflege sei vielmehr eine spezielle gesetzliche Grundlage für Eingriffe in Freiheit und Eigentum bei der Wahrnehmung solcher Aufgaben zu fordern. Da die Polizeiverordnung eine Maßnahme der Wohlfahrtspflege darstelle und als solche nicht der Gefahrenabwehr diene, sei sie wegen Verstoßes gegen § 10 II 17 pr.ALR 1794 unwirksam. Mit diesem Urteil wurden die **polizeilichen Befugnisse auf den Bereich der Gefahrenabwehr beschränkt**.

20 Auf der Grundlage der Rechtsprechung des Pr.OVG in seinem Kreuzberg-Urteil und nachfolgender Entscheidungen wurde später die Generalklausel des **§ 14 pr.PVG**[24] von 1931 formuliert: „Die Polizeibehörden haben im Rahmen der geltenden Gesetze die nach pflichtgemäßem Ermessen not-

19 Vgl. zum Ganzen *Götz* Allgemeines Polizei- und Ordnungsrecht § 2 Rn. 3 f.
20 Vgl. *Möller/Warg* Allgemeines Polizei- und Ordnungsrecht Rn. 3.
21 Preußisches Allgemeines Landrecht.
22 Vgl. zum Ganzen *Pieroth/Schlink/Kniesel* Polizei- und Ordnungsrecht § 1 Rn. 5 f.
23 Pr.OVGE 9, 353 ff.
24 Preußisches Polizeiverwaltungsgesetz.

wendigen Maßnahmen zu treffen, um von der Allgemeinheit oder den einzelnen Gefahren abzuwehren, durch die die öffentliche Sicherheit oder Ordnung bedroht wird."

> **Hinweis**
>
> Diese Formulierung wirkt in den heute geltenden Generalklauseln des allgemeinen Polizei- und Ordnungsrechts fort.

Während der **Herrschaft der Nationalsozialisten** im **20. Jahrhundert** herrschte erneut ein 21
totalitärer Polizeistaat. Zwar galt die Generalklausel des § 14 Abs. 1 pr.PVG fort, wurde aber dahingehend ausgelegt, dass alles, was den politisch-ideologischen Zielen der NS-Diktatur widersprach, als Störung der öffentlichen Sicherheit oder Ordnung aufgefasst wurde. Die Generalklausel zur Gefahrenabwehr diente fortan als **„Generalklausel zur Aufrechterhaltung der nationalsozialistischen Ordnung in ihrer Totalität"**.[25]

Nach dem Ende des Zweiten Weltkrieges im Jahre 1945 wurden in den amerikanischen 22
und britischen Besatzungszonen zahlreiche Verwaltungsaufgaben „entpolizeilicht". Die **„Entpolizeilichung"** bestand darin, dass der **Aufgabenbereich der Polizei reduziert** (z.B. Ausgliederung der Bau-, Gewerbe-, Wegepolizei etc.), die bei der Polizei **ausgegliederten Aufgabenbereiche** einer **organisatorisch eigenständigen Ordnungsverwaltung übertragen** und außerdem die **Polizei entkommunalisiert** wurde (vgl. § 1 POG NRW[26]: „Angelegenheit des Landes").[27] Durch die Ausgliederung der Ordnungsverwaltung aus der Polizeiverwaltung erfolgte in Nordrhein-Westfalen **eine strikte Trennung der Behörden der inneren Verwaltung von den Behörden der Vollzugspolizei** (sog. **Trennsystem**).[28]

> **Hinweis**
>
> Als Folge des Trennsystems entstanden aus dem ursprünglichen umfassenden Polizeirecht die beiden Teilrechtsgebiete Polizeirecht und Ordnungsrecht.

D. Der Begriff der Polizei

Polizeibegriff 23

materieller Polizeibegriff	institutioneller Polizeibegriff	formeller Polizeibegriff
→ inhaltsbezogen (Gefahrenabwehr)	→ organisationsbezogen (Organisation der Polizei)	→ zuständigkeitsbezogen (sachliche Zuständigkeit der Polizei)

25 Vgl. *Pieroth/Schlink/Kniesel* Polizei- und Ordnungsrecht § 1 Rn. 23.
26 Polizeiorganisationsgesetz (*v. Hippel/Rehborn* Nr. 50).
27 Vgl. *Mann*, in: Erbguth/Mann/Schubert Besonderes Verwaltungsrecht Rn. 385.
28 Vgl. dazu und zum Gegenmodell des sog. Einheitssystems, das noch in vier Ländern der Bundesrepublik Deutschland fortgilt, näher *Schenke* Polizei- und Ordnungsrecht Rn. 14 f.

Der Begriff der Polizei wird heute in einem materiellen, einem institutionellen (organisatorischen) und einem formellen Sinne verwendet.

I. Der materielle Polizeibegriff

24 **Polizei im materiellen Sinne** meint alle staatlichen Behörden, deren Aufgaben inhaltlich darauf gerichtet sind, dass sie der Abwehr von Gefahren für die öffentliche Sicherheit oder Ordnung dienen.

Der materielle Polizeibegriff bezieht sich also auf den **Inhalt** bzw. die **Zielsetzung** der wahrgenommenen Aufgaben.[29] Polizeirecht im materiellen Sinne ist daher **Gefahrenabwehrrecht**.[30] **Unerheblich** ist, **welche staatliche Behörde** diese Tätigkeit wahrnimmt.[31]

25 Der materielle Polizeibegriff ist das Ergebnis des oben in Abschnitt C angerissenen historischen Entwicklungsprozesses. Gegen Ende des 19. Jahrhunderts wurde er entwickelt; in der Weimarer Zeit wurde er fortgeführt und in § 14 pr.PVG verfestigt[32] und nach dem Zweiten Weltkrieg von der Polizeirechtswissenschaft wieder aufgegriffen.

26 In Nordrhein-Westfalen sind die Aufgaben der allgemeinen Gefahrenabwehr der Vollzugspolizei und den Ordnungsbehörden übertragen (vgl. § 1 Abs. 1 S. 1 PolG NRW; § 1 Abs. 1 OBG). Nach dem materiellen Polizeibegriff handeln sie demnach als **Gefahrenabwehrbehörden**.

II. Der institutionelle (organisatorische) Polizeibegriff

27 Beim institutionellen (organisatorischen) Polizeibegriff ist zwischen dem weiteren und dem engeren institutionellen (organisatorischen) Polizeibegriff zu unterscheiden.

1. Der weitere institutionelle (organisatorische) Polizeibegriff

28 **Polizei im weiteren institutionellen (organisatorischen) Sinne** meint alle staatlichen Behörden, die der besonderen staatlichen Einrichtung der Polizei angehören.

» Lesen Sie §§ 2–4 POG NRW! «

Beim weiteren institutionellen (organisatorischen) Polizeibegriff kommt es – anders als beim materiellen Polizeibegriff – nicht auf den Inhalt bzw. die Zielsetzung der wahrgenommenen Aufgaben, sondern allein darauf an, ob die **handelnden Behörden der besonderen staatlichen Einrichtung der Polizei angehören**. Hiernach wird der Begriff der Polizei also auf die **Organisation der Polizei** beschränkt.[33]

Dieses Begriffsverständnis liegt dem POG NRW zugrunde (vgl. §§ 2–4 POG).

29 Vgl. *Schenke* Polizei- und Ordnungsrecht Rn. 1; *Götz* Allgemeines Polizei- und Ordnungsrecht § 2 Rn. 13.
30 Vgl. *Wehr* Examens-Repetitorium Polizeirecht Rn. 1.
31 Vgl. *Schenke* Polizei- und Ordnungsrecht Rn. 1.
32 Vgl. *Götz* Allgemeines Polizei- und Ordnungsrecht § 2 Rn. 13.
33 Vgl. *Wolffgang/Hendricks/Merz* Polizei- und Ordnungsrecht in Nordrhein-Westfalen Rn. 27.

2. Der engere institutionelle (organisatorische) Polizeibegriff

Polizei im engeren institutionellen (organisatorischen) Sinne meint alle staatlichen Behörden der besonderen staatlichen Einrichtung der Polizei, die nach außen als Vollzugskräfte in Erscheinung treten. **29**

Damit umfasst der engere institutionelle (organisatorische) Polizeibegriff – anders als der weitere institutionelle (organisatorische) Polizeibegriff – nur die **uniformierte Vollzugspolizei**.

Dieses Begriffsverständnis hat sich durchgesetzt[34] und liegt auch § 1 PolG NRW zugrunde.

» Lesen Sie § 1 PolG NRW! «

JURIQ-Klausurtipp

In der Fallbearbeitung bedeutet dies für Sie, dass unter Polizei i.S.d. § 1 PolG NRW allein die uniformierte Vollzugspolizei zu verstehen ist. Nur ihnen sind die Aufgaben und Befugnisse aus dem PolG NRW übertragen.

III. Der formelle Polizeibegriff

Polizei im formellen Sinne meint alle Aufgaben, die die Polizei im institutionellen (organisatorischen) Sinne wahrnimmt. **30**

Der formelle Polizeibegriff knüpft an den institutionellen (organisatorischen) Polizeibegriff an und bezeichnet die **Summe der Aufgaben, die der Polizei im institutionellen (organisatorischen) Sinne übertragen sind.**[35] Unabhängig von ihrem Inhalt bzw. ihrer Zielsetzung fallen darunter nicht nur die Aufgaben der Gefahrenabwehr, sondern auch andere Aufgaben, insbesondere die Aufgaben der Verfolgung von Straftaten und von Ordnungswidrigkeiten.[36]

Historisch betrachtet, sollte der formelle Polizeibegriff den materiellen Polizeibegriff ergänzen. **31**
Den Anstoß hierfür gab § 14 II pr.PVG, der die Möglichkeit eröffnete, den Polizeibehörden durch Gesetz über die Gefahrenabwehr hinaus besondere Aufgaben zu übertragen. Sofern die Polizeibehörden solche besondere Wohlfahrtsaufgaben wahrnahmen, handelten sie zwar dem formellen, nicht aber dem materiellen Polizeibegriff entsprechend.[37]

Hinweis

Merken Sie sich: Der materielle Polizeibegriff ist *inhaltsbezogen* (Gefahrenabwehr), der institutionelle (organisatorische) Polizeibegriff ist *organisationsbezogen* (Organisation der Polizei) und der formelle Polizeibegriff ist *zuständigkeitsbezogen* (sachliche Zuständigkeit der Polizei). Für Ihre Fallbearbeitung ist allein der engere institutionelle (organisatorische) Polizeibegriff von Bedeutung.

34 Vgl. *Götz* Allgemeines Polizei- und Ordnungsrecht § 2 Rn. 19.
35 Vgl. *Wehr* Examens-Repetitorium Polizeirecht Rn. 26.
36 Vgl. *Wolffgang/Hendricks/Merz* Polizei- und Ordnungsrecht in Nordrhein-Westfalen Rn. 29.
37 Vgl. zum Ganzen *Götz* Allgemeines Polizei- und Ordnungsrecht § 2 Rn. 14.

E. Gesetzgebungskompetenz für das Polizei- und Ordnungsrecht nach dem Grundgesetz

» Nutzen Sie die Gelegenheit zur Wiederholung dieses grundlegenden Themas im Skript „Staatsorganisationsrecht"! «

32 Nach Art. 30 GG ist die Ausübung der staatlichen Befugnisse und die Erfüllung der staatlichen Aufgaben Sache der Länder, soweit das Grundgesetz keine andere Regelung trifft oder zulässt. In Konkretisierung dieser Bestimmung sieht **Art. 70 Abs. 1 GG** für den Bereich der Gesetzgebung vor, dass die Länder das Recht der Gesetzgebung haben, soweit das Grundgesetz nicht dem Bund Gesetzgebungsbefugnisse verleiht.

33 Das Grundgesetz hat dem **Bund** in zahlreichen Bereichen des **besonderen Polizei- und Ordnungsrechts** eine ausschließliche oder konkurrierende Gesetzgebungskompetenz zugewiesen. Eine **ausschließliche Gesetzgebungskompetenz** besitzt der Bund z.B. nach Art. 73 Abs. 1 Nr. 3 (Pass-, Melde- und Ausweiswesen), Nr. 5 (Grenzschutz), Nr. 6 und 6a (Luft- und Eisenbahnverkehr), Nr. 9a (internationale Terrorismusbekämpfung durch das Bundeskriminalpolizeiamt), Nr. 10 (Zusammenarbeit des Bundes und der Länder u.a. in der Kriminalpolizei und im Verfassungsschutz), Nr. 12 (Waffen- und Sprengstoffrecht), Nr. 14 (Schutz gegen Gefahren im Zusammenhang mit Kernenergie).

34 Eine **konkurrierende Gesetzgebungskompetenz** ist dem Bund z.B. Art. 74 Abs. 1 Nr. 3 (Vereinsrecht), Nr. 4 (Aufenthalts- und Niederlassungsrecht der Ausländer), Nr. 7 (Jugendschutz), Nr. 11 (Gewerberecht), Nr. 18 (Bodenschutz), Nr. 19 (Gesundheitsrecht), Nr. 20 (Lebensmittelrecht, Tierschutz), Nr. 22 (Straßenverkehrsrecht), Nr. 24 (Abfall- und Emissionsschutzrecht), Nr. 26 (Gentechnik- und Transplantationsrecht) Nr. 28 (Jagdrecht), Nr. 32 (Wasserhaushaltsrecht) zugewiesen.

Hinweis

In den Bereichen der konkurrierenden Gesetzgebung, in denen der Bund von seiner Zuständigkeit keinen Gebrauch gemacht hat, besitzen die Länder gemäß Art. 72 Abs. 1 GG die Gesetzgebungskompetenz. Auf dieser Grundlage ist das Land Nordrhein-Westfalen in zahlreichen Bereichen des besonderen Gefahrenabwehrrechts gesetzgeberisch aktiv geworden: z.B. BauO NRW,[38] BestG NRW,[39] FeiertagsG NRW,[40] LHundG NRW.[41]

35 In anderen Materien besitzt der Bund Gesetzgebungskompetenzen kraft **Annexkompetenz**: z.B. § 29 LuftVG[42] und § 2 LuftSichG[43] aufgrund Art. 73 Abs. 1 Nr. 6 GG; § 35 GewO[44] aufgrund Art. 74 Abs. 1 Nr. 11 GG.[45] Das Bundesverfassungsgericht begründet die Annexkompetenz des Bundes damit, dass Regelungen, die der Aufrechterhaltung der öffentlichen Sicherheit oder Ordnung in einer bestimmten Sachmaterie dienen, derjenigen Sachmaterie zuzurechnen seien, zu der sie in einem notwendigen Zusammenhang stehen.[46]

38 Bauordnung für das Land Nordrhein-Westfalen (*v. Hippel/Rehborn* Nr. 93).
39 Bestattungsgesetz NRW (*v. Hippel/Rehborn* Nr. 67).
40 Feiertagsgesetz NRW (*v. Hippel/Rehborn* Nr. 155).
41 Landeshundegesetz NRW (*v. Hippel/Rehborn* Nr. 61).
42 Luftverkehrsgesetz (*Sartorius* I Ergänzungsband Nr. 975).
43 Luftsicherheitsgesetz (*Sartorius* I Ergänzungsband Nr. 976).
44 Gewerbeordnung (*Sartorius* I Nr. 800).
45 Vgl. *Schenke* Polizei- und Ordnungsrecht Rn. 25.
46 Vgl. *BVerfGE* 8, 143.

Das Grundgesetz sieht in den Art. 70 ff. GG keinen Kompetenztitel zugunsten des Bundes vor, der diesem eine Gesetzgebungskompetenz im Bereich „Abwehr von Gefahren für die öffentliche Sicherheit oder Ordnung" als solchem zuweist. Daher fällt das **allgemeine Polizei- und Ordnungsrecht** in die **ausschließliche Gesetzgebungskompetenz der Länder**. Diese ausschließliche Gesetzgebungskompetenz **umfasst** neben der **Zuständigkeit zur Regelung der Gefahrenabwehr** auch die ihr immanente **Gefahrenvorsorge einschließlich der Verhütung zu erwartender Straftaten**.[47] 36

F. Allgemeine Polizei- und Ordnungsgesetzgebung in Nordrhein-Westfalen

In Ausübung seiner ausschließlichen Gesetzgebungskompetenzen im allgemeinen Polizei- und Ordnungsrecht hat Nordrhein-Westfalen das **Polizeigesetz des Landes Nordrhein-Westfalen (PolG NRW)**,[48] das **Gesetz über die Organisation und die Zuständigkeit der Polizei im Lande Nordrhein-Westfalen (POG NRW)**[49] sowie das **Gesetz über Aufbau und Befugnisse der Ordnungsbehörden – Ordnungsbehördengesetz (OBG)**[50] erlassen. Das Polizei- und Ordnungsbehördengesetz stimmt inhaltlich weitgehend mit dem **Musterentwurf eines einheitlichen Polizeigesetzes des Bundes und der Länder** (MEPolG) überein, der am 25.11.1977 von der Innenministerkonferenz beschlossen und im Jahre 1986 durch einen **Vorentwurf zur Änderung des MEPolG** (VEMEPolG) um Bestimmungen über die polizeiliche Informationserhebung und -verarbeitung ergänzt wurde.[51] 37

» Verschaffen Sie sich einen ersten Überblick über die genannten Gesetze! «

Für die Verwaltungsvollstreckung durch die Ordnungsverwaltung gilt das **Verwaltungsvollstreckungsgesetz für das Land Nordrhein-Westfalen (VwVG NRW)**.[52] Für Kostenansprüche der Ordnungsverwaltung gegen den Bürger aufgrund von Amtshandlungen nach dem Verwaltungsvollstreckungsgesetz NRW finden nach § 77 Abs. 1 S. 1, Abs. 2 bzw. Abs. 4 VwVG NRW die **Ausführungsverordnung VwVG NRW (VO VwVG NRW)**[53] und Vorschriften des **Gebührengesetzes für das Land Nordrhein-Westfalen (GebG NRW)**[54] Anwendung. 38

Hinweis

Für bestimmte polizeiliche Vollstreckungsmaßnahmen gelten die für die Ordnungsverwaltung geltenden Vorschriften entsprechend (s.u. Rn. 361, 382).

47 Vgl. *Schenke* Polizei- und Ordnungsrecht Rn. 23.
48 *GV.NRW* 2003, S. 441 mit Änderungen.
49 *GV.NRW* 2002, S. 308, ber. S. 629 mit Änderungen.
50 *GV.NRW* 1980, S. 528 mit Änderungen.
51 Abgedruckt z.B. bei *Schenke* Polizei- und Ordnungsrecht im Anhang.
52 *V. Hippel/Rehborn* Nr. 73.
53 *V. Hippel/Rehborn* Nr. 73a.
54 *V. Hippel/Rehborn* Nr. 129.

G. Verwaltungszuständigkeiten im Bereich des Polizei- und Ordnungsrechts

» Wiederholen Sie bei dieser Gelegenheit die Verwaltungszuständigkeiten bei Ausführung von Bundesgesetzen im Skript „Staatsorganisationsrecht"! «

39 In Konkretisierung des Art. 30 GG sieht **Art. 83 GG** vor, dass die Länder die ***Bundes*gesetze grundsätzlich als eigene Angelegenheit** ausführen. Für den Bereich der Gefahrenabwehr bedeutet dies, dass eine bundeseigene Verwaltung im Bereich der Gefahrenabwehr nur ausnahmsweise existiert (z.B. Bundespolizei und Bundeskriminalamt, vgl. Art. 87 Abs. 1 S. 2 GG; Kraftfahrtbundesamt und Bundesamt für Güterverkehr, vgl. Art. 87 Abs. 3 GG; Behörden der Wasser- und Schifffahrtsverwaltung, vgl. Art. 89 Abs. 2 S. 1 GG).

JURIQ-Klausurtipp

In der Fallbearbeitung dürfte allein die Bundespolizei als bundeseigene Verwaltung relevant sein. Denken Sie daran: Eine Bundesbehörde kann zur Wahrnehmung ihrer Gefahrenabwehraufgaben nur auf der Grundlage des für diese Behörde geltenden Gesetzes handeln (also z.B. die Bundespolizei nur auf der Grundlage des Bundespolizeigesetzes[55]). Nach diesem Gesetz bestimmt sich die Rechtmäßigkeit der Maßnahme der Bundesbehörde. Keinesfalls können Maßnahmen einer Bundesbehörde auf landesgesetzliche Ermächtigungen gestützt werden.

40 Dass die Länder ihre ***Landes*gesetze in eigener Zuständigkeit** ausführen, wird im Grundgesetz nicht ausdrücklich erwähnt. Dies gilt als **„Selbstverständlichkeit"**.[56] Die Länder führen daher auch die im Bereich des **allgemeinen Polizei- und Ordnungsrechts** erlassenen Landesgesetze in eigener Zuständigkeit aus.

41 In allen Fällen, in denen die Länder die Verwaltungszuständigkeit im Bereich der Gefahrenabwehr innehaben, führen sie also die betreffenden Bundes- und Landesgesetze aus. Dazu gehört auch, dass sie die für die Ausführung der Gesetze notwendigen Behörden errichten und das Verwaltungsverfahren regeln.

H. Aufbau und Struktur der Polizei- und Ordnungsverwaltung in Nordrhein-Westfalen

42 In Nordrhein-Westfalen ist die Wahrnehmung der Aufgaben der Gefahrenabwehr auf verschiedene Verwaltungsorganisationen, nämlich die Polizeiverwaltung einerseits und die Ordnungsverwaltung andererseits, verteilt (sog. Trennsystem; s.o. Rn. 22). Dementsprechend müssen der Aufbau und die Struktur der Polizeiverwaltung einerseits und der Ordnungsverwaltung andererseits stets getrennt betrachtet werden.

» Lesen Sie zum besseren Verständnis die zitierten Bestimmungen des POG NRW nach und schauen Sie sich darüber hinaus das POG NRW ruhig auch einmal näher an, um sich mit den Inhalt des Gesetzes vertraut zu machen! «

I. Organisation der Polizeiverwaltung

43 Die Organisation der Polizeiverwaltung ist im **POG NRW** geregelt. **Träger der Polizeiverwaltung** ist gemäß **§ 1 POG NRW** das **Land Nordrhein-Westfalen**. Als **Polizeibehörden** nennt **§ 2 Abs. 1 POG NRW** das **Landeskriminalamt** (§ 13 POG NRW), das **Landesamt für Zentrale Polizeiliche Dienste** (§ 13a POG NRW), das **Landesamt für Ausbildung, Fortbil-**

55 *Sartorius* I Nr. 90.
56 Vgl. *Dietlein*, in: Dietlein/Hellermann Öffentliches Recht in Nordrhein-Westfalen § 3 Rn. 12.

dung und Personalangelegenheiten der Polizei (§ 13b POG NRW) und die **Kreispolizeibehörden** (Polizeipräsidien oder Landräte[57]) (§ 11 POG NRW).[58] Wenn und soweit die Landräte als Kreispolizeibehörden tätig sind, handeln sie im Wege der sog. Organleihe als untere staatliche Landesbehörde (vgl. § 9 Abs. 2 LOG NRW,[59] § 58 Abs. 1 KrO NRW[60]).

JURIQ-Klausurtipp

In der Fallbearbeitung dürften nur die Kreispolizeibehörden als Polizeibehörden von Bedeutung sein.

Die **Aufsicht** (Dienst- und Fachaufsicht) ist in **§ 5 POG NRW** geregelt. Danach führt das Innenministerium die Aufsicht über alle Polizeibehörden i.S.d. § 2 POG NRW (vgl. § 5 Abs. 1 POG NRW). In dienstrechtlichen Angelegenheiten führt das Landesamt für Ausbildung, Fortbildung und Personalangelegenheiten der Polizei die Aufsicht über die Kreispolizeibehörden i.S.d. § 2 Abs. 1 POG NRW (vgl. § 5 Abs. 4 POG NRW). Nach § 5 Abs. 2 POG NRW kann das Innenministerium einer Polizeibehörde durch Rechtsverordnung für einen im Einzelnen bestimmten Aufgabenbereich gemäß §§ 13, 13a, 13b POG NRW die Aufsicht über andere Polizeibehörden oder Polizeieinrichtungen übertragen. Außerdem kann das Innenministerium nach § 5 Abs. 3 POG NRW einer Polizeibehörde für einen im Einzelfall bestimmten Aufgabenbereich die Weisungsbefugnis gegenüber anderen Polizeibehörden übertragen, soweit eine einheitliche Handhabung in diesem Aufgabenbereich erforderlich ist. 44

» Wiederholen Sie an dieser Stelle bei Wissenslücken unter Umständen das Instrument der Aufsicht im Skript „Kommunalrecht NRW"! «

JURIQ-Klausurtipp

Im Rahmen der Aufsicht erteilte Weisungen sind keine Verwaltungsakte i.S.d. § 35 VwVfG NRW.

II. Organisation der Ordnungsverwaltung

Die Organisation der Ordnungsverwaltung ist im **OBG** geregelt. Die **allgemeinen Ordnungsbehörden** sind in **§ 3 OBG** abschließend genannt: Danach nehmen die Gemeinden, vertreten durch die Bürgermeister (vgl. § 63 Abs. 1 S. 1 GO NRW), die Aufgaben der **örtlichen Ordnungsbehörden** sowie die Kreise, vertreten durch die Landräte (vgl. § 42 lit. e KrO NRW), und die kreisfreien Städte, vertreten durch die Oberbürgermeister (vgl. hierzu § 40 Abs. 2 S. 3 GO NRW), die Aufgaben der **Kreisordnungsbehörden** als Selbstverwaltungsangelegenheit („Pflichtaufgaben zur Erfüllung nach Weisung", § 9 OBG) wahr. Die Bezirksregierungen sind gemäß § 3 Abs. 2 OBG **Landesordnungsbehörden**. 45

» Lesen Sie die genannten Vorschriften des OBG NRW nach! «

Die **Aufsicht** ist in **§ 7 OBG** geregelt. Gemäß § 7 Abs. 1 OBG führt der Landrat als untere staatliche Verwaltungsbehörde die Aufsicht über die örtlichen Ordnungsbehörden in den 46

57 Zwecks erleichterter Darstellung werden die Begrifflichkeiten hier – wie im gesamten Skript – geschlechtsneutral verwendet.

58 Einzelheiten zur Zuständigkeitsverteilung finden sich in den Verordnungen zur Umsetzung des POG sowie zur Änderung von Rechtsverordnungen vom 2.7.2007 (GV.NRW S. 214 ff.).

59 Landesorganisationsgesetz (*v. Hippel/Rehborn* Nr. 70).

60 Kreisordnung für das Land Nordrhein-Westfalen (*v. Hippel/Rehborn* Nr. 30).

Kreisen. Nach § 7 Abs. 2 S. 1 OBG führt die Bezirksregierung die Aufsicht über die kreisfreien Städte als örtliche Ordnungsbehörden und über die Kreisordnungsbehörden. Die Bezirksregierung ist gemäß § 7 Abs. 2 S. 2 OBG gleichzeitig obere Aufsichtsbehörde über die kreisangehörigen Gemeinden als örtliche Ordnungsbehörden. Nach § 7 Abs. 3 ist das jeweils zuständige Ministerium die oberste Aufsichtsbehörde.

JURIQ-Klausurtipp

Pflichtaufgaben zur Erfüllung nach Weisung sind Selbstverwaltungsangelegenheiten; daher haben auf sie bezogene Weisungen „Außenwirkung" und sind daher Verwaltungsakte i.S.d. § 35 VwVfG NRW.[61]

47 Neben den allgemeinen Ordnungsbehörden gibt es **Sonderordnungsbehörden**. Gemäß **§ 12 Abs. 1 OBG** handelt es sich bei ihnen um Behörden, denen **durch Gesetz oder Verordnung** auf **bestimmten Sachgebieten Aufgaben der Gefahrenabwehr** oder **in ihrer Eigenschaft als Sonderordnungsbehörden andere Aufgaben übertragen** worden sind. Dazu gehören z.B. die untere Bauaufsichtsbehörde (vgl. § 60 Abs. 1 Nr. 3 BauO NRW, dazu Skript „Baurecht NRW" Rn. 380 f.), die untere Denkmalbehörde (vgl. § 20 Abs. 1 Nr. 3 DSchG NRW[62]), der Landesbetrieb Wald und Forst[63] (vgl. § 61 LFoG NRW[64]).

Hinweis

Die Feuerwehr und die kommunalen Rettungsdienste sind keine Behörden der Ordnungsverwaltung. Zwar bekämpfen sie – wie die Polizei und die Ordnungsverwaltung – Gefahren; sie bekämpfen die Gefahren aber durch den *Einsatz eigener Kräfte*. Insoweit unterscheiden sie sich von der Polizei und der Ordnungsverwaltung, die zur Gefahrenabwehr regelmäßig den für die Gefahr Verantwortlichen zur Gefahrenabwehr heranziehen.

I. Verteilung der Aufgaben zwischen der Polizei und der Ordnungsverwaltung

48 Da sowohl die Polizei als auch die Ordnungsverwaltung Aufgaben der Gefahrenabwehr wahrnehmen, bedarf es der Klärung, wie die Aufgaben der Gefahrenabwehr zwischen der Polizei und der Ordnungsverwaltung verteilt sind.

» Lesen Sie § 1 Abs. 1 Sätze 1 und 3 PolG NRW und § 1 Abs. 1 OBG! «

49 Gemäß § 1 Abs. 1 S. 1 PolG NRW und § 1 Abs. 1 OBG haben sowohl die Polizei als auch die Ordnungsverwaltung die Aufgabe, Gefahren für die öffentliche Sicherheit oder Ordnung abzuwehren. Grundlegende Vorschrift für die Verteilung der Zuständigkeiten zwischen der Polizei und der Ordnungsverwaltung im Bereich der Gefahrenabwehr ist **§ 1 Abs. 1 S. 3 PolG NRW**. Im Bereich der Gefahrenabwehr hat die Polizei danach in eigener Zuständigkeit tätig zu werden, „soweit ein Handeln der anderen Behörden nicht oder nicht rechtzeitig möglich

61 Vgl. *OVG NRW* NVwZ-RR 1995, 502.
62 Denkmalschutzgesetz (*v. Hippel/Rehborn* Nr. 116).
63 Vgl. hierzu *OVG NRW* NWVBl. 2012, 436.
64 Landesforstgesetz NRW (*v. Hippel/Rehborn* Nr. 117).

erscheint". **Im Verhältnis zur Ordnungsverwaltung** wird damit festgelegt, dass die **Polizei grundsätzlich nur subsidiär zuständig** ist. Diese grundsätzlich nur subsidiäre Zuständigkeit der Polizei wird als **„Eilkompetenz"** oder **„Recht zum ersten Zugriff"** bezeichnet.[65] Die Eilkompetenz wird in der Praxis regelmäßig vor allem dann relevant, wenn Einsätze **außerhalb der Dienstzeiten** der (bürokratisch organisierten) Ordnungsverwaltung erforderlich sind oder wenn die Behörden **möglichst schnell vor Ort** sein müssen.[66]

Beispiel Der geistig verwirrte A wird an einem Wochenende in der Innenstadt von K aufgefunden. – Da die Ordnungsbehörden zu dieser Zeit keine Dienstzeit haben, muss sich die Polizei um A kümmern. ■

Die **subsidiäre Zuständigkeit der Polizei** nach § 1 Abs. 1 S. 3 PolG NRW greift nach dessen Wortlaut (vgl. „außer in den Fällen des Satzes 2") **nicht**, wenn die Polizei im Rahmen der Gefahrenabwehr Straftaten verhütet oder bekämpft und die erforderlichen Vorbereitungen für die Hilfeleistung und das Handeln in Gefahrenfällen trifft. 50

Beispiel In der Fußgängerzone der Stadt B randaliert der alkoholisierte W und muss gebändigt werden. – Die Bändigung des W gehört zum Aufgabenbereich der Verhütung von Straftaten und unterfallt daher nicht dem Subsidiaritätsgrundsatz des § 1 Abs. 1 S. 3 PolG NRW. ■

Hinweis

Die in § 1 Abs. 1 S. 2 PolG NRW genannten Aufgaben dienen der *präventiven* Bekämpfung *künftiger* Straftaten und fallen daher in den Bereich der Gefahrenabwehr. Somit sind sie streng abzugrenzen von der *repressiven* Verfolgung *bereits begangener* Straftaten, die sich allein nach den Vorschriften der Strafprozessordnung und des Ordnungswidrigkeitengesetzes richtet (s.a. Rn. 11)[67]

Typische polizeiliche Maßnahmen wie z.B. die Beschlagnahme einer Sache oder die Durchsuchung von Personen, Sachen oder Wohnungen können als präventive Bekämpfung künftiger Straftaten oder aber als repressive Verfolgung bereits begangener Straftaten zu qualifizieren sein. 51

Beispiel 1 Bei einer nächtlichen Streifenfahrt durch ein Wohnviertel wird die Polizei auf G aufmerksam, der – mit einem Rucksack bepackt – durch ein Wohnviertel läuft und sich dabei auffällig für die dort stehenden Einfamilienhäuser interessiert. Die Polizei spricht G an und durchsucht seinen Rucksack. Es stellt sich heraus, dass G Werkzeug im Rucksack mit sich führt, mit dem er Türen und Fenster aufhebeln könnte. ■

Beispiel 2 Anders als in *Beispiel 1* sieht die Polizei den mit einem gut gefüllten Rucksack bepackten G aus einem Einfamilienhaus in Richtung Hauptstraße eilen. Als G merkt, dass er von der Polizei beobachtet wird, versucht er zu flüchten, wird aber von der Polizei nach einer kurzen Verfolgung gestellt. In dem Rucksack entdeckt die Polizei – neben dem Werkzeug – Diebesgut, das G bei dem gerade verübten Einbruch erbeutet hat. ■

---

65 Vgl. *Dietlein*, in: Dietlein/Hellermann Öffentliches Recht in Nordrhein-Westfalen § 3 Rn. 26.
66 Vgl. *Dietlein*, in: Dietlein/Hellermann Öffentliches Recht in Nordrhein-Westfalen § 3 Rn. 26.
67 Vgl. hierzu näher *Götz* Allgemeines Polizei- und Ordnungsrecht § 18 Rn. 1 ff.

JURIQ-Klausurtipp

Die Unterscheidung zwischen präventiven und repressiven polizeilichen Maßnahmen ist für folgende Fragen von Bedeutung: für die Frage des Rechtsschutzes (bei präventiven polizeilichen Maßnahmen: Verwaltungsrechtsweg gemäß § 40 Abs. 1 VwGO; bei repressiven polizeilichen Maßnahmen: Rechtsweg zu den ordentlichen Gerichten gemäß § 23 EGGVG), für die Frage des Verfahrensrechts (bei präventiven polizeilichen Maßnahmen: Verwaltungsverfahrensgesetz NRW; bei repressiven polizeilichen Maßnahmen: Verwaltungsverfahrensgesetz NRW gilt gemäß § 2 Abs. 2 Nr. 2 VwVfG NRW nicht, statt dessen u.a. StPO) und für die Frage der Rechtmäßigkeit der konkreten polizeilichen Maßnahme (abhängig von den Vorgaben der einschlägigen Ermächtigungsgrundlage).

52 Ob eine polizeiliche Maßnahme als präventive Bekämpfung einer künftigen Straftat und damit dem Bereich der Gefahrenabwehr oder als repressive Verfolgung einer bereits begangenen Straftat dem Bereich der Strafverfolgung zuzuordnen ist, bestimmt sich nach dem **Zweck der betreffenden Maßnahme.**[68] In unserem *Beispiel 1* oben (Rn. 51) verfolgt die Polizei bei ihrer Durchsuchung den Zweck festzustellen, ob G in seinem Rucksack Utensilien bei sich führt, die geeignet sind, um einen Einbruch zu begehen. Diese Feststellung dient dem Zweck, ggf. einen geplanten Einbruch und somit mögliche Rechtsverletzungen zu verhindern. Die Durchsuchung der Polizei ist daher als präventive Maßnahme zur Bekämpfung einer künftigen Straftat zu qualifizieren und richtet sich als Maßnahme der Gefahrenabwehr nach den einschlägigen Vorschriften des Polizeigesetzes NRW. In unserem *Beispiel 2* oben (Rn. 51) dient die polizeiliche Durchsuchung demgegenüber dem Zweck festzustellen, was G in seinem Rucksack bei sich führt und ihn ggf. als auf frischer Tat ertappten Einbrecher zu überführen. Die Durchsuchung der Polizei ist daher als Maßnahme zur Verfolgung einer bereits begangenen Straftat zu qualifizieren und richtet sich als Maßnahme der Strafverfolgung nach den einschlägigen Vorschriften der Strafprozessordnung, gegen die gemäß § 23 EGGVG der Rechtsweg zu den ordentlichen Gerichten eröffnet ist.

JURIQ-Klausurtipp

In der Fallbearbeitung lässt sich der Zweck der betreffenden Maßnahme anhand der Begründung ermitteln, die die Polizei dem Betroffenen gegenüber abgibt.[69] Sollte sie keine oder keine eindeutige Begründung abgeben, bestimmen Sie den Zweck der betreffenden Maßnahme dadurch, dass Sie den objektiven Zweck nach dem Gesamteindruck der Maßnahme ermitteln.[70]
Beachten Sie: Besteht ein Polizeieinsatz aus mehreren Maßnahmen, die voneinander abgrenzbar sind und zeitlich versetzt erfolgen, muss jede einzelne Maßnahme als präventiv oder repressiv qualifiziert werden!

53 In der Regel bereitet die Qualifikation einer polizeilichen Maßnahme als präventiv oder repressiv keine Schwierigkeiten. Ausnahmsweise können sich jedoch Probleme bei sog. **„doppelfunktionalen Maßnahmen"** ergeben.[71] Eine doppelfunktionale Maßnahme ist eine Maßnahme, die sowohl präventive als auch repressive Elemente enthält.

68 Vgl. *Dietlein*, in: Dietlein/Hellermann Öffentliches Recht in Nordrhein-Westfalen § 3 Rn. 30.
69 Vgl. *BVerwGE* 47, 255.
70 Vgl. *Götz* Allgemeines Polizei- und Ordnungsrecht § 18 Rn. 19.
71 Zu dem weiteren, wohl weniger prüfungsrelevanten Problemkreis der Maßnahmen polizeilicher Eigensicherung s. *Dietlein*, in: Dietlein/Hellermann Öffentliches Recht in Nordrhein-Westfalen § 3 Rn. 32.

Beispiel Die Polizei erhält den anonymen Hinweis, dass G im Keller seines Hauses das bei seinen Einbruchstouren erbeutete Diebesgut lagert, das er im Internet gewinnbringend verkaufen will. Die Polizei fährt daraufhin zum Haus des G, durchsucht den Keller und findet dort tatsächlich größere Mengen Diebesgut. Sie beschlagnahmt das Diebesgut und nimmt G vorläufig fest. – Soweit die Polizei gegenüber G einschreitet, um zu verhindern, dass G das Diebesgut gewinnbringend im Internet weiterverkauft, wird sie präventiv zur Vermeidung künftiger Straftaten tätig und somit im Bereich der Gefahrenabwehr. Soweit die Polizei das Diebesgut beschlagnahmt und G vorläufig festnimmt, wird die Polizei dagegen repressiv im Bereich der Strafverfolgung tätig. ■

Um zu verhindern, dass die Polizei bei den doppelfunktionalen Maßnahmen verschiedenen Regelungssystemen und unterschiedlichen Weisungshierarchien unterworfen ist, wird nach verbreiteter Ansicht der **Schwerpunkt der Maßnahme anhand ihres objektiven Zwecks nach dem Gesamteindruck der Maßnahme** ermittelt und die Maßnahme sodann dem dafür einschlägigen Regelungssystem unterworfen.[72] In unserem Beispiel oben (Rn. 53) wäre der Schwerpunkt also anhand des objektiven Zwecks nach dem Gesamteindruck der polizeilichen Maßnahmen zu ermitteln. Der objektive Zweck der polizeilichen Maßnahmen bestand nach dem Gesamteindruck darin, G als Straftäter zu überführen. Der Schwerpunkt der polizeilichen Maßnahmen bestand daher in der Verfolgung bereits begangener Straftaten. Die Polizei handelt damit auf der Grundlage der Bestimmungen der Strafprozessordnung. 54

Diese Auffassung ist jedoch **nicht unbestritten**.[73] So steht z.B. *Götz* auf dem Standpunkt, dass die Qualifizierung einer polizeilichen Maßnahme anhand ihrer objektiven Zwecksetzung nicht auf eine Feststellung des Schwerpunkts der Gesamtmaßnahme hinauslaufe. Auf diesem Wege werde lediglich festgestellt, ob eine Maßnahme der Strafverfolgung vorliege. Sei dies der Fall, bleibe es dabei, dass Strafverfolgung vorliege und der Präventionszweck in der Strafverfolgung aufgehe. In unserem Beispiel oben (Rn. 53) ergreift die Polizei mit der Beschlagnahme des Diebesguts und der vorläufigen Festnahme des G mehrere Maßnahmen der Strafverfolgung. Sie haben den Nebeneffekt, G daran zu hindern, weitere Straftaten zu begehen. Es liegt somit ein Fall der sog. **„Prävention durch Repression"** vor, in dem die polizeilichen Maßnahmen im Zweifel ausschließlich als strafprozessuale Maßnahmen zu qualifizieren sind.[74] 55

JURIQ-Klausurtipp

In der Fallbearbeitung werden Sie sehen, dass beide Ansichten regelmäßig zu demselben Ergebnis kommen, so dass Sie die Problematik zwar kennen und ansprechen, aber nicht überbewerten sollten.
Denken Sie daran: Die Problematik der doppelfunktionalen Maßnahme kann allein bei Maßnahmen der *Polizei* relevant werden, weil nur sie repressive Befugnisse im Rahmen der Strafverfolgung besitzt. In einer Fallbearbeitung, in der die Erfolgsaussichten eines Rechtsbehelfs zu prüfen sind, müssen Sie die Problematik der doppelfunktionalen Maßnahme bei der Frage

72 Vgl. *BayVGH* NVwZ 1986, 655.

73 Vgl. mit unterschiedlichen Argumenten kritisch etwa *Dietlein*, in: Dietlein/Hellermann Öffentliches Recht in Nordrhein-Westfalen § 3 Rn. 31; *Götz* Allgemeines Polizei- und Ordnungsrecht § 18 Rn. 19; *Wolffgang/Hendricks/Merz* Polizei- und Ordnungsrecht in Nordrhein-Westfalen Rn. 45.

74 Vgl. allgemein *Rachor*, in: Lisken/Denninger (Hrsg.) Handbuch des Polizeirechts 4. Aufl. 2007 K Rn. 30.

der Eröffnung des Rechtswegs nach § 40 Abs. 1 S. 1 VwGO erörtern; als abdrängende Sonderzuweisung kommt unter Umständen § 23 EGGVG – ggf. i.V.m. § 98 Abs. 2 S. 2 StPO (u.U. analog) – in Betracht.[75] Bei einer Fallbearbeitung im Öffentlichen Recht werden Sie aber – allein schon aus klausurtaktischen Gründen – das Eingreifen einer abdrängenden Sonderzuweisung verneinen können.

Online-Wissens-Check

Welche grundlegende Aussage enthält § 1 Abs. 1 S. 3 PolG NRW?

Überprüfen Sie jetzt online Ihr Wissen zu den in diesem Abschnitt erarbeiteten Themen. Unter **www.juracademy.de/skripte/login** steht Ihnen ein Online-Wissens-Check speziell zu diesem Skript zur Verfügung, den Sie kostenlos nutzen können. Den Zugangscode hierzu finden Sie auf der Codeseite.

75 Vgl. zum Rechtsweg bei nicht eindeutiger Zielrichtung einer polizeilichen Maßnahme *OVG NRW* NVwZ-RR 2014, 863; *OVG Nds.* NVwZ-RR 2014, 327.

3. Teil
Gefahrenabwehrverfügungen nach allgemeinem Polizei- und Ordnungsrecht

A. Überblick

Nachdem Sie sich nun einige wichtige Grundlagen des allgemeinen Polizei- und Ordnungsrechts erarbeitet haben, werden wir uns in diesem Teil des Skripts mit der Prüfung der Rechtmäßigkeit einer Gefahrenabwehrverfügung, die auf der Grundlage des allgemeinen Polizei- bzw. Ordnungsrechts erlassen wurde, befassen. Von einer **Gefahrenabwehrverfügung** wird gesprochen, wenn es sich bei der betreffenden polizei- bzw. ordnungsrechtlichen Maßnahme um einen **Verwaltungsakt i.S.d. § 35 S. 1 VwVfG NRW** handelt. Eine prüfungstypische Konstellation besteht darin, dass eine Gefahrenabwehrverfügung erlassen wird, die der Betroffene mittels Anfechtungsklage nach § 42 Abs. 1 Alt. 1 VwGO angreift, weil er die Verfügung für rechtswidrig hält und sich in seinen Rechten verletzt fühlt. Sofern die Gefahrenabwehrverfügung sich erledigt hat, kann der Betroffene die Rechtmäßigkeit mittels einer Fortsetzungsfeststellungsklage nach § 113 Abs. 1 S. 4 VwGO (analog) klären (s. dazu Skript „Verwaltungsprozessrecht“). **56**

Die Rechtmäßigkeit einer nach allgemeinem Polizei- bzw. Ordnungsrecht erlassenen Gefahrenabwehrverfügung prüfen Sie wie folgt: **57**

PRÜFUNGSSCHEMA

Rechtmäßigkeit einer nach allgemeinem Polizei- bzw. Ordnungsrecht erlassenen Gefahrenabwehrverfügung

I. Ermächtigungsgrundlage für die Gefahrenabwehrverfügung
1. Spezialgesetzliche Ermächtigungsgrundlage
2. Polizei- und ordnungsrechtliche Standardermächtigung
3. Polizei- und ordnungsrechtliche Generalklausel

II. Formelle Rechtmäßigkeit der Gefahrenabwehrverfügung
1. Zuständigkeit
   a) Sachliche Zuständigkeit
   b) Örtliche Zuständigkeit
2. Verfahren
3. Form
4. Begründung
5. Bekanntgabe

III. Materielle Rechtmäßigkeit der Gefahrenabwehrverfügung
1. (Formelle und materielle) Verfassungsmäßigkeit der Ermächtigungsgrundlage
2. Vorliegen der Tatbestandsvoraussetzungen der Ermächtigungsgrundlage
   - Rechtsnatur von Standardmaßnahmen Rn. 87 f.
   - Ermächtigt § 14 PolG NRW zur Abnahme eines genetischen Fingerabdrucks? Rn. 127
   - Verfassungsmäßigkeit des § 15a PolG NRW Rn. 134
   - Ausdrückliche und ernsthafte Ablehnung einer Wohnungsverweisung durch die gefährdete Person Rn. 167
   - § 35 Abs. 1 Nr. 3 PolG NRW als Rechtsgrundlage für den Verbringungs- und Rückführungsgewahrsam? Rn. 180
   - Durchsuchung eines Fahrzeugs, das ganz oder teilweise Wohnzwecken dient, auf der Grundlage des § 40 PolG NRW? Rn. 199
   - Vorliegen einer Sicherstellung in bestimmten Fallkonstellationen Rn. 222
   - Sicherstellung von Film- und Fotoaufnahmen über einen Polizeieinsatz? Rn. 224
   - Rechtsnatur der Sicherstellung im Falle des § 43 Nr. 2 PolG NRW Rn. 225
   - Gleichsetzung des Gefahrenverdachts mit der Gefahr im polizei- und ordnungsrechtlichen Sinne? Rn. 249
   - Gleichsetzung der dringenden Gefahr mit der erheblichen Gefahr, der gegenwärtigen Gefahr oder der gegenwärtigen erheblichen Gefahr? Rn. 257
3. Pflichtgemäße Ermessensausübung
   a) Entschließungsermessen
   b) Handlungsermessen
      aa) Verhältnismäßigkeitsgrundsatz
      bb) Bestimmtheitsgrundsatz
   c) Auswahlermessen
      - Kann der Verdachtsverantwortliche zur Vornahme eines Gefahrerforschungseingriffs oder zur Duldung eines solchen Eingriffs verpflichtet werden? Rn. 306

JURIQ-Klausurtipp

Denken Sie stets daran: Prüfungsschemata sollen Ihnen lediglich eine Orientierungshilfe für Ihre Prüfung geben. Keinesfalls dürfen Prüfungsschemata starr angewendet werden. Wenden Sie ein Prüfungsschema daher immer auf Ihren Fall bezogen an. Das bedeutet vor allem: Problematisieren Sie nur solche Punkte, die tatsächlich erörterungsbedürftig sind. Unproblematische Punkte können Sie kurz – dann auch durchaus im Urteilsstil – abhandeln. Durch diese Vorgehensweise sparen Sie nicht nur Zeit und Energie für die wirklichen Probleme des Falls, sondern stellen vor allem auch Ihre Fähigkeit zur Schwerpunktsetzung in der Fallbearbeitung unter Beweis.
Das Prüfungsschema zur Rechtmäßigkeitsprüfung einer Gefahrenabwehrverfügung orientiert sich am gängigen dreistufigen Aufbau; ein vierstufiger Aufbau, bei dem das Ermessen als eigenständiger Prüfungspunkt nach der materiellen Rechtmäßigkeit der Gefahrenabwehrverfügung berücksichtigt wird, wäre ebenso vertretbar.[1]

Den richtigen Einstieg in die Fallbearbeitung finden Sie mit Hilfe eines möglichst präzise formulierten **Obersatzes**. Im Falle der Anfechtung der Gefahrenabwehrverfügung könnte der Obersatz wie folgt formuliert werden: „Die Verfügung der Polizei bzw. Ordnungsbehörde (hier die konkrete Erlassbehörde nennen) vom … (hier Datum der Verfügung nennen) ist rechtmäßig, wenn sie auf einer wirksamen Ermächtigungsgrundlage beruht sowie formell und materiell rechtmäßig ist.“ Mit einem korrekt formulierten Obersatz legen Sie den Grundstein für eine erfolgreiche Fallbearbeitung. 58

JURIQ-Klausurtipp

Wie der Obersatz im konkreten Einzelfall korrekt formuliert werden muss, hängt von der jeweiligen Fallkonstellation ab.

B. Ermächtigungsgrundlage für die Gefahrenabwehrverfügung

I. Rechtsstaatliche Anforderungen an die Ermächtigungsgrundlage

Gemäß **Art. 20 Abs. 3 GG** ist die vollziehende Gewalt an Gesetz und Recht gebunden (sog. **Grundsatz der Gesetzmäßigkeit der Verwaltung**). Hieraus ergeben sich rechtsstaatliche Vorgaben für das Handeln der Exekutive, die nach heute gängiger Ansicht[2] aus den Grundsätzen des Vorrangs und Vorbehalts des Gesetzes bestehen. Der Grundsatz des **Vorrangs des Gesetzes** gilt für **jedwedes Handeln der Exekutive** und hat zum Inhalt, dass die Exekutive dem Gesetz entsprechend handeln muss bzw. keine Maßnahmen vornehmen darf, die dem Gesetz widersprechen.[3] 59

» Wiederholen Sie ggf. an dieser Stelle zunächst den Grundsatz der Gesetzmäßigkeit der Verwaltung im Skript „Staatsorganisationsrecht“ oder „Allgemeines Verwaltungsrecht“! «

1 Vgl. zum vierstufigen Aufbau *Schwerdtfeger* Öffentliches Recht in der Fallbearbeitung § 5 Rn. 57 ff.
2 Vgl. *Degenhart* Staatsrecht I Rn. 304 ff. (str.).
3 Vgl. *Degenhart* Staatsrecht I Rn. 310 ff.

Hinweis

Merke: Der Vorrang des Gesetzes bedeutet kurz: Kein Handeln gegen das Gesetz.

60 Der **Grundsatz des Vorbehalts des Gesetzes** gilt demgegenüber nur für **Handlungen der Exekutive, die in Rechte des Bürgers eingreifen,** und hat zum Inhalt, dass die Exekutive nur dann in Rechte des Bürgers eingreifende Maßnahmen durchführen kann, wenn es hierfür eine gesetzliche Grundlage gibt, die den Handlungsrahmen für die Exekutive festlegt. So sieht z.B. § 1 Abs. 5 S. 1 PolG NRW vor, dass die Polizei Maßnahmen, die in Rechte einer Person eingreifen, nur treffen darf, wenn dies auf Grund eines Gesetzes oder anderer Rechtsvorschriften zulässig ist.

Hinweis

Merke: Der Vorbehalt des Gesetzes bedeutet kurz: Kein Handeln ohne Gesetz.

61 Das **allgemeine Polizei- und Ordnungsrecht** bildet einen klassischen Bereich der **Eingriffsverwaltung** und unterfällt daher **grundsätzlich** dem **Vorbehalt des Gesetzes**. Polizei- bzw. ordnungsrechtliche Eingriffe in die Rechte eines Bürgers, die vor allem durch Gefahrenabwehrverfügungen vorgenommen werden, sind daher nur zulässig, wenn und soweit sie auf eine **formalgesetzliche Ermächtigungsgrundlage (Befugnisnorm)** gestützt werden können.[4]

Hinweis

Ermächtigungsgrundlagen sind zugleich Befugnisnormen. Beide Begriffe drücken unterschiedliche Sichtweisen aus: Aus Sicht des Adressaten einer Verfügung bildet eine Ermächtigungsnorm die Grundlage für die hoheitliche Maßnahme, die in Rechte des Adressaten eingreift (Ermächtigungsgrundlage). Aus Sicht der Polizei bzw. der Ordnungsverwaltung beinhaltet eine Befugnisnorm die hoheitlichen Eingriffsbefugnisse, indem in der Befugnisnorm festgelegt ist, unter welchen Voraussetzungen die Polizei bzw. die Ordnungsverwaltung welche Befugnisse gegenüber dem Bürger oder einem Hoheitsträger besitzt. In Fallbearbeitungen werden Sie in aller Regel aufgefordert sein zu prüfen, ob die Maßnahme der Polizei bzw. der Ordnungsverwaltung aus Sicht des Adressaten rechtmäßig ist. Da insoweit auf die Sicht des Adressaten abgestellt wird, wird im Skript von Ermächtigungsgrundlage gesprochen.

62 Demgegenüber genügt eine bloße Aufgabennorm als Rechtsgrundlage für Eingriffe in die Rechte des Bürgers nicht. Eine Aufgabennorm weist der Polizei bzw. der Ordnungsverwaltung Aufgaben der Gefahrenabwehr zu (vgl. z.B. § 1 Abs. 1 S. 1 PolG NRW, § 1 Abs. 1 OBG) und legt dadurch lediglich den Aufgabenbereich einer Behörde fest, während eine Befugnisnorm Eingriffsbefugnisse zur Erfüllung gesetzlich übertragener Aufgaben gegenüber grundrechtsberechtigten Dritten verleiht. Damit kann zwar von einer Befugnisnorm auf eine Aufgabe geschlossen werden, aber grundsätzlich nicht umgekehrt, d.h. von einer Aufgabennorm kann grundsätzlich nicht auf eine Befugnisnorm geschlossen werden (s. aber den umstrittenen Sonderfall der behördlichen Warnungen der Bundesregierung unten Rn. 65).

4 Vgl. *Degenhart* Staatsrecht I Rn. 313 ff.

JURIQ-Klausurtipp

In der Fallbearbeitung hat die Geltung des Vorbehalts des Gesetzes für Sie vor allem zur Folge, dass Sie eine fehlende Befugnisnorm oder eine Befugnisnorm, die eine Maßnahme der Polizei bzw. der Ordnungsverwaltung nicht vollständig abdeckt, nicht durch Analogieschlüsse oder Rechtsfortbildung kompensieren dürfen. In diesen Fällen ist allein der Gesetzgeber aufgerufen, ggf. aktiv zu werden und den Befugniskatalog zu erweitern.[5] In Ihrer Fallbearbeitung wäre eine polizei- bzw. ordnungsrechtliche Gefahrenabwehrverfügung im Fall einer fehlenden oder unzureichenden Ermächtigungsgrundlage bereits aus diesem Grunde rechtswidrig. Da Sie in der Regel zur Erstellung eines umfassenden Gutachtens aufgefordert sind, prüfen Sie die Rechtmäßigkeit der Gefahrenabwehrverfügung nach einem solchen Zwischenergebnis grundsätzlich wie gewohnt im Hauptgutachten weiter.

Im allgemeinen Polizei- und Ordnungsrecht gilt der **Vorbehalt des Gesetzes** allerdings **nicht ausnahmslos**. Jenseits polizei- bzw. ordnungsrechtlicher Gefahrenabwehrverfügungen haben die Aufgabennormen durchaus Bedeutung bei Maßnahmen der Polizei und der Ordnungsverwaltung, die nicht in die Rechte der Bürger, insbesondere nicht in deren Grundrechte, eingreifen. Bei diesen Maßnahmen, die keinen Eingriffscharakter haben, handelt es sich um **Realakte**. Im allgemeinen Polizei- und Ordnungsrecht werden Realakte namentlich im **Vorfeld von Eingriffsmaßnahmen** relevant.[6] 63

Beispiele Streifendienst der Polizei; Erteilung von Auskünften; allgemeine Warnungen; Belehrungen; Ermahnungen; Gefährderansprache; Gefährderanschreiben. ■

JURIQ-Klausurtipp

Wenn Sie eine Maßnahme der Polizei bzw. der Ordnungsverwaltung ausnahmsweise nicht auf eine Befugnis-, sondern auf eine Aufgabennorm stützen, stellen Sie unter dem Punkt „Ermächtigungsgrundlage" zunächst fest, dass die betreffende Maßnahme keinen Eingriffscharakter hat, der Vorbehalt des Gesetzes daher nicht gilt und damit eine Befugnisnorm nicht einschlägig ist. Sodann benennen Sie die einschlägige Aufgabennorm, aus der sich die sachliche Zuständigkeit der Polizei bzw. der Ordnungsbehörde für die Wahrnehmung der betreffenden Aufgabe ergibt.

Einen **Sonderfall** stellen in diesem Zusammenhang **behördliche Warnungen** der Öffentlichkeit vor Gefahren dar. Eine Aufgabennorm verleiht die Befugnis, die Öffentlichkeit vor Gefahren zu warnen, vorausgesetzt, dass die Warnung vor Gefahren keine Rechte Dritter beeinträchtigt. Beeinträchtigt die Warnung dagegen unmittelbar oder mittelbar Rechte Dritter, kann die Warnung nicht auf eine Aufgabennorm gestützt werden. 64

Beispiel 1 Die zuständige Behörde informiert Eltern schulpflichtiger Kindern in einer Broschüre über gesunde Ernährung und macht in allgemeiner Form darauf aufmerksam, dass Kindernahrung oftmals besonders viel Zucker enthält, daher ungesund ist und besser gemieden werden sollte. – Hier klärt die zuständige Behörde die Eltern lediglich grund-

5 Vgl. hierzu allgemein *Dietlein*, in: Dietlein/Hellermann Öffentliches Recht in Nordrhein-Westfalen § 3 Rn. 41.
6 Vgl. zum Ganzen *Götz* Allgemeines Polizei- und Ordnungsrecht § 7 Rn. 7.

sätzlich über eine gesunde Ernährung von Schulkindern auf. Hierin liegt kein Eingriff in ein Recht Dritter, so dass diese Tätigkeit der Behörde von einer Aufgabennorm (im Zweifel § 1 Abs. 1 OBG) gedeckt ist. ■

Beispiel 2 Anders als in *Beispiel 1* warnt die zuständige Behörde in ihrer Broschüre ausdrücklich vor dem Verzehr bestimmter Kindernahrung der Firma xy. Die Firma xy erleidet aufgrund der Warnung nicht nur bei den von der Warnung erfassten, sondern auch bei anderen Produkten erhebliche Umsatzeinbußen. – Hier greift die Behörde mit der Warnung in das Grundrecht der Firma aus Art. 12 Abs. 1 GG ein. Die Warnung kann daher nicht auf eine Aufgabennorm gestützt werden, sondern muss von einer Befugnisnorm (im Zweifel § 14 Abs. 1 OBG) gedeckt sein. ■

65 Eine **Besonderheit** soll für **Warnungen durch die Bundesregierung** gelten.

Beispiel Die Bundesregierung warnt vor dem Genuss von mit Glykol versetztem Wein[7] oder vor Sekten.[8] ■

In diesen Fällen fehlt eigentlich eine ausdrückliche Aufgabennorm (wie es sie z.B. mit § 1 Abs. 1 OBG bzw. § 1 Abs. 1 S. 1 PolG NRW für die Ordnungsverwaltung bzw. die Polizei in Nordrhein-Westfalen gibt). Gleichwohl hat das Bundesverfassungsgericht eine Aufgabe der Bundesregierung in Bezug auf entsprechende Warnungen bejaht, indem es angenommen hat, dass eine solche Aufgabe ungeschrieben im Grundgesetz enthalten sei. Diese **Aufgabe der Bundesregierung** soll nach Auffassung des Bundesverfassungsgerichts darin bestehen, dass die Bundesregierung die **Entwicklungen im Staat und in der Gesellschaft zu beobachten und darüber die Bevölkerung zur Abwehr schwerwiegender Gefahren zu informieren** hat. Die so hergeleitete Aufgabe soll **zugleich** das **Recht der Bundesregierung** begründen, **die Öffentlichkeit zur Gefahrenabwehr zu unterrichten und, wenn dies nicht vermeidbar ist, dabei in Rechte Dritter einzugreifen**. Diese Auffassung ist im Schrifttum allerdings auf Widerspruch gestoßen, weil das Bundesverfassungsgericht unzulässigerweise von einer Aufgabenzuweisung auf eine Befugnis zum Eingriff in Rechte des Bürgers schließe und das Erfordernis einer gesetzlichen Grundlage für die Maßnahme verkenne.[9]

II. Mögliche Ermächtigungsgrundlagen

66 Da eine Gefahrenabwehrverfügung, die in die Rechte des Bürgers eingreift, wegen des rechtsstaatlichen Vorbehalts des Gesetzes einer Ermächtigungsgrundlage bedarf, arbeiten Sie – entsprechend dem Grundsatz *lex specialis derogat legi generali* – die Ermächtigungsgrundlage, auf die die Gefahrenabwehrverfügung gestützt sein kann, heraus. Dabei gehen Sie in drei Schritten vor:

1. Spezialgesetzliche Ermächtigungsgrundlagen

67 Im ersten Schritt untersuchen Sie, ob eine spezialgesetzliche Ermächtigungsgrundlage einschlägig ist. Spezialgesetzliche Ermächtigungsgrundlagen kommen in erster Linie bei ordnungsbehördlichen Gefahrenabwehrverfügungen in Betracht. Zu den prüfungsrelevanten

---

7 Vgl. *BVerfGE* 105, 252.
8 Vgl. *BVerfGE* 105, 279.
9 Vgl. *Schenke* Polizei- und Ordnungsrecht Rn. 41 und Rn. 653.

spezialgesetzlichen Ermächtigungsgrundlagen des besonderen Ordnungsrechts gehören z.B. § 61 Abs. 1 S. 2 BauO NRW, §§ 17, 20, 24–29 BImSchG,[10] §§ 5, 12 Abs. 3, 21 Abs. 1 GastG,[11] §§ 15 Abs. 2, 35 GewO,[12] §§ 16 Abs. 3, Abs. 4, 24 HandwO,[13] § 22 StrWG NRW,[14] § 25 StVG,[15] §§ 17, 31a StVZO,[16] §§ 5, 15 VersG.[17]

a) Verhältnis zwischen spezialgesetzlichen Ermächtigungsgrundlagen und Ermächtigungsgrundlagen des allgemeinen Polizei- und Ordnungsrechts

Die spezialgesetzlichen Ermächtigungsgrundlagen genießen **grundsätzlich Anwendungsvorrang** vor den Ermächtigungsgrundlagen des allgemeinen Polizei- und Ordnungsrechts. **Ob und inwieweit** das Spezialgesetz die sondergesetzlich geregelte Materie **abschließend** regelt und damit einen Rückgriff auf die Vorschriften des allgemeinen Polizei- und Ordnungsrechts ausschließt, müssen Sie in jedem Einzelfall durch **Auslegung des Spezialgesetzes und seiner Ermächtigungsgrundlage** prüfen. Als Grundregel sieht das allgemeine Polizei- und Ordnungsrecht vor, dass Bundes- oder Landesgesetze, in denen die Gefahrenabwehr spezialgesetzlich geregelt ist, den allgemeinen Gefahrenabwehrgesetzen vorgehen und dass die allgemeinen Gefahrenabwehrgesetze, sofern die Spezialgesetze keine abschließenden Regelungen enthalten, ergänzend anzuwenden sind (vgl. z.B. § 1 Abs. 2 S. 2 OBG).[18] 68

Beispiel 1 Z betreibt einen Zeitschriften- und Tabakladen. Berufliche und persönliche Sorgen haben ihn zum Alkoholiker werden lassen. Als die zuständige Behörde hiervon Kenntnis erlangt, untersagt sie dem Z jedwede gewerbliche Tätigkeit wegen Unzuverlässigkeit. – Die auf § 35 Abs. 1 GewO gestützte Gewerbeuntersagung gegenüber Z betrifft die Ausübung gewerblicher Tätigkeit (das „Ob" gewerblicher Tätigkeit). Die Gewerbeordnung ist in erster Linie Gewerbezulassungsrecht (vgl. auch § 1 GewO, der den Grundsatz der Gewerbefreiheit einfach gesetzlich normiert) und enthält insoweit abschließende Regelungen. Ein Rückgriff auf allgemeinere Bestimmungen (v.a. die ordnungsbehördliche Generalklausel) ist daher ausgeschlossen. ■

Beispiel 2 Die zuständige Bauaufsichtsbehörde erfährt, dass Familie B ihren Bungalow um ein Obergeschoss aufgestockt hat, ohne zuvor eine Baugenehmigung zu beantragen. Das Bauvorhaben ist nach geltendem Baurecht unzulässig. Die Behörde erlässt daher eine Abrissverfügung. – Durch die Bauordnung NRW werden den Baubehörden Aufgaben zur Abwehr baurechtlicher Gefahren übertragen. Zur Erfüllung dieser Aufgaben steht den Baubehörden u.a. die bauordnungsrechtliche Generalklausel des § 61 Abs. 1 S. 2 BauO NRW zur Verfügung (s. dazu Skript „Baurecht NRW" Rn. 449). Auf der Grundlage dieser Bestimmung kann die zuständige Bauaufsichtsbehörde die zur Abwehr baurechtlicher Gefahren notwendigen Maßnahmen ergreifen, hier somit eine Abrissverfügung wegen des Schwarzbaus erlassen. Ein Rückgriff auf eine allgemeinere Befugnisnorm (v.a. die ordnungsbehördliche Generalklausel) ist ausgeschlossen. ■

---

10 Bundesimmissionsschutzgesetz (*Sartorius* I Nr. 296).

11 Gaststättengesetz (*Sartorius* I Nr. 810). In Nordrhein-Westfalen existiert derzeit kein LGastG, so dass das BGastG gilt.

12 Gewerbeordnung (*Sartorius* I Nr. 800).

13 Handwerksordnung (*Sartorius* I Nr. 815).

14 Straßen- und Wegegesetz des Landes Nordrhein-Westfalen (*v. Hippel/Rehborn* Nr. 95).

15 Straßenverkehrsgesetz (*Schönfelder* Nr. 35).

16 Straßenverkehrszulassungsordnung (*Schönfelder* Ergänzungsband Nr. 35b).

17 Versammlungsgesetz (*Sartorius* I Nr. 435).

18 Vgl. *Mann*, in: Erbguth/Mann/Schubert Besonderes Verwaltungsrecht Rn. 619.

JURIQ-Klausurtipp

Im Zweifel können Sie davon ausgehen, dass eine spezialgesetzliche Ermächtigungsgrundlage einen abschließenden Charakter hat, weil der Gesetzgeber mit dem Erlass der spezialgesetzlichen Ermächtigungsgrundlage einen spezifischen Zweck verfolgt und *insoweit* einen Rückgriff auf allgemeinere Regelungen ausschließen will.[19]

69 Ergibt Ihre Prüfung, dass eine abschließende spezialgesetzliche Ermächtigungsgrundlage zwar existiert, aber in Ihrer Fallbearbeitung nicht eingreift, ist ein **Rückgriff auf eine Ermächtigungsgrundlage des allgemeinen Polizei- und Ordnungsrechts ausgeschlossen.**[20]

Beispiel 1 Anders als in *Beispiel 1* oben (Rn. 68) ist Z nicht alkoholkrank. Dennoch wird ihm die gewerbliche Tätigkeit wegen Unzuverlässigkeit untersagt. – Da Z nicht alkoholkrank ist, ist er gewerberechtlich zuverlässig. Die Tatbestandsvoraussetzungen des § 35 Abs. 1 GewO liegen daher nicht vor. Die Behörde kann in diesem Fall nicht auf allgemeinere Regelungen (v.a. die ordnungsbehördliche Generalklausel) zurückgreifen, um auf dieser Grundlage die Gewerbeuntersagung gleichwohl zu verfügen. ■

Beispiel 2 Anders als in *Beispiel 2* oben (Rn. 68) ist das Bauvorhaben der Familie B genehmigungsfähig. – Eine auf § 61 Abs. 1 S. 1 BauO NRW gestützte Abrissverfügung ist in diesem Falle rechtswidrig. Die Behörde kann auch hier nicht z.B. auf die ordnungsbehördliche Generalklausel zurückgreifen, um auf dieser Grundlage die Abrissverfügung gleichwohl zu erlassen. ■

70 Ergibt Ihre Prüfung, dass eine **spezialgesetzliche Ermächtigungsgrundlage** existiert, diese aber nicht abschließend ist, sondern **in bestimmten Punkten** (z.B. hinsichtlich des Adressaten oder der auszusprechenden Rechtsfolge) **keinen abschließenden Charakter** hat, **können diese Lücken durch Rückgriff auf die einschlägigen Bestimmungen des allgemeinen Polizei- und Ordnungsrechts geschlossen** werden.

Beispiel 1 Wie oben (Rn. 68) gesehen, enthält die Gewerbeordnung grundsätzlich nur Gewerbezulassungsrecht. Soweit lediglich die Art und Weise der Ausübung einer gewerblichen Tätigkeit betroffen ist, enthält die Gewerbeordnung daher keine abschließende Regelung mit der Folge, dass ein Rückgriff v.a. auf die ordnungsbehördliche Generalklausel möglich ist. ■

Beispiel 2 Die BauO NRW enthält mit den §§ 56 ff. spezielle Regelungen in Bezug auf den Adressaten einer Bauordnungsverfügung „bei der Errichtung, Änderung, Instandhaltung, Nutzungsänderung oder dem Abbruch baulicher Anlagen" (vgl. § 56 BauO NRW). Soweit diese Bestimmungen nicht einschlägig sind (insbesondere nach Abschluss der genannten Tätigkeiten), ist auf die allgemeinen Regelungen (§§ 17 ff. OBG) zurückzugreifen. ■

71 Ein wichtiges und vor allem auch prüfungsrelevantes Beispiel bildet in diesem Zusammenhang das Versammlungsrecht, dessen Verhältnis zum allgemeinen Polizei- und Ordnungsrecht im folgenden Exkurs näher dargestellt werden soll.

---

19 Vgl. auch *Drews/Wacke/Vogel/Mertens* Gefahrenabwehr S. 154 f.

20 Vgl. *Pieroth/Schlink/Kniesel* Polizei- und Ordnungsrecht § 5 Rn. 22 ff.

b) Exkurs: Verhältnis zwischen dem Versammlungsrecht und dem allgemeinen Polizei- und Ordnungsrecht

Auf der Grundlage des Art. 74 Abs. 1 Nr. 3 GG a.F. erließ der Bund im Jahre 1953 das **Versammlungsgesetz** (VersG).[21] Seit der Föderalismusreform I im Jahre 2006 besitzen die Länder die Gesetzgebungskompetenz für das Versammlungsrecht. Das Versammlungsgesetz des Bundes gilt jedoch gemäß Art. 125a Abs. 1 GG fort, bis es durch Landesrecht ersetzt wurde.[22] Das Versammlungsgesetz ist konzipiert als „ein in sich **geschlossenes und abschließendes Regelwerk**, mit dem sichergestellt wird, dass die zur Wahrung der öffentlichen Sicherheit oder Ordnung bei der Durchführung der Versammlung oder des Aufzuges notwendigen Maßnahmen getroffen werden können".[23] Aus dem abschließenden Charakter des Versammlungsgesetzes folgt die sog. **Polizeifestigkeit des Versammlungsrechts**, d.h. versammlungsbezogene Eingriffe können nur auf Ermächtigungsgrundlagen des Versammlungsgesetzes gestützt werden (s. Skript „Grundrechte" Rn. 469). Die Polizeifestigkeit des Versammlungsrechts wird konkret bestimmt durch den **Anwendungsbereich des Versammlungsgesetzes** und **innerhalb dieses Anwendungsbereichs durch den Regelungsbereich des Versammlungsgesetzes**.[24] 72

» Nutzen Sie die Gelegenheit zu einer Wiederholung der Versammlungsfreiheit im Skript „Grundrechte"! Die verfassungsrechtlichen Aspekte werden im Exkurs als bekannt vorausgesetzt. «

Hinweis

Beachten Sie also, dass die Polizeifestigkeit des Versammlungsrechts nur relativ gilt.

aa) Anwendungsbereich des Versammlungsgesetzes

Das Versammlungsgesetz regelt **Versammlungen i.S.d. Art. 8 GG** (s. Skript „Grundrechte" Rn 448 ff.). 73

Beispiel Zwei Kinder sind im Eis auf einem Weiher eingebrochen. Sofort bleiben zahlreiche Passanten am Uferrand stehen und beobachten das Geschehen. Als die Polizei eintrifft, fordert sie die Passanten zum Verlassen des Unglücksorts auf. – Das Zusammenkommen der Passanten am Uferrand stellt zwar eine örtliche Zusammenkunft mehrerer Personen dar; die Zusammenkunft erfolgt aber rein zufällig und ist nicht auf die gemeinschaftliche, auf die Teilhabe an der öffentlichen Meinungsbildung gerichtete Erörterung gerichtet. Bei der Zusammenkunft der Passanten handelt es sich daher nicht um eine Versammlung i.S.d. Art. 8 GG, sondern um eine bloße Ansammlung mit der Folge, dass das Versammlungsgesetz nicht anwendbar ist und damit keine Sperrwirkung gegenüber anderen gefahrenabwehrrechtlichen Vorschriften entfaltet. ■

Das Versammlungsgesetz enthält Regelungen, die den Zweck verfolgen, dass Versammlungen i.S.d. Art. 8 GG ordnungsgemäß und störungsfrei durchzuführen. Daher soll das Versammlungsgesetz **versammlungsspezifische Gefahren abwehren**. 74

Beispiel Wegen eines Hauseinsturzes ändert die zuständige Behörde kurzfristig die geplante Route für einen Protestmarsch, weil die Straße, in der das Haus eingestürzt ist, unpassierbar ist. – Mit der Änderung der geplanten Route für den Protestmarsch will die zuständige

21 *Sartorius* I Nr. 435 – Neubek. des VersG vom 15.11.1978 (BGBl. I, S. 1789 mit Änderungen).

22 In Nordrhein-Westfalen existiert derzeit kein LVersG, so dass das BVersG gilt.

23 *BVerwGE* 82, 34.

24 Vgl. *Wehr* Examens-Repetitorium Polizeirecht Rn. 258 und Rn. 259 ff., auf denen die nachfolgenden Ausführungen (mit Ausnahme der Beispiele) im Wesentlichen beruhen.

Behörde mögliche Gefahren z.B. für die körperliche Unversehrtheit der Demonstrationsteilnehmer verhindern. Dabei handelt es sich nicht um die Abwehr versammlungsspezifischer Gefahren, so dass das Versammlungsgesetz nicht anwendbar ist und damit keine Sperrwirkung gegenüber anderen gefahrenabwehrrechtlichen Vorschriften entfaltet. ■

bb) Sachlicher Regelungsbereich des Versammlungsgesetzes

75 Im Versammlungsgesetz hat der Gesetzgeber die in Art. 8 GG enthaltene Unterscheidung zwischen Versammlungen in geschlossenen Räumen, die in Art. 8 Abs. 1 vorbehaltlos gewährleistet werden, und Versammlungen unter freiem Himmel, die in Art. 8 Abs. 2 GG einem Gesetzesvorbehalt unterliegen, aufgegriffen (vgl. zu den Gewährleistungen des Art. 8 GG Skript „Grundrechte" Rn. 459 ff.). Das Versammlungsgesetz enthält in §§ 5 ff. Regelungen in Bezug auf Versammlungen in geschlossenen Räumen und in §§ 14 ff. Vorschriften hinsichtlich Versammlungen unter freiem Himmel.

(1) Versammlungen in geschlossenen Räumen (§§ 5 ff. VersG)

» Machen Sie sich mit den §§ 5 ff. VersG vertraut und lesen Sie die Vorschriften zunächst einmal durch! «

76 Eingriffe in Versammlungen, die in geschlossenen Räumen stattfinden, können nur durch kollidierendes Verfassungsrecht gerechtfertigt werden (s. hierzu Skript „Grundrechte" Rn. 470). Dementsprechend hoch sind die Anforderungen, die an Eingriffe in solche Versammlungen gestellt werden. Für Versammlungen in geschlossenen Räumen sieht das Versammlungsgesetz nur folgende mögliche Eingriffsmaßnahmen vor: Vor dem Begin einer Versammlung ein **Verbot der Versammlung (§ 5 VersG)** sowie nach dem Beginn einer Versammlung die **Anfertigung von Bild- und Tonaufnahmen (§ 12a Abs. 1 VersG)**, **deren Speicherung (§ 12a Abs. 2 VersG)** und – als ultima ratio – die **Auflösung einer Versammlung (§ 13 VersG)**.

Beispiel Während einer Kundgebung in einer öffentlichen Sporthalle, an der mehrere hundert Personen teilnehmen, durchsucht die Polizei die Taschen zahlreicher Teilnehmer, weil sie den anonymen Hinweis erhalten hat, dass Teilnehmer unerlaubte Betäubungsmittel bei sich führen. – Fraglich ist, ob die Durchsuchung der Taschen rechtmäßig ist. Dagegen könnte sprechen, dass nach Beginn der Versammlung nur noch Eingriffsmaßnahmen auf der Grundlage der §§ 5, 12a Abs. 1 und Abs. 2 oder § 13 VersG zulässig sind. Durchsuchungen sind in diesen Vorschriften nicht vorgesehen. Allerdings ist die in § 13 Abs. 1 S. 1 VersG geregelte Auflösung einer Versammlung eine ultima ratio-Maßnahme, wie § 13 Abs. 1 S. 2 VersG zeigt. Die in § 13 Abs. 1 S. 2 VersG genannte Unterbrechung einer Versammlung steht beispielhaft für andere polizeiliche Maßnahmen, die milder als eine Auflösung der Versammlung sind. Zu diesen milderen Maßnahmen gehören vor allem die polizeilichen Standardmaßnahmen, die jedoch nicht unter Umgehung der strengen Voraussetzungen des Versammlungsgesetzes ergriffen werden dürfen. § 13 Abs. 1 S. 2 VersG enthält daher eine Art Rechtsfolgenverweisung auf das allgemeine Gefahrenabwehrrecht. Die Durchsuchung der Taschen von Teilnehmern kann daher nur auf der Grundlage und unter den Voraussetzungen des § 13 Abs. 1 S. 1 VersG erfolgen. Da die Voraussetzungen des § 13 Abs. 1 S. 1 VersG nicht vorliegen, ist die Durchsuchung der Taschen als Rechtsfolge einer polizeilichen Standardmaßnahme rechtswidrig. ■

(2) Versammlungen unter freiem Himmel (§§ 14 ff. VersG)

» Lesen Sie die §§ 14 ff. VersG! «

77 Die §§ 14 ff. VersG füllen den Gesetzesvorbehalt des Art. 8 Abs. 2 GG zum Teil abschließend aus (vgl. zum Gesetzesvorbehalt des Art. 8 Abs. 2 GG Skript „Grundrechte" Rn. 467 ff.). § 15 VersG enthält mit dem **Verbot einer Versammlung bzw. der Anordnung von Auflagen** vor

Beginn einer Versammlung (Absatz 1) und der **Auflösung einer Versammlung** nach ihrem Beginn (Absatz 3) Ermächtigungsgrundlagen, die gleichartige Maßnahmen auf der Grundlage der allgemeinen Gefahrenabwehrgesetze ausschließen.

Beispiel Wie *Beispiel* oben (Rn. 76) mit dem Unterschied, dass die Kundgebung auf dem Marktplatz der Stadt B stattfindet. – Fraglich ist, ob die Durchsuchung der Taschen zahlreicher Teilnehmer rechtmäßig ist. Dagegen könnte auch hier sprechen, dass die Ermächtigungsgrundlagen des Versammlungsgesetzes eine abschließende Regelung in Bezug auf die Voraussetzungen und die Rechtsfolgen möglicher Gefahrenabwehrmaßnahmen treffen, so dass eine Durchsuchung von Taschen, die in den §§ 14 ff. VersG nicht vorgesehen ist, rechtswidrig wäre. Das Bundesverwaltungsgericht hat jedoch die Formulierung in § 15 Abs. 1 VersG („Die zuständige Behörde kann die Versammlung oder den Aufzug verbieten oder **von bestimmten Auflagen abhängig machen**, ...")[25] als Verweis auf Ermächtigungsgrundlagen, die der zuständigen Behörde nach Landesrecht zustehen, ausgelegt. Gleichzeitig hat das Bundesverwaltungsgericht aus der Bezugnahme in § 15 Abs. 3 VersG auf die Voraussetzungen des § 15 Abs. 1 VersG gefolgert, dass die zuständige Behörde von diesen Befugnissen auch während einer Versammlung Gebrauch machen könne.[26] Die darauf gestützten Maßnahmen stellen sog. **Minus-Maßnahmen** dar.[27] Auch hier liegt damit eine Art Rechtsfolgenverweisung auf die Ermächtigungsgrundlagen des allgemeinen Gefahrenabwehrrechts vor. Da die Polizei aufgrund des anonymen Hinweises annehmen muss, dass Teilnehmer gegen betäubungsmittelrechtliche Vorschriften verstoßen und dadurch unmittelbar die öffentliche Sicherheit gefährden, kann sie die Taschen von Teilnehmern durchsuchen. ■

cc) Zeitlicher Regelungsgehalt des Versammlungsgesetzes

In zeitlicher Hinsicht differenziert das Versammlungsgesetz zwischen dem Zeitraum vor dem Beginn einer Versammlung, dem Zeitraum der Dauer einer Versammlung und dem Zeitraum nach der Beendigung einer Versammlung. **78**

(1) Zeitraum vor dem Beginn einer Versammlung

Vor dem Beginn einer Versammlung kann die Versammlung verboten oder die Durchführung der Versammlung von Auflagen abhängig gemacht werden (vgl. §§ 5, 15 Abs. 1 VersG). Ansonsten enthält das Versammlungsgesetz einige Vorschriften, die Ge- oder Verbote beinhalten (z.B. § 2 Abs. 3 S. 1, § 17a Abs. 1 und Abs. 2 VersG). Eine Ermächtigungsgrundlage für die Durchsetzung solcher Ge- oder Verbote gibt es aber nur in § 17a Abs. 4 VersG. Aus diesem Umstand wird abgeleitet, dass das Versammlungsgesetz für den Zeitraum **vor dem Beginn einer Versammlung keine abschließende Regelung** enthält. Folge davon ist, dass vor dem Beginn einer Versammlung die **Ermächtigungsgrundlagen des allgemeinen Polizei- und Ordnungsrechts anwendbar** sind. **79**

Beispiel Nach § 12 Abs. 1 Nr. 4 PolG NRW kann die Polizei an einer Kontrollstelle, die von ihr eingerichtet wurde, um z.B. eine Straftat nach § 129a StGB zu verhindern, die Identität anreisender Versammlungsteilnehmer feststellen. ■

25 Hervorhebung nicht im Original.

26 Vgl. zum Ganzen *BVerwGE* 64, 55.

27 Vgl. hierzu auch *Dietlein*, in: Dietlein/Hellermann Öffentliches Recht in Nordrhein-Westfalen § 3 Rn. 304.

80 Art. 8 GG gewährleistet neben dem Recht auf Abhalten einer Versammlung auch das Recht auf das „Sich Versammeln", d.h. das Recht auf einen ungehinderten Zugang zum Versammlungsort (vgl. hierzu näher das Skript „Grundrechte" Rn. 459 f.).

Beispiel Die Polizei kontrolliert die Zufahrtsstraßen zur Innenstadt von K, wo in einigen Stunden eine Großdemonstration stattfinden soll. Bei ihren Kontrollen stellt die Polizei die Identität der Personen fest. – Bei diesen Maßnahmen der Polizei handelt es sich um sog. **„Vorfeldmaßnahmen"**. Sie werden auf der Grundlage des **Polizeigesetzes NRW** vorgenommen. Wenn die Polizei durch ihre Maßnahmen jedoch den Zugang zum Versammlungsort zumindest erheblich erschwert, richtet sich die Zulässigkeit dieser Maßnahmen nach dem Versammlungsgesetz.[28] ■

(2) Zeitraum während der Versammlung

81 Während einer Versammlung existieren insbesondere mit den **§§ 12a, 13 und 15 Abs. 2 VersG** im oben beschriebenen Umfang **abschließende Eingriffsermächtigungen**.

(3) Zeitraum nach einer Versammlung

82 Nach der Beendigung einer Versammlung sind die **Ermächtigungsgrundlagen des allgemeinen Polizei- und Ordnungsrechts** anwendbar.

Beispiel Nach einer von der Polizei verfügten Auflösung einer Kundgebung in der Innenstadt von D bleiben viele Teilnehmer vor Ort und weigern sich, den Kundgebungsort zu verlassen. – Mit dem Erlass der Auflösungsverfügung ist die Kundgebung aufgelöst. Gemäß § 18 Abs. 1 i.V.m. § 13 Abs. 2 VersG haben alle Teilnehmer sich sofort zu entfernen, sobald die Versammlung für aufgelöst erklärt ist. Die Polizei kann gegen die verbleibenden Teilnehmer auch auf der Grundlage des Polizeigesetzes NRW vorgehen (s.u. Rn. 149). ■

2. Polizei- und ordnungsrechtliche Standardermächtigungen

a) Polizei- und ordnungsrechtliche Standardermächtigungen für polizei- und ordnungsrechtliche Standardmaßnahmen

83 Wenn und soweit eine spezialgesetzliche Ermächtigungsgrundlage nicht einschlägig ist, untersuchen Sie im zweiten Schritt, ob eine sog. polizei- bzw. ordnungsrechtliche Standardermächtigung eingreift. Polizei- und ordnungsrechtliche Standardermächtigungen stellen **spezielle Ermächtigungsgrundlagen** dar, die in ihrem Anwendungsbereich vorrangig vor der polizei- und ordnungsrechtlichen Generalklausel anwendbar sind.[29] Die allgemeine Vorrangregel wird in § 8 Abs. 1 PolG NRW ausdrücklich hervorgehoben (vgl. Wortlaut: „..., soweit nicht die §§ 9 bis 46 die Befugnisse der Polizei besonders regeln.").

» Werfen Sie einen Blick in die §§ 9–46 PolG NRW! «

84 Die **Standardermächtigungen für die Polizei** sind in den **§§ 9–46 PolG NRW** geregelt. Diese **Standardermächtigungen** wurden **für die Ordnungsverwaltung** über die abschließende Regelung des **§ 24 OBG** vielfach übernommen.

---

28 Vgl. zum Ganzen *Dietlein*, in: Dietlein/Hellermann Öffentliches Recht in Nordrhein-Westfalen § 3 Rn. 307; auch *BVerfG (K)* NVwZ-RR 2010, 625.

29 Vgl. *Dietlein*, in: Dietlein/Hellermann Öffentliches Recht in Nordrhein-Westfalen § 3 Rn. 154.

Hinweis

Standardermächtigungen sind nur im Bereich der Gefahrenabwehr relevant und im PolG NRW (ggf. i.V.m. § 24 OBG) näher geregelt. Für die Polizei ist dies deshalb wichtig zu erwähnen, weil etliche Standardmaßnahmen (z.B. Identitätsfeststellung, Durchsuchung von Personen oder Sachen etc.) ihr Pendant bei der strafverfolgenden (repressiven) polizeilichen Tätigkeit haben, wo die gefahrenabwehrrechtlichen Standardermächtigungen jedoch keine Anwendung finden.[30]

Die Standardermächtigungen bilden die gesetzliche Grundlage für die Vornahme von sog. **Standardmaßnahmen**. Polizei- und ordnungsrechtliche Standardmaßnahmen stellen **typische, immer wiederkehrende grundrechtsrelevante Gefahrenabwehrmaßnahmen** dar, die für immer wiederkehrende Situationen bei der Gefahrenabwehr normiert wurden mit dem Ziel, solchen Situationen durch standarisierte Maßnahmen, die den Vorgaben des betroffenen Grundrechts angepasst sind, begegnen zu können.[31] Nach der Vorstellung des Gesetzgebers ist die Gefahrenabwehr bei dieser Vorgehensweise effektiver als bei einem Rückgriff auf die polizei- und ordnungsrechtliche Generalklausel. 85

Maßnahmen, die die Polizei- und die Ordnungsverwaltung auf der Grundlage von Standardermächtigungen durchführen, bedeuten **häufig** einen **erheblichen Eingriff in die Grundrechte des Adressaten der Gefahrenabwehrverfügung**. So greift z.B. das Betreten einer Wohnung und deren Durchsuchung auf der Grundlage des § 41 PolG NRW in das Grundrecht auf Unverletzlichkeit der Wohnung aus Art. 13 GG, die Datenerhebung und Datenverarbeitung auf der Grundlage der §§ 9, 11, 15–30 PolG NRW u.a. in das allgemeine Persönlichkeitsrecht aus Art. 1 Abs. 1 i.V.m. Art. 2 Abs. 1 GG, eine Durchsuchung von Personen in deren Grundrecht auf körperliche Unversehrtheit aus Art. 2 Abs. 2 S. 1 GG, ein Gewahrsam auf der Grundlage des § 35 PolG NRW in das Grundrecht auf Freiheit der Person aus Art. 2 Abs. 2 S. 2 GG, eine Platzverweisung auf der Grundlage des § 34 PolG NRW in die allgemeine Handlungsfreiheit aus Art. 2 Abs. 1 GG sowie eine Sicherstellung, Verwahrung, Verwertung und Vernichtung von Sachen auf der Grundlagen der §§ 43–46 PolG NRW in das Grundrecht auf Eigentum aus Art. 14 Abs. 1 GG ein. Mit Rücksicht auf den rechtsstaatlichen **Bestimmtheitsgrundsatz** bedurfte es auch deshalb besonderer Ermächtigungsgrundlagen für die Standardmaßnahmen, die sowohl die Voraussetzungen für als auch die Rechtsfolgen der Standardmaßnahmen exakt festlegen. 86

JURIQ-Klausurtipp

Wenn Sie sich die Vorschriften über die Standardmaßnahmen durchlesen, werden Sie feststellen, dass im Detail festgelegt wird, unter welchen Voraussetzungen eine Standardmaßnahme vorgenommen werden kann. Der abschließende Charakter der Standardermächtigung bedeutet für Sie in der Fallbearbeitung, dass eine in einer Standardermächtigung vorgesehene Rechtsfolge zwingend unterbleiben muss, wenn die Tatbestandsvoraussetzungen der Standardermächtigung nicht vorliegen, auch wenn die Maßnahme zur Abwehr einer Gefahr für die öffentliche Sicherheit oder Ordnung erforderlich sein mag. Ein Rückgriff auf die Generalklausel ist ausgeschlossen, weil die Generalklausel insoweit zu unbestimmt ist.[32]

30 Vgl. hierzu *Wolffgang/Hendricks/Merz* Polizei- und Ordnungsrecht in Nordrhein-Westfalen Rn. 104.
31 Vgl. *Wolffgang/Hendricks/Merz* Polizei- und Ordnungsrecht in Nordrhein-Westfalen Rn. 101.
32 Vgl. auch *Schenke* Polizei- und Ordnungsrecht Rn. 114.

b) Exkurs: Rechtsnatur der polizei- und ordnungsrechtlichen Standardmaßnahmen

87 Im Zusammenhang mit der Erörterung der polizei- und ordnungsrechtlichen Standardermächtigungen soll auf das Problem der Rechtsnatur der polizei- und ordnungsrechtlichen Standardmaßnahmen eingegangen werden. Von der Rechtsnatur der Standardmaßnahmen hängen entscheidende Fragen ab, insbesondere ob das Verwaltungsverfahrensgesetz NRW anwendbar ist (vgl. §§ 1, 2, 9 VwVfG NRW) und wie der verwaltungsgerichtliche Rechtsschutz ausgestaltet ist.

JURIQ-Klausurtipp

Wenn Sie in einer Fallbearbeitung die Erfolgsaussichten eines Rechtsbehelfs prüfen sollen, müssten Sie dieses Problem bereits in der Zulässigkeit des Rechtsbehelfs unter dem Punkt „Statthafte Klageart" thematisieren, denn die statthafte Klageart bestimmt sich maßgeblich danach, ob eine hoheitlich Maßnahme als Verwaltungsakt zu qualifizieren ist oder nicht. Zentrale Frage ist hierbei stets, ob eine Maßnahme eine Regelung i.S.d. § 35 VwVfG NRW enthält.

88 **Beispiel** Auf seiner Streifenfahrt durch die Innenstadt von K entdeckt der Polizeibeamte A einen Mann, der auffällig in seinem Rucksack kramt, aus dem lange Kabel und Schnüre heraushängen. A geht zu dem Mann hin, fordert ihn auf, anzuhalten und seinen Personalausweis vorzuzeigen. Bei der Durchsuchung des Rucksacks findet A anschließend eine selbst gebastelte Bombenattrappe, die bei einem geplanten Banküberfall zum Einsatz kommen sollte. ■

Die Rechtsnatur von polizei- und ordnungsrechtlichen Standardmaßnahmen ist umstritten:

Nach einer Ansicht stellen die polizei- und ordnungsrechtlichen Standardmaßnahmen stets Verwaltungsakte i.S.d. § 35 VwVfG NRW dar. Diese Ansicht steht auf dem Standpunkt, dass die Standardmaßnahmen immer gleichzeitig eine konkludente Duldungsverfügung beinhalten. Mit einer Standardmaßnahme werde dem Adressaten ein Handeln aufgegeben, bei dem es sich grundsätzlich um ein Ge- oder Verbot handele. Die mittels Verwaltungsakt getroffene Regelung liege in der konkludenten Duldung der Standardmaßnahme, die mit der Standardmaßnahme verbunden sei.[33] Nach dieser Ansicht stellen alle Standardmaßnahmen in unserem *Beispiel* oben (das Anhalten des Mannes zwecks Identitätsfeststellung, die Aufforderung, den Personalausweis zu zeigen, und die Durchsuchung des Rucksacks) Verwaltungsakte i.S.d. § 35 S. 1 VwVfG NRW dar.

Dieser Ansicht steht eine diametral entgegengesetzte Auffassung gegenüber, die annimmt, dass die polizei- bzw. ordnungsrechtlichen Standardmaßnahmen immer Realakte darstellen. Standardmaßnahmen berechtigten nur dazu, Tathandlungen vorzunehmen. Diese Auffassung stellt auf das äußere Erscheinungsbild der Standardmaßnahmen ab, die nach ihrem tatsächlichen Geschehensablauf in erster Linie darauf gerichtet sind, einen tatsächlichen Erfolg herbeizuführen.[34] Nach dieser Ansicht stellen alle Standardmaßnahmen in unserem *Beispiel* oben (das Anhalten des Mannes zwecks Identitätsfeststellung, die Aufforderung, den Personalausweis zu zeigen, und die Durchsuchung des Rucksacks) Realakte dar.

33 Vgl. zum Ganzen etwa *Schenke* Polizei- und Ordnungsrecht Rn. 115 f.
34 Vgl. zum Ganzen etwa *Schmitt-Kammler* NWVBl. 1995, 166.

Zwischen diesen beiden extremen Positionen findet sich eine dritte Ansicht, die die Rechtsnatur von Standardmaßnahmen differenziert beurteilt: Sofern Standardmaßnahmen ganz eindeutig den Erlass von Ge- oder Verboten gegenüber dem anwesenden Adressaten enthielten, seien sie als Verwaltungsakte i.S.d. § 35 VwVfG NRW zu qualifizieren. Mangels Regelung seien manche Standardmaßnahmen aber dagegen nur als Realakte zu qualifizieren. Hier mache schon der Wortlaut der Standardermächtigung deutlich, dass die betreffende Standardmaßnahme nur ein tatsächliches, reales hoheitliches Handeln zum Gegenstand habe (z.B. der Gewahrsam).[35] Außerdem überzeuge die Konstruktion eines Verwaltungsaktes mittels Fiktion einer Duldungsverfügung in den Fällen nicht, in denen der Betroffene nicht anwesend sei und dem fiktiven Erlass einer Duldungsverfügung kein Adressat gegenüberstehe.[36] Nach dieser Ansicht sind das Anhalten des Mannes zwecks Identitätsfeststellung und die Aufforderung des Mannes, den Personalausweis zu zeigen, als Verwaltungsakte zu qualifizieren, während die Durchsuchung des Rucksacks einen Realakt darstellt.

JURIQ-Klausurtipp

Alle drei Ansichten sind vertretbar. Aus klausurtaktischen Gründen kann es regelmäßig empfehlenswert sein, der ersten Ansicht zu folgen, die die Standardmaßnahmen immer als Verwaltungsakt qualifiziert, weil Sie dann Ihren Fall z.B. in einer Anfechtungskonstellation prüfen können. Nicht unberechtigt scheint aber zumindest der von der dritten Ansicht gegen die erste Ansicht erhobene Einwand in Bezug auf die Konstruktion eines Verwaltungsaktes mittels Fiktion einer Duldungsverfügung bei einem abwesenden Betroffenen zu sein. In einer solchen Fallkonstellation dürfte eine differenzierte Betrachtung angezeigt sein und müsste die Annahme eines Verwaltungsaktes überzeugend begründet werden.
Sofern Sie das Vorliegen eines Verwaltungsaktes verneinen und statt dessen einen Realakt bejahen, kann sich der Betroffene hiergegen mittels allgemeiner Leistungsklage und nach § 123 VwGO zur Wehr setzen.

3. Polizei- bzw. ordnungsrechtliche Generalklausel

Soweit die Gefahrenabwehrverfügung weder auf eine spezialgesetzliche Ermächtigungs- **89**
grundlage noch auf eine polizei- bzw. ordnungsrechtliche Standardermächtigung gestützt werden kann, ziehen Sie in einem dritten Schritt die polizei- bzw. ordnungsrechtliche Generalklausel des **§ 8 Abs. 1 PolG NRW** bzw. **§ 14 Abs. 1 OBG** als Ermächtigungsgrundlage heran. Die polizei- und ordnungsrechtliche Generalklausel erfasst alle Fallkonstellationen, soweit diese nicht bereits von vorrangig anwendbaren und ggf. abschließenden Ermächtigungsgrundlagen erfasst werden.

C. Formelle Rechtmäßigkeit der Gefahrenabwehrverfügung

Nachdem Sie die einschlägige Ermächtigungsgrundlage herausgearbeitet haben, untersu- **90**
chen Sie nun die formelle Rechtmäßigkeit der Gefahrenabwehrverfügung in fünf Schritten:

35 Vgl. zum Ganzen etwa *Drews/Wacke/Vogel/Martens* Gefahrenabwehr S. 215 ff.
36 Vgl. *Wolffgang/Hendricks/Merz* Polizei- und Ordnungsrecht in Nordrhein-Westfalen Rn. 119.

I. Zuständigkeit

91 Im ersten Schritt prüfen Sie die Zuständigkeit für den Erlass der Gefahrenabwehrverfügung und unterscheiden dabei regelmäßig zwischen der sachlichen und der örtlichen Zuständigkeit.

JURIQ-Klausurtipp

Die instanzielle (funktionelle) Zuständigkeit, die festlegt, welche Behördeninstanz innerhalb der sachlich zuständigen Behörde für die Wahrnehmung von Aufgaben zuständig ist,[37] brauchen Sie regelmäßig nicht gesondert zu prüfen, weil sie in der Regel mit der sachlichen Zuständigkeit zusammenfällt. So sieht z.B. § 5 Abs. 1 S. 1 OBG vor, dass die örtliche Ordnungsbehörde für die Aufgaben der Gefahrenabwehr zuständig ist. Mit der Zuweisung der sachlichen Zuständigkeit an die örtliche Ordnungsbehörde ist gleichzeitig geklärt, dass die unterste Behördeninstanz instanziell (funktionell) zuständig ist. Höhere Behördeninstanzen sind demgegenüber nur ausnahmsweise instanziell (funktionell) zuständig, und zwar im Falle des sog. Selbsteintrittsrechts. Ein Selbsteintrittsrecht existiert nur im Falle einer entsprechenden gesetzlichen Ermächtigung (meist bei Gefahr im Verzug oder bei Nichtbefolgung einer fachaufsichtlichen Weisung durch die niedrigere Behördeninstanz; s. z.B. § 10 OBG).

1. Sachliche Zuständigkeit

92 Die sachliche Zuständigkeit regelt die **Berechtigung zur Wahrnehmung eines bestimmten Aufgabenbereichs.**[38] Vorschriften über die sachliche Zuständigkeit suchen Sie zunächst in dem Gesetz, in dem die Ermächtigungsgrundlage für die Gefahrenabwehrverfügung enthalten ist. Sofern also die Ermächtigungsgrundlage in einem **Spezialgesetz** enthalten ist, untersuchen Sie, ob das Spezialgesetz eine Bestimmung über die sachliche Zuständigkeit enthält (z.B. § 62 BauO NRW). Bei einer spezialgesetzlichen Ermächtigungsgrundlage kann es vorkommen, dass das Spezialgesetz schlicht auf die „zuständigen Behörden als Sonderordnungsbehörden" verweist (z.B. § 35 Abs. 2 AbfG NRW[39]). Mit Sonderordnungsbehörden sind dann die Behörden i.S.d. § 12 Abs. 1 OBG gemeint.

93 Sofern die Ermächtigungsgrundlage im **allgemeinen Polizei- und Ordnungsrecht** enthalten ist, gilt für die sachliche Zuständigkeit der Polizei und Ordnungsverwaltung Folgendes:

» Lesen Sie die im Text genannten Vorschriften! «

Die **sachliche Zuständigkeit der allgemeinen Ordnungsverwaltung** ist **grundsätzlich** in den **§§ 1 Abs. 1, 5 OBG** geregelt. Danach ist die **örtliche Ordnungsbehörde** sachlich zuständig. Wer örtliche Ordnungsbehörde ist, ergibt sich aus **§ 3 Abs. 1 OBG**.
Ausnahmsweise folgt die sachliche Zuständigkeit jedoch aus einer **besonderen gesetzlichen Regelung**: **§ 48 Abs. 2 S. 1 OBG** sieht vor, dass die örtlichen Ordnungsbehörden neben den Polizeibehörden für die Überwachung des ruhenden Verkehrs zuständig sind. Nach **§ 48 Abs. 2 S. 2 OBG** sind die Kreisordnungsbehörden und die Großen kreisangehörigen Städte i.S.d. § 4 GO NRW neben den Polizeibehörden für die Überwachung des fließenden Straßenverkehrs in Bezug auf die Einhaltung der zulässigen Höchstgeschwindigkeit und der Beachtung der Lichtzeichenanlagen sachlich zuständig. Nach dem Willen der Landesregierung[40]

37 Vgl. ähnlich *Schenke* Polizei- und Ordnungsrecht Rn. 454.
38 Vgl. *Schenke* Polizei- und Ordnungsrecht Rn. 453.
39 Abfallgesetz für das Land Nordrhein-Westfalen (v. *Hippel/Rehborn* Nr. 127).
40 Vgl. näher Art. 1 des Gesetzentwurfs der Landesregierung vom 31.8.2016 (LT-Drs. 16/12781), nach dem § 48 Abs. 2 OBG um S. 4 ff. erweitert werden soll.

sollen die nach § 48 Abs. 2 S. 2 OBG zuständigen Behörden in Zukunft außerdem auf Antrag die Möglichkeit erhalten, die Einhaltung der verkehrsrechtlichen Anordnungen, die im Zusammenhang mit der Sanierung von Straßenbauwerken angeordnet werden, mit stationären und mobilen Anlagen zu überwachen.

Die **sachliche Zuständigkeit der Polizei** ist in den **§§ 10 ff. POG NRW** geregelt. Die allgemeine sachliche Zuständigkeit der Polizei ist in § 10 POG NRW geregelt. Gemäß **§ 10 S. 1 POG NRW** hat die Polizei die Aufgaben zu erfüllen, die ihr durch Gesetz oder Rechtsverordnung übertragen sind. Von besonderer Bedeutung ist dabei die Aufgabennorm des § 1 Abs. 1 S. 1 PolG NRW. Die sachliche Zuständigkeit der Polizei ergibt sich daher **im Allgemeinen** aus **§ 10 S. 1 POG i.V.m. § 1 Abs. 1 S. 1 PolG NRW**. Für die Wahrnehmung der Aufgaben der Gefahrenabwehr erklärt **§ 11 Abs. 1 Nr. 1 POG NRW** die **Kreispolizeibehörden** für zuständig. Beachten Sie aber die generell eingeschränkte Zuständigkeit der Polizei im Polizei- und Ordnungsrecht: Auch die Kreispolizeibehörden sind im Bereich der Gefahrenabwehr grundsätzlich nur subsidiär zuständig (vgl. **§ 1 Abs. 1 S. 3 PolG NRW**). Eine weitere Einschränkung ihrer Zuständigkeit folgt aus **§ 1 Abs. 2 PolG NRW**. 94

» Werfen Sie einen Blick in die §§ 10–13b POG NRW! **«**

Gemäß **§ 10 S. 2 POG NRW** sind die **Kreispolizeibehörden** außerdem zuständig, wenn die **Polizei des Landes NRW durch Bundes- oder Landesrecht ohne nähere Bezeichnung von Polizeibehörden für zuständig erklärt** wird und **keine Ermächtigungsgrundlage zum Erlass einer Zulässigkeitsregelung** existiert. 95

Beispiel 1 Nach § 12 S. 1 VersG haben sich Polizeibeamte dem Leiter einer Versammlung in geschlossenen Räumen zu erkennen zu geben, wenn sie in eine öffentliche Versammlung entsandt werden. Da hier nicht näher bezeichnet wird, wer die Polizei sein soll und keine Ermächtigungsgrundlage zum Erlass einer Zuständigkeitsregelung existiert, ist gemäß § 10 S. 2 i.V.m. § 2 Abs. 1 Var. 4 POG NRW die Kreispolizeibehörde zuständig. ■

Beispiel 2 Aus § 10 S. 2 POG NRW i.V.m. § 44 Abs. 2 StVO[41] ergibt sich, dass die Kreispolizeibehörden für die Überwachung des Straßenverkehrs zuständig sind. Diese Zuständigkeit folgt bereits auch aus § 11 Abs. 1 Nr. 3 POG NRW. ■

JURIQ-Klausurtipp

Die Kreispolizeibehörden dürfte die wohl allein prüfungsrelevante Polizeibehörde i.S.d. § 2 POG NRW sein. Die sachliche Zuständigkeit anderer Polizeibehörden können Sie aber ggf. ohne Weiteres den §§ 12 ff. POG NRW entnehmen.

§ 14 POG NRW enthält schließlich Regelungen über eine **außerordentliche sachliche Zuständigkeit der Polizei**. So kann gemäß § 14 Abs. 1 S. 1 POG eine Polizeibehörde bei Gefahr im Verzug Aufgaben einer anderen, an sich zuständigen Polizeibehörde übernehmen. Die zuständige Polizeibehörde ist in diesem Falle unverzüglich zu unterrichten (vgl. § 14 Abs. 1 S. 2 POG NRW). Eine solche **außerordentliche Zuständigkeit** gibt es auch für die **allgemeinen Ordnungsbehörden** (vgl. **§ 6 OBG**). Eine dem § 14 Abs. 1 S. 1 POG NRW entsprechende Regelung existiert für die allgemeine Ordnungsverwaltung in **§ 6 Abs. 1 S. 1 OBG**. 96

» Lesen Sie § 14 POG NRW und § 6 OBG! **«**

41 Straßenverkehrsordnung (*Schönfelder* Nr. 35a).

2. Örtliche Zuständigkeit

97 Die örtliche Zuständigkeit regelt den **räumlichen Bereich**, innerhalb dessen eine **sachlich und instanziell zuständige Behörde zu handeln befugt** ist.[42]

» Lesen Sie § 4 OBG! «

Die örtliche Zuständigkeit der **allgemeinen Ordnungsverwaltung** ergibt sich **grundsätzlich** aus **§ 4 OBG**. Gemäß § 4 Abs. 1 OBG ist die Ordnungsbehörde örtlich zuständig, in deren Bezirk die zu schützenden Interessen verletzt oder gefährdet werden. Ist es zweckmäßig, ordnungsbehördliche Aufgaben in benachbarten Bezirken einheitlich zu erfüllen, erklärt die den beteiligten Ordnungsbehörden gemeinsame Aufsichtsbehörde eine dieser Ordnungsbehörden für zuständig (vgl. § 4 Abs. 2 OBG). **Ausnahmsweise** kann es **spezialgesetzliche Zuständigkeitsregelungen** geben (z.B. § 61 GewO). Eine **außerordentliche Zuständigkeit** ist in **§ 6 Abs. 1 und Abs. 2 OBG** vorgesehen.

» Werfen Sie einen Blick in die §§ 7–9 POG NRW! «

98 Die **örtliche Zuständigkeit der Polizei** ist in **§§ 7 ff. POG NRW** geregelt. Für Amtshandlungen in Nordrhein-Westfalen ist § 7 POG NRW einschlägig. § 7 Abs. 1 POG NRW enthält eine dem § 4 OBG entsprechende Regelung. Nach **§ 7 Abs. 1 POG** sind die Polizeibehörden örtlich zuständig, in deren Polizeibezirk die polizeilich zu schützenden Interessen verletzt oder gefährdet werden. Darüber hinausgehend sieht **§ 7 Abs. 3 POG NRW** vor, dass jeder Polizeivollzugsbeamte Amtshandlungen im ganzen Land Nordrhein-Westfalen vornehmen darf, wenn dies z.B. zur Abwehr einer gegenwärtigen Gefahr erforderlich ist. § 7 Abs. 3 POG NRW normiert damit eine **örtliche Allzuständigkeit für Nordrhein-Westfalen**.

JURIQ-Klausurtipp

Regelmäßig wird die Zuständigkeit der handelnden Polizei- oder Ordnungsbehörde in der Fallbearbeitung keine Probleme aufwerfen. Dann genügt es, dass Sie die sachliche und örtliche Zuständigkeit unter Nennung der einschlägigen Paragraphen feststellen. Wenn dagegen eine sachlich oder örtlich unzuständige Behörde eine gefahrenabwehrrechtliche Verfügung erlassen hat, müssen Sie die Rechtsfolgen der Verletzung der Zuständigkeitsvorschriften prüfen: Wurden die Vorschriften über die sachliche Zuständigkeit verletzt, führt diese Verletzung regelmäßig zur Rechtswidrigkeit der Verfügung und ausnahmsweise, nämlich bei Verletzung der absoluten sachlichen Zuständigkeit, sogar zu deren Nichtigkeit i.S.d. § 44 Abs. 1 VwVfG NRW.[43] Wurden die Vorschriften über die örtliche Zuständigkeit verletzt, führt diese Verletzung regelmäßig nicht zur Nichtigkeit der Verfügung (vgl. § 44 Abs. 3 Nr. 1 VwVfG NRW; s. aber § 44 Abs. 2 Nr. 3 VwVfG NRW, der von § 44 Abs. 3 Nr. 1 VwVfG NRW ausdrücklich in Bezug genommen wird), sondern nur zur Rechtswidrigkeit der Verfügung, wobei dann wiederum § 46 VwVfG NRW zu beachten ist.

II. Verfahren

» Wiederholen Sie ggf. zunächst diesen grundlegenden Aspekt im Skript „Allgemeines Verwaltungsrecht"! «

99 Im zweiten Schritt untersuchen Sie, ob die Gefahrenabwehrverfügung in einem ordnungsgemäßen Verfahren erlassen wurde. Da es sich bei der Gefahrenabwehrverfügung um einen Verwaltungsakt i.S.d. § 35 VwVfG NRW handelt, geht seinem Erlass ein Verwaltungsverfahren i.S.d. **§ 9 VwVfG NRW** voraus.

42 Vgl. *Schenke* Polizei- und Ordnungsrecht Rn. 458.
43 Vgl. *Sachs*, in: Stelkens/Bonk/Sachs VwVfG § 44 Rn. 111.

Soweit **besondere Verfahrensvorschriften** bestehen, prüfen Sie zunächst, ob diese Vorschriften beachtet wurden. Besondere Verfahrensvorschriften können insbesondere bei den polizei- und ordnungsrechtlichen Standardmaßnahmen existieren. So können z.B. andere Hoheitsträger, Behörden oder Organe zu beteiligen sein (z.B. § 14a Abs. 2 S. 1 PolG NRW; § 36 PolG NRW), besondere Beteiligungsrechte Betroffener zu beachten sein (z.B. § 34a Abs. 2, Abs. 4 PolG NRW), bestimmte Modalitäten einzuhalten sein (z.B. § 39 Abs. 3 PolG NRW). **100**

Im Übrigen untersuchen Sie die Einhaltung der **allgemeinen Verfahrensvorschriften**. Dazu gehört insbesondere die Anhörung i.S.d. § 28 VwVfG NRW. **101**

JURIQ-Klausurtipp

Sofern die Einhaltung der Verfahrensvorschriften problemlos bejaht werden kann, genügt eine kurze Feststellung unter Nennung der einschlägigen Verfahrensvorschriften. Sofern die handelnde Behörde in Ihrer Fallbearbeitung jedoch Verfahrensvorschriften verletzt hat, sind die Rechtsfolgen dieser Verletzungen erörtern. Besonders prüfungsrelevant sind Verletzungen bei der Anhörung. Oftmals wird sie – entgegen § 28 Abs. 1 VwVfG NRW – unterlassen. Falls nicht bereits § 28 Abs. 2 VwVfG NRW eingreift, sollten Sie an § 45 Abs. 1 Nr. 3 VwVfG NRW denken. Gemäß § 45 Abs. 1 Nr. 3, Abs. 2 VwVfG NRW kann die Anhörung bis zum Abschluss der ersten Instanz eines verwaltungsgerichtlichen Verfahrens durch die Behörde, die den Verwaltungsakt erlassen hat, und – sofern noch ein Widerspruchsverfahren statthaft sein sollte – durch die Widerspruchsbehörde, nicht aber durch ein Gericht, nachgeholt werden.[44] Sofern ein Widerspruchsverfahren statthaft sein sollte, erfolgt die Nachholung der Anhörung in der Praxis häufig mittels Durchführung des Widerspruchsverfahrens. Schließlich ist im Rahmen der Beurteilung der Verfahrensfehlerfolgen auch § 46 VwVfG NRW zu berücksichtigen.

III. Form

Im dritten Schritt gehen Sie der Frage nach, ob die Gefahrenabwehrverfügung unter Einhaltung etwa bestehender Formvorschriften erlassen wurde. Gefahrenabwehrverfügungen der **Ordnungsverwaltung** bedürfen **grundsätzlich** gemäß **§ 20 S. 1 OBG** der **Schriftform**. Von diesem Formerfordernis kann nur bei Gefahr im Verzug abgesehen werden (vgl. § 20 S. 2 OBG). Gefahrenabwehrverfügungen der **Polizei** sind dagegen **formfrei** (vgl. § 37 Abs. 2 VwVfG NRW). **102**

JURIQ-Klausurtipp

Falls sich keine Formprobleme in Ihrer Fallbearbeitung stellen, können Sie diesen Prüfungspunkt kurz abhandeln, indem sie die Einhaltung der Form bzw. die Formfreiheit bei Erlass der Verfügung unter Nennung der einschlägigen Paragraphen kurz feststellen. Sofern die Gefahrenabwehrverfügung aber unter Verletzung einer Formvorschrift erlassen wurde, sind die Rechtsfolgen dieser Verletzung wieder anhand der §§ 44–46 VwVfG NRW zu untersuchen.

44 Vgl. *Ramsauer*, in: Kopp/Ramsauer VwVfG § 45 Rn. 26 f.

IV. Begründung

103 Im vierten Schritt prüfen Sie, ob die Gefahrenabwehrverfügung begründet wurde. U.a. **schriftliche oder elektronisch erlassene Verfügungen** müssen **grundsätzlich begründet** werden (vgl. **§ 39 Abs. 1 S. 1 VwVfG NRW**; zu den Ausnahmen s. § 39 Abs. 2 VwVfG NRW). Die Anforderungen an die Begründung sind in § 39 Abs. 1 Sätze 2 und 3 VwVfG NRW geregelt. Danach sind in der Begründung die **wesentlichen tatsächlichen und rechtlichen Gründe** mitzuteilen, die die Behörde **zu ihrer Entscheidung bewogen** haben. Die Begründung von Ermessensentscheidungen soll auch die **Gesichtspunkte** erkennen lassen, von denen die Behörde **bei der Ausübung ihres Ermessens ausgegangen** ist.

JURIQ-Klausurtipp

Hinsichtlich der Abhandlung dieses Prüfungspunktes gelten die Ausführungen oben (Rn. 102) entsprechend.

V. Bekanntgabe

104 Gefahrenabwehrverfügungen sind **grundsätzlich** gemäß **§ 41 VwVfG NRW bekanntzumachen**. Die Bekanntgabe hat nach § 41 Abs. 1 S. 1 VwVfG NRW gegenüber demjenigen Beteiligten zu erfolgen, für den er **bestimmt** ist (d.h. Adressat der Verfügung) oder der von ihm **betroffen** wird. **§ 41 Abs. 2 VwVfG NRW** regelt **die einfache Bekanntgabe**; **§ 41 Abs. 3 und 4 VwVfG NRW** hält Vorschriften für die **öffentliche Bekanntgabe** bereit. Eine Bekanntgabe der Verfügung mittels **förmlicher Zustellung** nach dem LZG NRW[45] durch die in § 1 LZG NRW genannten Stellen bleibt unberührt (vgl. **§ 41 Abs. 5 VwVfG NRW**).

JURIQ-Klausurtipp 1

Eine wirksame Bekanntgabe der gefahrenabwehrrechtlichen Verfügung ist Voraussetzung für den Eintritt der Wirksamkeit der Verfügung (vgl. § 43 Abs. 1 VwVfG NRW). Eine unwirksame Bekanntgabe kann nicht rückwirkend geheilt werden; in diesem Falle muss die Verfügung neu erlassen werden. Eine Heilung mit Wirkung für die Zukunft kann dagegen möglich sein.[46]

JURIQ-Klausurtipp 2

In Fallbearbeitungen ist die **Bekanntgabe von Verkehrszeichen** ein Klausurklassiker. Als **Allgemeinverfügungen i.S.d. § 35 S. 2 VwVfG NRW mit Dauerwirkung**[47] werden Verkehrszeichen gemäß §§ 39 Abs. 1, 45 Abs. 4 Hs. 1 StVO durch ihre wahrnehmbare Aufstellung bekanntgegeben und damit wirksam (vgl. § 43 Abs. 1 VwVfG NRW); unerheblich ist also, ob ein Verkehrsteilnehmer das Verkehrszeichen tatsächlich wahrnimmt. Das Bundesverwaltungsgericht steht auf dem Standpunkt, dass es sich bei der Aufstellung von Verkehrszeichen nach Maßgabe der Straßenverkehrsordnung um eine **besondere Form der öffentlichen Bekannt-**

45 Landeszustellungsgesetz (*von Hippel/Rehborn* Nr. 72).

46 Vgl. näher *Sachs*, in: Stelkens/Bonk/Sachs VwVfG § 43 Rn. 177.

47 Vgl. *BVerwGE* 27, 181; 59, 221; NJW 2016, 2353; *Ramsauer*, in: Kopp/Ramsauer VwVfG § 35 Rn. 170.

gabe handelt, die § 41 Abs. 3 VwVfG NRW verdrängt.[48] Nach ständiger Rechtsprechung des Bundesverwaltungsgerichts[49] äußern Verkehrszeichen nach dem so genannten **Sichtbarkeitsgrundsatz** ihre Rechtswirkung gegenüber jedem von der Regelung betroffenen Verkehrsteilnehmer, gleichgültig, ob er das Verkehrszeichen tatsächlich wahrnimmt oder nicht, wenn Verkehrszeichen so aufgestellt oder angebracht sind, dass sie ein durchschnittlicher Kraftfahrer bei Einhaltung der nach § 1 StVO erforderlichen Sorgfalt schon „mit einem raschen und beiläufigen Blick"[50] erfassen kann. Eine ordnungsgemäße Bekanntgabe liegt auch dann vor, wenn das Verkehrszeichen erst aufgestellt wird, nachdem ein Pkw abgestellt wurde.[51]

Beispiel Familie B fliegt am 1.5.2016 für zwei Wochen in Urlaub und stellt ihren Pkw vor ihrem Haus ab. Am 3.5.2016 wird vor ihrem Haus ein mobiles Verkehrszeichen aufgestellt, das vom 11.5. bis 14.5.2016 das Halten vor dem Haus der Familie B wegen Straßenbauarbeiten absolut verbietet. – Nach Auffassung des Bundesverwaltungsgerichts hängt die Wirksamkeit eines ordnungsgemäß aufgestellten oder angebrachten Verkehrszeichens nicht von der subjektiven Kenntnisnahme des davon betroffenen Verkehrsteilnehmers ab. Verkehrsteilnehmer ist dabei nicht nur derjenige, der sich im Straßenverkehr bewegt, sondern auch der Halter eines am Straßenrand geparkten Pkw, solange er Inhaber der tatsächlichen Gewalt über den Pkw ist. Es verstößt grundsätzlich auch nicht gegen den Grundsatz der Verhältnismäßigkeit, wenn ein zunächst ordnungsgemäß geparkter Pkw vier Tage nach Aufstellen eines Haltverbotszeichens auf Kosten des Halters abgeschleppt wird.[52] Die Rechtsprechung stellt also hohe Anforderungen an die Sorgfalt des Halters oder Fahrers eines Pkw. Bei längerer Abwesenheit muss der Halter oder der Fahrer Vorsorge treffen, wenn er eine „böse Überraschung" durch ein nachträglich aufgestelltes Halte- oder Parkverbotszeichen vermeiden will. ■

Hinweis

Zwischen dem Aufstellen von mobilen Halteverbotsschildern und dem Abschleppen eines ursprünglich rechtmäßig abgestellten Fahrzeugs genügt i.d.R. eine Vorlaufzeit von 48 Stunden, um den Fahrzeugverantwortlichen mit den Kosten der Abschleppmaßnahme belasten zu können.[53]

D. Materielle Rechtmäßigkeit der Gefahrenabwehrverfügung

Die Prüfung der materiellen Rechtmäßigkeit einer Gefahrenabwehrverfügung bildet regelmäßig den Schwerpunkt in einer Fallbearbeitung. **105**

48 Vgl. *BVerwGE* 102, 316; NJW 2016, 2353 (str.).

49 Vgl. *BVerwGE* 102, 316; 130, 383; 138, 21; NJW 2016, 2353.

50 Vgl. *BGH* NJW 1970, 1126 f.

51 Vgl. *BVerwGE* 102, 316; 130, 383; 138, 21; NJW 2016, 2353 (dort erstmals ausdrücklich zu den Anforderungen an die Sichtbarkeit von Verkehrszeichen, die den ruhenden Verkehr betreffen, und zur Nachschaupflicht des Verkehrsteilnehmers).

52 Vgl. *BVerwGE* 102, 316.

53 So z.B. *OVG NRW* NVwZ-RR 1996, 59; Urt. v. 13.9.2016 – 5 A 470/14.

106 Nach dem (in diesem Skript zugrundegelegten) dreistufigen Aufbau der Rechtmäßigkeitsprüfung einer Gefahrenabwehrverfügung prüfen Sie unter dem Punkt „materielle Rechtmäßigkeit der Gefahrenabwehrverfügung" **im ersten Schritt** die **Verfassungsmäßigkeit bzw. die Wirksamkeit der Ermächtigungsgrundlage der Gefahrenabwehrverfügung**. Die Verfassungsmäßigkeit einer formell gesetzlichen Ermächtigungsgrundlage (s. hierzu Skript „Staatsorganisationsrecht") bzw. die Wirksamkeit einer nicht-formell gesetzlichen Ermächtigungsgrundlage (z.B. einer Gefahrenabwehrverordnung; hierzu unten Rn. 409 ff.) untersuchen Sie aber nur dann inzident, wenn der Sachverhalt Ihres Falls entsprechende Anhaltspunkte enthält; andernfalls genügt die kurze Feststellung, dass eine verfassungsgemäße bzw. wirksame Ermächtigungsgrundlage mangels entgegenstehender Hinweise im Sachverhalt vorliegt.

107 **Im zweiten Schritt** untersuchen Sie das **Vorliegen der Tatbestandsvoraussetzungen der Ermächtigungsgrundlage** (s.u. Rn. 109 ff.) und **im dritten Schritt** die **pflichtgemäße Ausübung des Ermessens** (s.u. Rn. 264 ff.).

Hinweis

Bei einem vierstufigen Aufbau der Rechtmäßigkeitsprüfung untersuchen Sie unter dem Prüfungspunkt „materielle Rechtmäßigkeit der Gefahrenabwehrverfügung" nur die Wirksamkeit der Ermächtigungsgrundlage und das Vorliegen der Tatbestandsvoraussetzungen der Ermächtigungsgrundlage; die pflichtgemäße Ausübung von Ermessen prüfen Sie in einem eigenständigen Prüfungspunkt „Ermessen".

108 Die Prüfung der materiellen Rechtmäßigkeit beginnen Sie mit einem einleitenden **Obersatz**, der z.B. in einer Anfechtungskonstellation wie folgt formuliert werden könnte: „Die Gefahrenabwehrverfügung der/des ... (hier Behörde nennen, die die Verfügung erlassen hat) ist materiell rechtmäßig, wenn die Verfügung auf einer verfassungsgemäßen bzw. wirksamen Ermächtigungsgrundlage beruht, die Tatbestandsvoraussetzungen der Ermächtigungsgrundlage vorliegen und das der Behörde eingeräumte Ermessen pflichtgemäß ausgeübt wurde."

Hinweis

Die Frage der Verfassungsmäßigkeit bzw. der Wirksamkeit der Ermächtigungsgrundlage bleibt im Folgenden außer Betracht.

I. Vorliegen der Tatbestandsvoraussetzungen der Ermächtigungsgrundlage

1. Vorliegen der Tatbestandsvoraussetzungen einer spezialgesetzlichen Ermächtigungsgrundlage

109 Wenn und soweit in Ihrer Fallbearbeitung eine spezialgesetzliche Ermächtigungsgrundlage (s.o. Rn. 67 ff.) einschlägig sein könnte, gehen Sie der Frage nach, ob die tatbestandlichen Voraussetzungen dieser Ermächtigungsgrundlage vorliegen.

2. Vorliegen der Tatbestandsvoraussetzungen einer polizei- und ordnungsrechtlichen Standardermächtigung

110 Wenn und soweit eine polizei- bzw. ordnungsrechtliche Standardermächtigung (s.o. Rn. 83 ff.) in Ihrer Fallbearbeitung einschlägig sein könnte, untersuchen Sie das Vorliegen ihrer Tatbestandsvoraussetzungen.

Im Folgenden werden wir uns mit einigen wichtigen und auch prüfungsrelevanten Standardermächtigungen aus den verschiedenen Unterabschnitten des Zweiten Abschnitts des PolG NRW, der den Titel „Befugnisse der Polizei" trägt, näher befassen.

» Werfen Sie einen Blick in die Inhaltsübersicht des PolG NRW, um sich einen Überblick über die im PolG NRW normierten Standardermächtigungen zu verschaffen! «

Hinweis

Wie bereits oben (Rn. 84) erwähnt, stehen über § 24 OBG die Standardermächtigungen vielfach auch der Ordnungsverwaltung zur Verfügung.

a) Standardermächtigungen aus dem Bereich der Datenerhebung und der Datenverarbeitung (§§ 9–33 PolG NRW)

aa) Überblick

111 Die Standardermächtigungen aus dem Bereich der Datenerhebung und der Datenverarbeitung (§§ 9–33 PolG NRW) gibt es noch nicht so lange wie die „traditionellen" Standardermächtigungen, die z.B. die Befugnis verleihen, einen Platzverweis zu erteilen oder Personen oder Sachen zu durchsuchen etc. Die Standardermächtigungen aus dem Bereich der Datenerhebung und der Datenverarbeitung wurden im Jahre 1990 als Folge des sog. **Volkszählungsurteils** des Bundesverfassungsgerichts vom 15.12.1983[54] in das PolG NRW eingefügt.[55] Im Volkszählungsurteil hatte das Bundesverfassungsgericht aus dem allgemeinen Persönlichkeitsrecht (Art. 2 Abs. 1 i.V.m. Art. 1 Abs. 1 GG) das **Grundrecht auf informationelle Selbstbestimmung** entwickelt (s. dazu Skript „Grundrechte" Rn. 198 f.). Das Grundrecht auf informationelle Selbstbestimmung garantiert dem Einzelnen das Recht, „grundsätzlich selbst über die Preisgabe und Verwendung seiner persönlichen Daten zu bestimmen". Nach Auffassung des Bundesverfassungsgerichts unterliegen Einschränkungen des Grundrechts auf informationelle Selbstbestimmung uneingeschränkt dem Vorbehalt des Gesetzes und bedürfen daher immer einer gesetzlichen Grundlage, aus der sich die Voraussetzungen und der Umfang der Einschränkungen der informationellen Selbstbestimmung für den Bürger erkennbar und klar ergeben müssen. Infolge der Gefährdung der informationellen Selbstbestimmung durch die Nutzung der Elektronischen Datenverarbeitung seien zudem organisatorische und verfahrensrechtliche Vorkehrungen zu treffen, die der Gefahr einer Grundrechtsverletzung entgegenwirken. Einschränkungen seien außerdem nur im überwiegenden Allgemeininteresse zulässig.

---

54 Vgl. *BVerfGE* 65, 1.

55 Vgl. Gesetz vom 24.2.1990 (*GV.NRW* S. 70).

Hinweis

In der jüngeren Vergangenheit wurden weitere Maßnahmen wie z.B. die Vorratsdatenspeicherung nach § 113a TKG[56] und die Online-Durchsuchung[57] vor allem verfassungsrechtlich diskutiert.

112 Die Standardermächtigungen aus dem Bereich der Datenerhebung und der Datenverarbeitung werden im PolG NRW wie folgt unterteilt: die **Erhebung** von Daten (§§ 9–21 PolG NRW), die **Speicherung**, **Veränderung** und **Nutzung** von Daten (§§ 22–25 PolG NRW), die **Übermittlung** von Daten (§§ 26–31 PolG NRW), die **Berichtigung, Löschung und Sperrung** von Daten (§ 32 PolG NRW) sowie die **Sicherung des Datenschutzes** (§ 33 PolG NRW).

113 Die infolge des Volkszählungsurteils besonders zu schützenden persönlichen Daten des Einzelnen sind als solche im PolG NRW nicht definiert. Für die Tätigkeit öffentlicher Stellen in Nordrhein-Westfalen werden aber **personenbezogene Daten** in **§ 3 Abs. 1 DSG NRW**[58] wie folgt **legaldefiniert**:[59]

Personenbezogene Daten sind Einzelangaben über persönliche oder sachliche Verhältnisse einer bestimmten oder bestimmbaren natürlichen Person (betroffene Person).

Dazu gehören z.B. der Name, der Vorname, die Kontaktdaten (Anschrift, Telefonnummer, Mobilnummer, E-Mail-Adresse), Geburtsdatum, Familienstand, körperliche Merkmale, finanzielle Verhältnisse, Zugehörigkeit zu bestimmten Gruppen (z.B. Mitgliedschaft in einer extremistischen Partei), ein Kfz-Kennzeichen, weil sich hierüber die Identität des Kraftfahrzeughalters ermitteln lässt, etc.

114 **§ 3 Abs. 2 S. 1 DSG NRW** enthält eine **Legaldefinition** des Begriffs der **Datenverarbeitung**:

Datenverarbeitung ist das Erheben, Speichern, Verändern, Übermitteln, Sperren, Löschen und Nutzen personenbezogener Daten.

» Lesen Sie § 3 Abs. 2 S. 2 DSG NRW! «

Die **einzelnen Begriffe** werden sodann in **§ 3 Abs. 2 S. 2 DSG NRW legaldefiniert**.

Hinweis

§ 3 DSG NRW enthält weitere Begriffsdefinitionen; eine Lektüre des § 3 DSG NRW lohnt sich daher, um sich mit den Begrifflichkeiten des Datenschutzrechts vertraut zu machen.

---

56 Vgl. hierzu *BVerfGE* 121, 1 und 391; 122, 63 und 120; 123, 89; 124, 299; 125, 260; *Schenke* Polizei- und Ordnungsrecht Rn. 197h.

57 Vgl. dazu *BVerfGE* 120, 274; *Schenke* Polizei- und Ordnungsrecht Rn. 197i ff. Zu dem Grundrecht auf Vertraulichkeit und Integrität informationstechnischer Systeme s. Skript „Grundrechte" Rn. 200 f.

58 Datenschutzgesetz (*von Hippel/Rehborn* Nr. 138).

59 Eine Legaldefinition des Begriffs der personenbezogenen Daten findet sich auf Bundesebene in § 3 BDSG (Bundesdatenschutzgesetz [*Sartorius* I Nr. 245]).

Das PolG NRW enthält **allgemeine Verfahrensregeln für die Erhebung von Daten**, die bestimmte Vorrangregeln enthalten und in **§ 9 PolG NRW** (vgl. dort die amtliche Überschrift: „..., allgemeine Regeln der Datenerhebung") positivrechtlich geregelt sind: Eine **Erhebung von Daten** muss **grundsätzlich offen** erfolgen, d.h. die Daten müssen grundsätzlich für den Betroffenen erkennbar erhoben werden (vgl. § 9 Abs. 4 PolG NRW), damit er weiß, welche Daten die Behörde über ihn besitzt. Dazu gehört auch, dass der Betroffene **grundsätzlich** über die **Rechtsgrundlage und** das **Ausmaß der Auskunftspflicht** sowie über **deren Freiwilligkeit informiert** wird (vgl. § 9 Abs. 6 PolG NRW). Eine Erhebung von Daten muss außerdem **grundsätzlich unmittelbar** erfolgen, d.h. die Daten müssen grundsätzlich beim Betroffenen selbst erhoben werden (vgl. § 9 Abs. 3 S. 1 PolG NRW). Ferner ist es **verboten, Daten zu unbestimmten oder nicht bestimmbaren Zwecken** zu erheben, d.h. Daten dürfen nicht auf Vorrat erhoben werden (vgl. § 9 Abs. 5 S. 1 PolG NRW). **115**

Bedingt durch die verfassungsrechtlichen Anforderungen, die das Bundesverfassungsgericht[60] an Normen stellt, die in das verfassungsrechtlich verbürgte Recht auf informationelle Selbstbestimmung eingreifen, hat der Gesetzgeber durch Art. 1 Gesetz vom 21.6.2013 **zwei neue Standardmaßnahmen im Bereich der Erhebung von Telekommunikations- und Telemediendaten** in das Polizeigesetz NRW eingefügt: Zum einen **§ 20a PolG NRW**, der sich mit der **Abfrage von Telekommunikations- und Telemediendaten** befasst, und zum anderen **§ 20b PolG NRW**, der den **Einsatz technischer Mittel bei Mobilfunkendgeräten** zum Gegenstand hat. **116**

Nach dem vom Bundesverfassungsgericht[61] entwickelten sog. **Modell der Doppeltüren** muss der Gesetzgeber bei der Einrichtung eines Auskunftsverfahrens sowohl für die Übermittlung durch die Dienstanbieter (im Telekommunikationsgesetz[62] und im Telemediengesetz[63]) als auch für den Abruf von Daten durch die Sicherheitsbehörden Rechtsgrundlagen schaffen. Wäre das Polizeigesetz NRW nicht geändert worden, könnten die Telekommunikations- und Telemediendaten nicht mehr abgefragt werden. Das Bundesverfassungsgericht hatte dem Gesetzgeber hierfür eine Umsetzungsfrist bis zum 30.6.2013 gesetzt. Auch die Erhebung von bestimmten Telekommunikationsdaten durch eigene technische Mittel der Polizei (mit dem IMSI-Catcher) bedarf einer Regelung. Alle diese Maßnahme der Gefahrenabwehr sind in der täglichen Einsatzpraxis der Polizei zum Schutz z.B. von Suizidenten, Kindern, hilflosen Personen, die ärztlicher Hilfe bedürfen, usw. erforderlich.[64] **117**

bb) Befragung (§ 9 PolG NRW)

§ 9 Abs. 1 S. 1 PolG NRW ermächtigt die Polizei zur Befragung von Personen. Ihren Eingriffscharakter erhält eine Befragung i.S.d. § 9 PolG NRW zunächst dadurch, dass der Befragte die **Befragung dulden** muss und zu diesem Zwecke **angehalten** werden kann (vgl. § 9 Abs. 1 S. 2 PolG NRW). Der Sache nach handelt es sich bei der Befragung i.S.d. § 9 PolG NRW damit um eine **Vernehmung**.[65] **118**

» Lesen Sie § 9 PolG NRW! «

60 Vgl. insbesondere *BVerfGE* 130, 151.

61 Vgl. *BVerfGE* 130, 151.

62 Sartorius I Ergänzungsband Nr. 920.

63 Sartorius I Ergänzungsband Nr. 922.

64 Vgl. zum Ganzen LT-Drs. 16/2256, S. 1 f.

65 Vgl. *Dietlein*, in: Dietlein/Hellermann Öffentliches Recht in Nordrhein-Westfalen § 3 Rn. 213.

119 Eingriffscharakter erhält die polizeiliche Befragung außerdem dadurch, dass der Befragte **zur Auskunft verpflichtet** ist, wenngleich sich die Auskunftspflicht grundsätzlich auf die Nennung des Namens, des Vornamens, des Geburtstages, des Geburtsortes, der Wohnanschrift und der Staatsangehörigkeit beschränkt (vgl. § 9 Abs. 2 S. 1 PolG NRW). Soweit gesetzliche Handlungspflichten bestehen, ist der Befragte zu weiteren Auskünften verpflichtet (vgl. § 9 Abs. 2 S. 2 PolG NRW). Solche gesetzlichen Handlungspflichten können sich z.B. aus einer Garantenstellung, aus § 138 StGB (Nichtanzeige geplanter Straftaten), aus § 323c StGB (unterlassene Hilfeleistung) und aus § 1626 BGB (Sorgepflicht der Eltern) ergeben.[66]

120 Eine Befragung i.S.d. § 9 PolG NRW ist eine **verhaltensregelnde Maßnahme mit Verwaltungsaktcharakter**[67] und setzt voraus, dass Tatsachen die Annahme rechtfertigen, dass der Befragte sachdienliche Angaben machen kann, die für die Erfüllung einer bestimmten polizeilichen Aufgabe erforderlich sind. Entsprechend der recht geringen Eingriffsintensität der Befragung sind die Tatbestandsvoraussetzungen des § 9 Abs. 1 S. 1 PolG NRW eher niedrig gehalten.[68] Spezielle Bestimmungen zur **Wahrung des Verhältnismäßigkeitsgrundsatzes** finden sich in **§ 9 Abs. 3, Abs. 4, Abs. 5 S. 1 und Abs. 6 PolG NRW** (s.o. Rn. 115).

Hinweis

Die Befragung steht gemäß § 24 Nr. 1 OBG i.V.m. § 9 PolG auch der Ordnungsverwaltung zur Verfügung.

cc) Vorladung (§ 10 PolG NRW)

» Lesen Sie § 10 PolG NRW! «

121 **§ 10 Abs. 1 PolG NRW** räumt der Polizei die Befugnis ein, eine Person vorzuladen, d.h. **schriftlich oder mündlich aufzufordern, zur Klärung oder Erörterung von Tatsachen bei einer Behörde oder an einem sonstigen Ort zu erscheinen.**[69] Bei der Vorladung soll deren Grund angegeben werden (vgl. § 10 Abs. 2 S. 1 PolG NRW). Die Vorladung hat zwar erkennbar keine unmittelbare Bedeutung für die Erhebung oder Verarbeitung von Daten; sie ist aber gleichwohl im Abschnitt der Standardmaßnahmen über die Datenerhebung und die Datenverarbeitung normiert, weil sie die Vornahme weiterer polizeilicher Standardmaßnahmen, nämlich einer Befragung oder der Durchführung erkennungsdienstlicher Maßnahmen (vgl. § 10 Abs. 1 Nrn. 1 und 2 PolG NRW), ermöglicht.

122 Die Vorladung ist ein **Verwaltungsakt**,[70] der im Falle der Nichtbefolgung mittels **Vorführung** gemäß **§ 10 Abs. 3 PolG NRW** zwangsweise durchgesetzt werden kann. Die Vorladung berührt das Grundrecht des Vorgeladenen auf Freiheit der Bewegung aus Art. 2 Abs. 2 S. 2 GG (s. dazu Skript „Grundrechte" Rn. 254 ff.); sie stellt aber keine Freiheitsentziehung dar.[71] Anders verhält es sich bei der Vorführung; sie ist eine Freiheitsentziehung i.S.d. Art. 104 Abs. 2 GG, die grundsätzlich nur aufgrund einer richterlichen Anordnung erfolgen darf (vgl. § 10 Abs. 3 S. 2 i.V.m. § 36 Abs. 1 S. 1 PolG NRW).

---

66 Vgl. *Dietlein*, in: Dietlein/Hellermann Öffentliches Recht in Nordrhein-Westfalen § 3 Rn. 213 mit weiteren Beispielen.
67 Vgl. *Dietlein*, in: Dietlein/Hellermann Öffentliches Recht in Nordrhein-Westfalen § 3 Rn. 215 (str.).
68 Vgl. *Dietlein*, in: Dietlein/Hellermann Öffentliches Recht in Nordrhein-Westfalen § 3 Rn. 214.
69 Vgl. *Dietlein*, in: Dietlein/Hellermann Öffentliches Recht in Nordrhein-Westfalen § 3 Rn. 216.
70 Vgl. *Dietlein*, in: Dietlein/Hellermann Öffentliches Recht in Nordrhein-Westfalen § 3 Rn. 216.
71 Vgl. *Wolffgang/Hendricks/Merz* Polizei- und Ordnungsrecht in Nordrhein-Westfalen Rn. 134.

JURIQ-Klausurtipp

Beachten Sie in der Fallbearbeitung, dass die Vorladung und die Befragung oder Durchführung erkennungsdienstlicher Maßnahmen ggf. (s.o. Rn. 87 f.) jeweils eigenständige Verwaltungsakte darstellen, die entsprechend getrennt geprüft werden müssen.

In der Praxis wichtig ist **§ 10 Abs. 4 PolG NRW**, der bestimmt, dass § 136a StPO entsprechend gilt. **123**

Hinweis

Die Vorladung steht gemäß § 24 Nr. 2 OBG i.V.m. § 10 PolG NRW weitgehend auch der Ordnungsverwaltung zur Verfügung.

dd) Identitätsfeststellung (§ 12 PolG NRW)

§ 12 Abs. 1 PolG NRW ermächtigt die Polizei zur Feststellung der Identität einer bestimmten Person. Unter Identität werden die einer bestimmten Person zuzuordnenden Merkmale, d.h. die **Personalien** verstanden. Die Identitätsfeststellung kommt nur in den in § 12 Abs. 1 Nrn. 1–4 PolG NRW abschließend aufgezählten Fällen in Betracht: **124**

» Lesen Sie § 12 PolG NRW! «

Beispiel für § 12 Abs. 1 Nr. 1 PolG NRW An Weiberfastnacht wird in der Innenstadt von K eine „Alkoholleiche" gefunden. Die Polizei stellt die Identität dieser kaum ansprechbaren Person fest. – Die Feststellung der Identität dient dem Zweck, Angehörige der „Alkoholleiche" ausfindig zu machen und zu benachrichtigen oder die „Alkoholleiche" nach Hause zu bringen, um sie nicht weiterhin hilflos auf der Straße liegen zu lassen. ■

Beispiel für § 12 Abs. 1 Nr. 2 PolG NRW Die Polizei führt eine Razzia in einem Bordell durch. Dabei werden alle Anwesenden aufgefordert, ihre Ausweise zwecks Feststellung ihrer Identität zu zeigen. – Die Anwesenden halten sich an einem sog. verrufenen Ort i.S.d. § 12 Abs. 1 Nr. 2 PolG NRW auf. Die Identitätsfeststellung verfolgt den Zweck, das Rotlichtmilieu zu verunsichern, und dient somit der Gefahrenabwehr, weil hierdurch die abstrakte Gefahr zukünftiger Straftaten abgewehrt wird. ■

Beispiel für § 12 Abs. 1 Nr. 3 PolG NRW Die Polizei hat einen anonymen Hinweis erhalten, dass im Rathaus der Stadt D ein Amoklauf stattfinden soll. Aufgrund dieses Hinweises fordert die Polizei W, der vor dem Rathaus auf und ab geht und sich auffällig für das Gebäude und die herein- und herausgehenden Menschen zu interessieren scheint, auf, seinen Personalausweis zu zeigen. – W hält sich in unmittelbarer Nähe des Rathauses, einem Amtsgebäude, auf. Die Aufforderung zum Vorzeigen des Personalausweises dient dem Zweck, eine zukünftige Straftat zu verhindern, und damit der Gefahrenabwehr. ■

Beispiel für § 12 Abs. 1 Nr. 4 PolG NRW Die Polizei hat einen anonymen Hinweis erhalten, dass die Filiale einer großen deutschen Bank von einer polizeibekannten Räuberbande gewaltsam ausgeraubt werden soll. Aufgrund dieses Hinweises hat die Polizei die Umgebung rund um die betroffene Bank abgeriegelt und eine Kontrollstelle eingerichtet. Alle Personen, die die Kontrollstelle passieren wollen, müssen sich zunächst ausweisen. – Die Identitätsfeststellung dient hier der Verhinderung einer der in § 12 Abs. 1 Nr. 4 PolG NRW genannten Straftaten nach dem StGB und damit der Gefahrenabwehr. ■

125 Gemäß **§ 12 Abs. 2 S. 1 PolG NRW** kann die Polizei die zur Feststellung der Identität **erforderlichen Maßnahmen** treffen. Als **Mittel der Identitätsfeststellung** werden sodann in **§ 12 Abs. 2 Sätze 2–4 PolG NRW** einige Regelbeispiele (vgl. Wortlaut des § 12 Abs. 2 S. 2 PolG NRW: „insbesondere") genannt: Zunächst das **Anhalten**, das **Befragen nach den Personalien** und das **Aushändigen von Ausweispapieren** (vgl. § 12 Abs. 2 S. 2 PolG NRW); des Weiteren das **Festhalten** einer Person, wenn die Identität auf andere Weise nicht oder nur unter erheblichen Schwierigkeiten festgestellt werden kann (vgl. § 12 Abs. 2 S. 3 PolG NRW); ferner unter den Voraussetzungen des § 12 Abs. 2 S. 3 PolG NRW die **Durchsuchung des Betroffenen und der von ihm mitgeführten Sachen** (vgl. § 12 Abs. 2 S. 4 PolG NRW).

Hinweis

Wird ein Betroffener festgehalten und zur Wache verbracht (sog. Sistierung), liegt eine Freiheitsentziehung vor, die gemäß Art. 104 Abs. 2 GG i.V.m. § 36 Abs. 1 S. 1 PolG NRW einer unverzüglichen richterlichen Entscheidung über die Fortdauer der Freiheitsentziehung bedarf. Gemäß § 38 Abs. 2 PolG NRW ist die Dauer der Freiheitsentziehung zum Zwecke der Identitätsfeststellung auf maximal zwölf Stunden begrenzt.

ee) Erkennungsdienstliche Maßnahmen (§ 14 PolG NRW)

» Lesen Sie § 14 PolG NRW! «

126 Erkennungsdienstliche Maßnahmen sind **Maßnahmen zur Erhebung personenbezogener Daten**. Als solche zählt **§ 14 Abs. 4 PolG NRW** beispielhaft folgende Maßnahmen auf (vgl. Wortlaut: „insbesondere"): die **Abnahme von Finger- und Handflächenabdrücken**, die **Aufnahme von Lichtbildern**, die **Feststellung äußerer körperlicher Merkmale**, **Messungen**. Diese Maßnahmen schließen z.B. die Feststellung von Augen- und Haarfarbe, von Narben, von Tätowierungen und Piercings sowie die Messung des Körpergesichts und der Körpergröße ein.[72] Bei der Aufnahme von Lichtbildern darf die Haar- und/oder Barttracht so verändert werden, dass das gewonnene Bildmaterial mit schon vorhandenem Material verglichen werden kann.[73] Als weitere Maßnahmen kommen z.B. Stimm-, Schrift- und Geruchsproben in Betracht.[74]

Hinweis

Bei der Vornahme erkennungsdienstlicher Maßnahmen sind geringfügige körperliche Einwirkungen, die dem Ziel dienen, dass die Maßnahme erfolgreich durchgeführt werden kann, von der Ermächtigungsgrundlage gedeckt, vorausgesetzt, der Betroffene ist einverstanden (z.B. das Berühren und Führen einer Hand beim Handflächenabdruck). Weitergehende körperliche Einwirkungen wie Zwangsmaßnahmen (z.B. körperliche Fixierung) sind dagegen von § 14 PolG nicht gedeckt. Sie können nur auf der Grundlage der Bestimmungen über den unmittelbaren Zwang vorgenommen werden.[75]

127 Umstritten ist, ob § 14 PolG NRW auch dazu ermächtigt, einen sog. **genetischen Fingerabdruck** zu nehmen, d.h. die DNA festzustellen oder eine Genomanalyse vorzunehmen. Hierzu werden zwei Ansichten vertreten. Im Ansatz übereinstimmend berufen sich beide Ansichten

72 Vgl. *Wolffgang/Hendricks/Merz* Polizei- und Ordnungsrecht in Nordrhein-Westfalen Rn. 139.
73 Vgl. *BVerfGE* 47, 239 (str.).
74 Vgl. *Pieroth/Schlink/Kniesel* Polizei- und Ordnungsrecht § 14 Rn. 56.
75 Vgl. *Pieroth/Schlink/Kniesel* Polizei- und Ordnungsrecht § 14 Rn. 69.

auf den Wortlaut des § 14 Abs. 4 Nr. 3 PolG NRW. Eine Ansicht weist dabei darauf hin, dass § 14 Abs. 4 Nr. 3 PolG NRW lediglich erkennungsdienstliche Maßnahmen mittels Feststellung äußerer körperlicher Maßnahmen zulasse. Außerdem stelle der genetische Fingerabdruck einen schwerwiegenden Eingriff in das Grundrecht auf informationelle Selbstbestimmung des Betroffenen aus Art. 2 Abs. 1 i.V.m. Art. 1 Abs. 1 GG dar, so dass eine solche Maßnahme einer ausdrücklichen gesetzlichen Grundlage bedürfe.[76]

Die Gegenansicht hebt dagegen hervor, dass die in § 14 Abs. 4 Nr. 3 PolG NRW genannte Maßnahme gerade nur ein Regelbeispiel darstelle, so dass der Wortlaut dieser Bestimmung der Abnahme eines genetischen Fingerabdrucks nicht entgegenstehe. Entscheidend sei aber die Intensität des damit verbundenen Eingriffs in die körperliche Integrität des Betroffenen. Ein minimaler Eingriff (z.B. die Entnahme einer Speichelprobe oder die Entfernung eines Körperhaares) werde von § 14 PolG NRW gedeckt; anders liege der Fall jedoch bei einer Blutabnahme, wie die besonderen Regelungen in §§ 81a Abs. 1 S. 2, 81c Abs. 2 S. 1 StPO zeigten.[77]

JURIQ-Klausurtipp

In Ihrer Fallbearbeitung können Sie beide Ansichten vertreten. Wichtig ist, dass Sie den Meinungsstreit fallbezogen darstellen und sich dann einer der beiden Ansichten mit eigenen Argumenten anschließen. Gegen § 14 PolG NRW als taugliche Ermächtigungsgrundlage für die Abnahme eines genetischen Fingerabdrucks könnten z.B. die Grundrechtsrelevanz dieser Maßnahme und das Bestimmtheitsgebot gesetzlicher Ermächtigungsgrundlagen sprechen. Ein so schwerwiegender Eingriff in das Grundrecht auf informationelle Selbstbestimmung muss ausdrücklich gesetzlich und hinsichtlich Voraussetzungen und Rechtsfolgen hinreichend bestimmt geregelt sein.

Erkennungsdienstliche Maßnahmen dienen der **Feststellung der Identität** einer Person und der **Feststellung von Eigenschaften** einer Person, die diese Person nicht nur **identifizieren**, sondern auch **charakterisieren**.[78] 128

Erkennungsdienstliche Maßnahmen sind zulässig, wenn eine nach § 12 PolG NRW zulässige **Identitätsfeststellung auf andere Weise nicht oder nur unter erheblichen Schwierigkeiten möglich** ist (vgl. § 14 Abs. 1 Nr. 1 PolG NRW) **oder** wenn sie zur **vorbeugenden Bekämpfung von Straftaten erforderlich** sind, weil die betroffene Person verdächtig ist, eine Tat begangen zu haben, die mit Strafe bedroht ist und wegen der Art und Ausführung der Tat eine Wiederholungsgefahr besteht (vgl. § 14 Abs. 1 Nr. 2 PolG NRW). 129

JURIQ-Klausurtipp

§ 14 Abs. 1 Nr. 1 PolG NRW knüpft an § 12 PolG NRW an. Beachten Sie diese Verknüpfung in Ihrer Fallbearbeitung. Wenn Sie die Rechtmäßigkeit einer erkennungsdienstlichen Maßnahme nach § 14 Abs. 1 Nr. 1 PolG NRW prüfen, ist die Rechtmäßigkeit einer Identitätsfeststellung nach § 12 PolG NRW *inzident* zu untersuchen. Solche Inzidentprüfungen sind bei zahlreichen polizeilichen Standardmaßnahmen nach §§ 9 ff. PolG NRW notwendig!

76 Vgl. z.B. *Schenke* Polizei- und Ordnungsrecht Rn. 125.
77 Vgl. z.B. *Pieroth/Schlink/Kniesel* Polizei- und Ordnungsrecht § 14 Rn. 57.
78 Vgl. *Pieroth/Schlink/Kniesel* Polizei- und Ordnungsrecht § 14 Rn. 55.

130 Als präventivpolizeiliche Maßnahme rechtfertigt die erkennungsdienstliche Behandlung nach § 14 PolG NRW nur Maßnahmen *außerhalb* eines Strafverfahrens (vgl. auch Wortlaut des § 14 Abs. 1 Nr. 2 PolG NRW: „betroffene Person"). § 14 PolG NRW ergänzt § 81b Alt. 2 StPO, der zu erkennungsdienstlichen Maßnahmen im Rahmen der Strafverfolgungsvorsorge ermächtigt (vgl. auch Wortlaut des § 81b Alt. 2 StPO: „Beschuldigter").

131 Ist die Identität festgestellt, schreibt § 14 Abs. 2 PolG NRW grundsätzlich die **Vernichtung** der im Zusammenhang mit der Identitätsfeststellung angefallenen erkennungsdienstlichen Unterlagen vor (vgl. Wortlaut des § 14 Abs. 2 PolG NRW, der sich nur auf § 14 Abs. 1 Nr. 1 PolG NRW bezieht). Erkennungsdienstliche Maßnahmen nach § 14 Abs. 1 Nr. 2 PolG NRW werden dagegen nach Maßgabe des § 32 Abs. 2 PolG NRW **gelöscht oder vernichtet**. Über die Möglichkeit, die erkennungsdienstlichen Unterlagen vernichten zu lassen, wenn die Voraussetzungen für ihre weitere Aufbewahrung entfallen sind, ist der Betroffene bei der Vornahme der erkennungsdienstlichen Maßnahme zu **belehren** (vgl. § 14 Abs. 3 PolG NRW).

JURIQ-Klausurtipp

Für die gerichtliche Durchsetzung des Anspruchs auf Vernichtung von Unterlagen, die bei einer präventivpolizeilich durchgeführten erkennungsdienstlichen Behandlung gesammelt wurden, ist der Verwaltungsrechtsweg nach § 40 Abs. 1 S. 1 VwGO eröffnet.[79] Statthafte Klageart ist die allgemeine Leistungsklage, weil es sich bei der Vernichtung von Unterlagen um einen Realakt handelt.[80]

ff) Videoüberwachung (§ 15a PolG NRW)

» Lesen Sie § 15a PolG NRW! «

132 Gemäß **§ 15a Abs. 1 S. 1 PolG NRW** kann die Polizei **zur Verhütung von Straftaten** einzelne **öffentlich zugängliche Orte**, an denen wiederholt Straftaten begangen wurden und deren Beschaffenheit die Begehung von Straftaten begünstigt, **mittels Bildübertragung beobachten** und die **übertragenen Bilder aufzeichnen**, solange Tatsachen die Annahme rechtfertigen, dass an diesem Ort weitere Straftaten begangen werden. Die Beobachtung ist, falls nicht offenkundig, durch geeignete Maßnahmen **erkennbar** zu machen (vgl. § 15a Abs. 1 S. 2 PolG NRW). Die Kennzeichnung erfolgt z.B. durch entsprechende schriftliche Hinweise auf eine Videoüberwachung an dem betreffenden Ort.

133 Mit der Ermächtigung zur Videoüberwachung wird das Ziel verfolgt, potentielle **Straftäter** durch technische Überwachungsmaßnahmen an Kriminalitätsschwerpunkten **abzuschrecken**, die **Sicherheit** an den betreffenden öffentlichen Orten zu **erhöhen** und das **Sicherheitsgefühl** der Bürger an den betreffenden öffentlichen Orten zu **stärken**.[81]

134 Die **Verfassungsmäßigkeit** des **§ 15a PolG NRW** wird bezweifelt. Gegen die Verfassungsmäßigkeit des § 15a PolG NRW werden formelle und materielle Bedenken vorgetragen: **In formeller Hinsicht** wird bezweifelt, ob das Land Nordrhein-Westfalen für den Erlass des § 15a PolG NRW zuständig war. Ordne man die Bestimmung dem Bereich der Strafverfolgungsvor-

79 Vgl. *BVerwGE* 47, 255; *Mann*, in: Erbguth/Mann/Schubert Besonderes Verwaltungsrecht Rn. 578.

80 Vgl. *Schenke* Polizei- und Ordnungsrecht Rn. 129; *Mann*, in: Erbguth/Mann/Schubert Besonderes Verwaltungsrecht Rn. 578; BeckOK PolR NRW/*Ogorek/Molitor* PolG NRW § 14 Rn. 15; a.A. *Rasch*, in: Uhle (Hrsg.) Verwaltungsgesetze des Bundes und der Länder III/2, 2. Aufl. 1982, § 10 ME Rn. 13; offen *BVerwGE* 26, 169.

81 Vgl. *Götz* Allgemeines Polizei- und Ordnungsrecht § 17 Rn. 50.

sorge zu, besitze der Bund insoweit die konkurrierende Gesetzgebungszuständigkeit nach Art. 74 Abs. 1 Nr. 1 GG, von der er mit dem Erlass der Strafprozessordnung Gebrauch gemacht habe. Das Land Nordrhein-Westfalen besitze in diesem Falle keine Gesetzgebungskompetenz[82] mit der Folge, dass § 15a PolG NRW formell verfassungswidrig sei.

Dagegen wird jedoch vorgebracht, dass § 15a PolG NRW – wie der Wortlaut der Bestimmung („zur Verhütung von Straftaten") zum Ausdruck bringe – der Gefahrenabwehr diene. Für den Bereich der Gefahrenabwehr besäßen die Länder die Gesetzgebungszuständigkeit (vgl. Art. 30, 70 Abs. 1 GG). Selbst wenn aufgezeichnete Bilder zur Verfolgung von Straftaten verwendet würden, ändere sich hieran nichts, weil § 15a PolG NRW eine doppelfunktionale Vorschrift mit gefahrenabwehrrechtlichem Schwerpunkt darstelle.[83]

In materieller Hinsicht wird die Verfassungsmäßigkeit des sog. Kamera-Monitor-Prinzips bezweifelt, d.h. die mit einer Videoaufnahme verbundene Bildübertragung und die damit ermöglichte Beobachtung. Diese Beobachtung erfolge permanent und könne durch technische Mittel (Zoom-, Stand- und Einzelbildaufnahmen) individualisiert werden.[84] Die Videoüberwachung stelle daher einen Eingriff u.a. in das Grundrecht auf individuelle Selbstbestimmung aus Art. 2 Abs. 1 i.V.m. Art. 1 Abs. 1 GG dar.[85] Der Eingriff in das Grundrecht auf informationelle Selbstbestimmung wird jedoch im Hinblick auf eine punktuelle Überwachung für gerechtfertigt erachtet, und die Verfassungsmäßigkeit des § 15a PolG NRW daher im Ergebnis bejaht.[86]

JURIQ-Klausurtipp

Bei der Standardermächtigung des § 15a PolG NRW ist ausnahmsweise (vgl. zum Regelfall bereits oben Rn. 106) dessen Verfassungsmäßigkeit in der Fallbearbeitung zu erörtern.

Die Standardmaßnahme der Videoüberwachung galt ursprünglich nur befristet bis zum 31.7.2013. Die **Geltungsdauer** wurde aber **bis zum 31.7.2018 verlängert** (vgl. **§ 15a Abs. 5 S. 1 PolG NRW**), weil die Videoüberwachung nach Ansicht des Gesetzgebers nach den Erfahrungen der letzten Jahre ein wichtiges Hilfsmittel der polizeilichen Gefahrenabwehr ist, das die Einsatzkräfte in die Lage versetzt, konkrete Gefahren bereits im Ansatz zu erkennen und zu unterbinden.[87] **135**

gg) Einsatz von Videokameras zur Eigen- und Drittsicherung (§ 15b PolG NRW, zukünftiger § 15c PolG NRW)

Zwecks Eigensicherung bei Personen- oder Fahrzeugkontrollen kann die Polizei gemäß § 15b S. 1 PolG zur Abwehr einer Gefahr i.S.d. § 1 Abs. 1 PolG NRW Bildaufnahmen und -aufzeichnungen durch den Einsatz von Videokameras **in Fahrzeugen der Polizei** herstellen. Der Einsatz der Videokameras ist, falls nicht offenkundig, durch geeignete Maßnahmen erkennbar zu **136**

82 Vgl. z.B. *Zöller* NVwZ 2005, 1235.

83 Vgl. z.B. *Wolffgang/Hendricks/Merz* Polizei- und Ordnungsrecht in Nordrhein-Westfalen Rn. 141; auch BeckOK PolR NRW/*Ogorek* PolG NRW § 15a Rn. 1.

84 Vgl. z.B. *Schenke* Polizei- und Ordnungsrecht Rn. 186.

85 Vgl. z.B. *Dietlein*, in: Dietlein/Hellermann Öffentliches Recht in Nordrhein-Westfalen § 3 Rn. 223, unter Hinweis auf den „Überwachungsdruck", der durch eine Beobachtung mit technischen Mitteln (auch bei Verwendung bloßer Attrappen) entstehe; *Schenke* Polizei- und Ordnungsrecht Rn. 186.

86 Vgl. z.B. *Schenke* Polizei- und Ordnungsrecht Rn. 186.

87 Vgl. LT-Drs. 16/2256, S. 1.

machen oder der betroffenen Person mitzuteilen (vgl. § 15b S. 2 PolG NRW). Die Bildaufzeichnungen sind grundsätzlich (Ausnahmen: § 24 Abs. 6 und Abs. 7 PolG NRW, die gemäß § 15b S. 5 PolG NRW unberührt bleiben) am Tag nach dem Anfertigen zu löschen, es sei denn, die Aufzeichnungen werden zur Verfolgung von Straftaten oder Ordnungswidrigkeiten benötigt (vgl. § 15b S. 3 und S. 4 PolG NRW).

137 Am 28.6.2016 haben die Fraktion der SPD und die Fraktion BÜNDNIS 90/DIE GRÜNEN einen gemeinsamen Entwurf für ein Viertes Gesetz zur Änderung des Polizeigesetzes Nordrhein-Westfalen[88] in den Landtag NRW eingebracht. Dieser Entwurf sieht u.a. vor, befristet bis zum 31.12.2019 einen **neuen § 15c** in das Polizeigesetz Nordrhein-Westfalen einzuführen. § 15c soll die erforderliche Rechtsgrundlage für einen offenen Einsatz von **Bodycams** (Körperkameras), d.h. Minikameras, die mit einer speziellen Weste an der Schulter von Polizeibeamten angebracht werden, zum Schutz von Polizeivollzugsbeamten oder Dritten gegen eine konkrete Gefahr für Leib oder Leben bei der Durchführung von Maßnahmen zur Gefahrenabwehr oder zur Verfolgung von Straftaten oder Ordnungswidrigkeiten, bilden.[89]

138 In NRW soll der Einsatz von Bodycams im Rahmen eines **Pilotprojekts**, begleitet von wissenschaftlicher Grundlagenforschung, getestet werden. Im Gegensatz zu den Pilotprojekten in anderen Ländern und in der Bundespolizei soll der Einsatz von Bodycams allerdings nicht auf ein bestimmtes Projektgebiet beschränkt, sondern vielmehr **unabhängig von einem bestimmten Einsatzort** getestet werden.

Hinweis

Wegen der Aktualität des Themas Bodycams empfiehlt es sich v.a. mit Blick auf die mündliche Prüfung, die Gesetzesbegründung (LT-Drs. 16/12361) zu lesen und außerdem das laufende Gesetzgebungsverfahren aufmerksam zu verfolgen. Die Gesetzesbegründung und der Beratungsverlauf sind im Internetangebot des Landtags NRW abrufbar.

hh) Schutz des Kernbereichs privater Lebensgestaltung bei der Datenerhebung mit besonderen Mitteln (§ 16 PolG NRW)

» Lesen Sie § 16 PolG NRW! «

139 Die Standardmaßnahme zum Schutz des Kernbereichs privater Lebensgestaltung bei der Datenerhebung mit besonderen Mitteln wurde im Jahr 2010 in das Polizeigesetz NRW aufgenommen und in **§ 16 PolG NRW** normiert.

Hinweis

§ 16 PolG NRW steht gemäß § 24 OBG der Ordnungsverwaltung nicht zur Verfügung.

140 § 16 PolG enthält eine allgemeine Regelung zur Erhebung personenbezogener Daten und ist auf die besonderen Mittel der Datenerhebung nach §§ 16a bis 20 PolG NRW anwendbar.[90] Er dient der gesetzlichen Konkretisierung des **zweistufigen Konzepts**, das das Bundesverfas-

---

88 Vgl. LT-Drs. 16/12361.

89 Vgl. zum Einsatz von Bodycams z.B. *Kipke/Gärtner* NJW 2015, 296; *Wohlfahrt* LKRZ 2015, 437; *Ruthig* LKRZ 2015, 481; *Martini/Nink/Wenzel* NVwZ 2016, 1772.

90 Vgl. LT-Drs. 14/10089. S. zu § 16a PolG NRW jüngst *OVG NRW* DVBl. 2013, 1267; auch *BVerfG (K)* LKV 2013, 30.

sungsgericht in seiner Entscheidung zur „Online-Durchsuchung" für den Schutz des Kernbereichs privater Lebensgestaltung entwickelt hat.[91] Nach dieser Entscheidung des Bundesverfassungsgerichts waren neue gesetzliche Regelungen zur einfach-gesetzlichen Umsetzung dieser Maßstäbe notwendig geworden.

Demgemäß trägt § 16 PolG NRW den Vorgaben des Bundesverfassungsgerichts wie folgt Rechnung: Auf der **ersten Stufe** wird die **Erhebung kernbereichsrelevanter Daten generell verhindert** (vgl. § 16 Abs. 1 PolG NRW). Das Erhebungsverbot wird in **§ 16 Abs. 2 Hs. 1 PolG NRW** durch ein **Unterbrechungsgebot** ergänzt. Danach ist eine zunächst rechtmäßige Datenerhebung zu unterbrechen, wenn sich tatsächliche Anhaltspunkte dafür ergeben, dass Daten, die dem Kernbereich privater Lebensgestaltung zuzurechnen sind, erfasst werden. **§ 16 Abs. 2 S. 1 Hs. 2 PolG NRW** normiert eine **Ausnahme von dem Unterbrechungsgebot** für den Fall, dass die Erhebung aus zwingenden informations- oder ermittlungstechnischen Gründen notwendig ist. Sobald die Unterbrechungsgründe nicht mehr bestehen, ist eine **Fortsetzung der Erhebung zulässig** (vgl. **§ 16 Abs. 2 S. 2 PolG NRW**). 141

Auf der **zweiten Stufe** wird der Schutz des Kernbereichs privater Lebensgestaltung durch **§ 16 Abs. 3 und Abs. 4 PolG NRW** gewährleistet. **§ 16 Abs. 3 S. 1 PolG NRW** sieht vor, dass bei bestehenden Zweifeln hinsichtlich der Kernbereichsrelevanz der erhobenen Daten diese Daten unverzüglich dem behördlichen **Datenschutzbeauftragten und** einer von dem Behördenleiter **besonders beauftragten Leitungsperson des höheren Polizeivollzugsdienstes** zur Durchsicht vorzulegen sind. Nach **§ 16 Abs. 3 S. 2 PolG NRW** erfolgt die Durchsicht im Falle einer Überwachung außerhalb der Wohnung durch das **zuständige Amtsgericht**. Gemäß **§ 16 Abs. 4 Sätze 1 und 2 PolG NRW** dürfen **Kernbereichsinhalte nicht verwendet** werden; sie müssen **unverzüglich gelöscht** werden. Hierdurch wird der Kernbereich privater Lebensgestaltung in der Auswertungsphase garantiert. **§ 16 Abs. 5 PolG NRW** schützt das **Vertrauensverhältnis zu Berufsgeheimnisträgern** nach §§ 53, 53a StPO. 142

ii) Rasterfahndung (§ 31 PolG NRW)

Gemäß § 31 Abs. 1 PolG NRW kann die Polizei von öffentlichen Stellen und Stellen außerhalb des öffentlichen Bereichs die Übermittlung **personenbezogener Daten** von einer unbestimmten Anzahl von Personen, die bestimmte, auf Verursacher einer Gefahr i.S.d. § 4 PolG NRW vermutlich zutreffende Prüfungsmerkmale, zum **Zwecke des maschinellen Abgleichs** mit anderen Datenbeständen verlangen. Die Rasterfahndung ist eine Fahndungsmethode, bei der öffentliche und nicht-öffentliche Datenbestände anhand bestimmter Kriterien durchsucht werden.[92] Der Computer rastert in mehreren Suchläufen Personen, die dem Raster, d.h. den vorgegebenen Prüfungsmerkmalen, entsprechen. Der Datenabgleich soll den Ausschluss von Personen bezwecken; er kann auch der Ermittlung eines Verdachts gegen Personen als mögliche Verursacher einer Gefahr sowie der Feststellung gefahrenverstärkender Eigenschaften dieser Personen dienen (vgl. § 31 Abs. 1 S. 2 PolG NRW). Praktische Relevanz hat die Rasterfahndung insbesondere bei der Ermittlung sog. **„Schläfer"**, d.h. unauffällig lebender Personen, die sich auf Abruf zur Verübung terroristischer Anschläge bereithalten.[93] 143

» Lesen Sie § 31 PolG NRW! «

91 Vgl. *BVerfGE* 120, 274 – Online-Durchsuchung; zu dem in dieser Entscheidung neu entwickelten Grundrecht der Vertraulichkeit und Integrität informationstechnischer Systeme s. Skript „Grundrechte" Rn. 200 f. und Rn. 224. Die in dieser Entscheidung entwickelten und für alle Bereiche akustischer und optischer Überwachungen geltenden Maßstäbe stellen eine Fortentwicklung der in der Entscheidung zum „Großen Lauschangriff" entwickelten Maßstäbe dar (vgl. *BVerfGE* 109, 279).

92 Vgl. *Götz* Allgemeines Polizei- und Ordnungsrecht § 17 Rn. 77.

93 Vgl. *Dietlein*, in: Dietlein/Hellermann Öffentliches Recht in Nordrhein-Westfalen § 3 Rn. 225.

Hinweis

Die Rasterfahndung ist nur der Polizei gestattet, nicht jedoch der Ordnungsverwaltung (vgl. § 24 OBG).

144 Die Rasterfahndung ist gemäß § 31 Abs. 1 S. 1 PolG NRW nur zulässig, soweit sie zur Abwehr einer Gefahr für den **Bestand oder** die **Sicherheit des Bundes oder eines Landes** oder für **Leib, Leben oder Freiheit einer Person** erforderlich ist. Als „verdachtslose" und mit hoher Streubreite ausgestattete polizeiliche Standardmaßnahme kommt die Rasterfahndung nur zur Abwehr einer Gefahr i.S.d. § 31 Abs. 1 S. 1 PolG NRW in Betracht.[94] Im Gegensatz zu § 31 Abs. 1 S. 1 PolG a.F., der die Rasterfahndung vom Vorliegen einer *„gegenwärtigen"* Gefahr für die in Satz 1 genannten Rechtsgüter abhängig machte, sieht die gegenwärtige Fassung des § 31 Abs. 1 S. 1 PolG NRW diese gesteigerte Gefahrenlage nicht mehr vor. Der nordrhein-westfälische Gesetzgeber hatte diese Voraussetzung nicht zuletzt wegen der uneinheitlichen Rechtsprechung aufgegeben. Trotzdem wird angenommen, dass § 31 Abs. 1 S. 1 PolG NRW verfassungskonform dahingehend ausgelegt werden müsse, dass eine Gefahr dann anzunehmen sei, wenn hinreichend fundierte konkrete Tatsachen das Bestehen einer konkreten Gefahr belegen.[95]

Hinweis

Dieser Auffassung liegt der Gedanke zugrunde, dass die Rasterfahndung einen besonders intensiven Eingriff in das Grundrecht auf informationelle Selbstbestimmung darstellt.

145 Nach § 31 Abs. 2 S. 1 PolG NRW ist das Übermittlungsersuchen auf **Namen, Anschrift, Tag und Ort der Geburt sowie andere für den Einzelfall benötigte Daten** zu beschränken. Zu den zuletzt genannten Daten gehören z.B. Mitgliedschaften, Staatsangehörigkeit, Religionszugehörigkeit etc. Von einem Übermittlungsersuchen nicht erfasste personenbezogene Daten dürfen der Polizei zwar übermittelt, aber nicht von ihr genutzt werden (vgl. § 31 Abs. 2 S. 2 PolG NRW).

146 Im Übrigen ergeben sich auf der Rechtsfolgenseite des § 31 Abs. 1 S. 1 PolG NRW weitere Beschränkungen aus dem rechtsstaatlichen Verhältnismäßigkeitsgrundsatz.

Beispiel[96] Nach den Terroranschlägen vom 11.9.2001 in den USA fordert die Polizei von der Universität D die Übermittlung der Daten aller männlichen Studierenden, die zwischen dem 1.10.1960 und dem 1.10.1983 geboren wurden. – Selbst bei Vorliegen der Tatbestandsvoraussetzungen des § 31 Abs. 1 S. 1 PolG NRW ist die Maßnahme der Polizei unverhältnismäßig, weil der Umfang der abgeschöpften Daten zu groß ist. Es würde genügen, wenn nur die Daten derjenigen männlichen Studierenden abgefragt werden, die eine „verdächtige" Glaubenszugehörigkeit besitzen oder aus einem „verdächtigen" Staat stammen. ■

94 Vgl. *BVerfGE* 115, 320.

95 Vgl. zum Ganzen *Dietlein*, in: Dietlein/Hellermann Öffentliches Recht in Nordrhein-Westfalen § 3 Rn. 227 m.w.N.

96 Vgl. *OLG Düsseldorf* NVwZ 2002, 629 und 631.

Eine Rasterfahndung unterliegt dem **Richtervorbehalt** (vgl. § 31 Abs. 4 PolG NRW). Den Antrag auf die richterliche Anordnung kann nur der **Behördenleiter** beantragen (vgl. § 31 Abs. 4 PolG NRW). 147

b) Platzverweisung, Aufenthaltsverbot, Wohnungsverweisung und Rückkehrverbot zum Schutz vor häuslicher Gewalt (§§ 34, 34a PolG NRW)

aa) Überblick

148 Im Dritten Unterabschnitt des Zweiten Abschnitts des PolG NRW sind die Standardermächtigungen zu folgenden vier polizeilichen Standardmaßnahmen geregelt: zur Platzverweisung (§ 34 Abs. 1 PolG NRW), zum Aufenthaltsverbot (§ 34 Abs. 2 PolG NRW), zur Wohnungsverweisung und zum Rückkehrverbot zum Schutz vor häuslicher Gewalt (§ 34a PolG NRW).

» Werfen Sie einen ersten Blick in die §§ 34, 34a PolG NRW! «

Hinweis

Die in §§ 34, 34a PolG NRW geregelten Standardmaßnahmen stehen über § 24 Nr. 13 OBG nur teilweise der Ordnungsverwaltung zur Verfügung.

bb) Platzverweisung (§ 34 Abs. 1 PolG NRW)

149 Gemäß § 34 Abs. 1 S. 1 PolG NRW kann die Polizei zur Abwehr einer Gefahr eine Person vorübergehend von einem Ort verweisen oder ihr vorübergehend das Betreten eines Ortes verbieten. § 34 Abs. 1 S. 1 PolG NRW enthält also zwei gefahrenabwehrrechtliche Standardermächtigungen: Zum einen ein **Entfernungsgebot**, d.h. die Befugnis, eine Person von einem Ort zu verweisen, und zum anderen ein **Betretungsverbot**, d.h. die Befugnis, einer Person das Betreten eines Ortes zu verbieten. Das Entfernungsgebot und das Betretungsgebot werden in der Regel miteinander kombiniert.[97]

» Lesen Sie § 34 Abs. 1 PolG NRW! «

Beispiel Nach einem schweren Verkehrsunfall blieben viele Passanten am Unfallort aus Neugierde stehen, um das Handeln der Polizei und der Rettungskräfte zu beobachten. Die Polizei sperrt daraufhin den Unfallort ab und ordnet an, dass die Passanten den Unfallort verlassen und nicht betreten, bis die Rettungsarbeiten beendet sind. – Hier hat die Polizei sowohl ein Entfernungsgebot als auch ein Betretungsverbot ausgesprochen. ■

Hinweise

Im Anwendungsbereich spezialgesetzlich geregelter Platzverweisungen (z.B. § 36 Abs. 1 S. 1 StVO) gehen diese spezialgesetzlichen Ermächtigungsgrundlagen der Standardermächtigung des § 34 PolG NRW vor. Maßnahmen mit gleicher Zielrichtung (z.B. die auf §§ 13 Abs. 2, 18 Abs. 1 VersG gestützte Aufforderung, nach der Auflösung der Versammlung den Ort zu verlassen) können *neben* der Platzverweisung nach § 34 Abs. 1 PolG NRW verfügt werden.

150 Die Platzverweisung berührt das Grundrecht des Betroffenen auf Freiheit der Bewegung aus **Art. 2 Abs. 2 S. 2 GG**, die die körperliche Bewegungsfreiheit, d.h. das Recht gewährleistet, jeden beliebigen Ort aufzusuchen oder zu verlassen (s. dazu Skript „Grundrechte" Rn. 258 ff.). Mit der Platzverweisung ordnet die Polizei für einen konkreten Einzelfall verbindlich an, dass

97 Vgl. *Dietlein*, in: Dietlein/Hellermann Öffentliches Recht in Nordrhein-Westfalen § 3 Rn. 157.

der Adressat der Platzverweisung einen Ort verlassen muss und/oder nicht betreten darf. Damit stellt die Platzverweisung einen **Verwaltungsakt** i.S.d. § 35 VwVfG NRW dar. In unserem *Beispiel* oben (Rn. 149) hat die Polizei mit der Anordnung des Entfernungsgebotes und des Betretungsverbotes zwei verbindliche Regelungen getroffen.

151 Der Erlass einer Platzverweisung setzt das Bestehen einer **Gefahr** voraus, wobei insoweit Gefahren für die **öffentliche Sicherheit oder Ordnung** in Betracht kommen (vgl. § 1 Abs. 1 S. 1 PolG NRW; ferner § 8 Abs. 1 PolG NRW). In **§ 34 Abs. 1 S. 2 PolG NRW** wird der besondere Fall geregelt, dass die Platzverweisung wegen **Behinderung des Einsatzes der Feuerwehr oder von Hilfs- oder Rettungskräften** verfügt wird. In unserem *Beispiel* oben (Rn. 149) läge dieser besondere Fall vor; die Platzverweisung würde daher auf der Grundlage des § 34 Abs. 1 S. 2 i.V.m. S. 1 PolG NRW erlassen.

152 Auf der Rechtsfolgenseite enthält § 34 Abs. 1 S. 1 PolG NRW zwei Einschränkungen: Zum einen kann mit der Platzverweisung nur ein **vorübergehendes** Entfernungsgebot und/oder Betretungsverbot verfügt werden. Dadurch unterscheidet sich die Platzverweisung von längerfristigen Gefahrenabwehrmaßnahmen wie dem Aufenthaltsverbot nach § 34 Abs. 2 PolG NRW. Was unter „vorübergehend" i.S.d. § 34 Abs. 1 S. 1 PolG NRW zu verstehen ist, ist durch Auslegung des unbestimmten Rechtsbegriffs unter Berücksichtigung der funktionalen Gesichtspunkte der Platzverweisung zu ermitteln. Einen wichtigen Anhaltspunkt liefert hierfür aber § 34 Abs. 1 S. 2 PolG NRW. Aus dieser Bestimmung ergibt sich, dass es sich bei der Platzverweisung grundsätzlich nur um gefahrenabwehrrechtliche Maßnahmen handeln kann, die im **Stundenbereich** liegen.[98] Darüber hinausgehende längerfristige Maßnahmen berühren das Grundrecht des Betroffenen auf Freizügigkeit aus Art. 11 GG (s. dazu Skript „Grundrechte" Rn. 539 ff.) und werden vom Anwendungsbereich des § 34 Abs. 1 PolG NRW nicht mehr erfasst.

Beispiel 1 In unserem *Beispiel* oben (Rn. 149) liegt eine Platzverweisung vor; das Entfernungs- und das Betretungsverbot wurden nur vorübergehend, nämlich bis zur Beendigung der Rettungsarbeiten, angeordnet. ■

Beispiel 2 An einem Sommerwochenende glauben Besucher eines Badesees, dort ein großes Reptil gesehen zu haben, und melden diese Beobachtung der Polizei. Die Polizei riegelt den Badesee für zehn Tage ab. Das Betreten des Badesees ist in dieser Zeit untersagt. – Hier ordnet die Polizei ein Betretungsverbot für zehn Tage an. Bei diesem Zeitraum handelt es sich nicht mehr um eine nur vorübergehende Maßnahme. ■

153 Zum anderen kann die Platzverweisung nur für einen **„Ort"** verfügt werden. Auch der Begriff des Ortes muss als unbestimmter Rechtsbegriff unter Berücksichtigung der funktionalen Gesichtspunkte der Platzverweisung ausgelegt werden. Allgemein wird unter Ort daher grundsätzlich eine **eng begrenzte, überschaubare Örtlichkeit** verstanden, **deren räumliche Größe durch die Natur der Gefahr mitbestimmt** wird.[99] Ort i.S.d. § 34 Abs. 1 S. 1 PolG NRW kann daher z.B. ein bestimmter Platz, ein bestimmtes Gebäude, eine einzelne Straße und unter Umständen ausnahmsweise ein großflächigeres Gebiet[100] sein.

98 Vgl. *Schenke* Polizei- und Ordnungsrecht Rn. 132, der für eine Obergrenze von 24 Stunden plädiert.
99 Vgl. *Schenke* Polizei- und Ordnungsrecht Rn. 132.
100 Vgl. *BayObLG* NVwZ 2000, 467 (Insel Lindau im Bodensee).

Nach § 34 Abs. 1 S. 1 PolG NRW kann die Platzverweisung gegenüber einer **„Person"** ausgesprochen werden. Bei dieser Person muss es sich ausweislich des § 34 Abs. 1 S. 1 PolG NRW nicht um den für die Gefahr Verantwortlichen handeln; die Platzverweisung kann vielmehr gegenüber **jedermann** angeordnet werden. **154**

Beispiel Die Polizei hat eine anonyme Bombendrohung für das Amts- und Landgericht der Stadt D erhalten. Ein Journalist möchte hautnah dabei sein, wenn die Polizei nach der möglichen Bombe im Gebäude sucht. Die Polizei spricht gegenüber dem Journalisten eine Platzverweisung aus. – Der Journalist ist für die bestehende Gefahr nicht verantwortlich und kann gleichwohl Adressat einer Platzverweisung werden. ■

Die **tatsächliche Durchsetzung der Platzverweisung** erfolgt in der Praxis entweder durch eine **Vollstreckungsmaßnahme** auf der Grundlage des § 50 Abs. 1 PolG NRW (bzw. § 55 Abs. 1 VwVG NRW für die Ordnungsverwaltung) **oder** durch eine **Ingewahrsamnahme** (vgl. § 35 Abs. 1 Nr. 3 PolG NRW). **155**

JURIQ-Klausurtipp

In Ihrer Fallbearbeitung müssen Sie daher zwischen den verschiedenen Maßnahmen unterscheiden und diese jeweils getrennt prüfen.

cc) Aufenthaltsverbot (§ 34 Abs. 2 PolG NRW)

Nach § 34 Abs. 2 S. 1 PolG NRW kann einer Person für eine bestimmte Zeit verboten werden, einen bestimmten örtlichen Bereich zu betreten oder sich dort aufzuhalten, wenn Tatsachen die Annahme rechtfertigen, dass die Person in diesem Bereich eine Straftat begehen oder zu ihrer Begehung beitragen wird. Das Aufenthaltsverbot beinhaltet der Sache nach ein **Betretungsverbot**, das **in zeitlicher und räumlicher Hinsicht über eine Platzverweisung hinausgeht**, und damit einen Eingriff in das Grundrecht des Betroffenen auf Freizügigkeit aus Art. 11 GG (s. dazu Skript „Grundrechte" Rn. 539 ff.) darstellt. Wie die Platzverweisung stellt das Aufenthaltsverbot einen **Verwaltungsakt** i.S.d. § 35 VwVfG NRW dar. **156**

» Lesen Sie § 34 Abs. 2 PolG NRW! «

Hinweis

Vereinzelt geäußerte verfassungsrechtliche Bedenken gegen § 34 Abs. 2 PolG NRW werden überwiegend abgelehnt. Insbesondere sei das Land Nordrhein-Westfalen für den Erlass des § 34 Abs. 2 PolG NRW zuständig gewesen. Zwar weise Art. 73 Abs. 1 Nr. 3 GG dem Bund die Gesetzgebungszuständigkeit für die „Freizügigkeit" zu; von dieser ausschließlichen Gesetzgebungszuständigkeit würden aber nicht die Zuständigkeiten erfasst, die Regelungen betreffen, die Folge der Gesetzgebungskompetenz der Länder im Bereich der allgemeinen Gefahrenabwehr seien. Dies ergebe sich auch aus Art. 11 Abs. 2 Var. 5 GG, nach dem das Grundrecht auf Freizügigkeit u.a. zur Vorbeugung von strafbaren Handlungen eingeschränkt werden dürfe. § 34 Abs. 2 PolG NRW falle unter diesen sog. Kriminalitätsvorbehalt.[101]

Der Erlass eines Aufenthaltsverbots nach § 34 Abs. 2 S. 1 PolG NRW setzt voraus, dass Tatsachen die Annahme rechtfertigen, dass eine Person in einem bestimmten örtlichen Bereich **157**

101 Vgl. hierzu allgemein *Schenke* Polizei- und Ordnungsrecht Rn. 136.

eine Straftat begehen oder zu ihrer Begehung beitragen wird. Die Ermächtigungsnorm ist insoweit besonders, als hier der **Adressat des Aufenthaltsverbotes bereits im Tatbestand bestimmt** wird, so dass ein unmittelbarer Rückgriff auf die allgemeinen Regelungen der §§ 4 ff. PolG NRW ausgeschlossen ist. Adressat eines Aufenthaltsverbotes ist diejenige Person, bei der Tatsachen die Annahme rechtfertigen, dass sie in einem bestimmten örtlichen Bereich eine Straftat begehen oder zu ihrer Begehung beitragen wird. Das **„Begehen"** i.S.d. § 34 Abs. 2 S. 1 PolG NRW umfasst die Begehung einer Straftat als **Täter** oder als **Teilnehmer**. Für einen **„Beitrag"** i.S.d. § 34 Abs. 2 S. 1 PolG NRW genügt demgemäß, dass durch das Verhalten des Betroffenen die **Gefahr einer anderweitigen Begehung von Straftaten in zurechenbarer Weise erhöht** wird.[102]

Beispiel[103] Eine offene Drogenszene stellt nicht nur in ihren Einzelhandlungen, sondern auch als kollektives Geschehen eine Störung der öffentlichen Sicherheit dar. Die Etablierung und die Verfestigung einer offenen Drogenszene an einem bestimmten Ort ermöglichen und fördern zahlreiche Verstöße gegen das Betäubungsmittelgesetz und führen zu erheblichen Gefahren für Gesundheit und Leben sowohl von Drogenkonsumenten als auch von unbeteiligten Dritten. Im Schutze der Personenansammlungen der Drogenszene werden außerdem interne Abschirmungspraktiken begünstigt und polizeiliche Amtshandlungen wie etwa Durchsuchungen von Personen und Sachen behindert, wenn nicht sogar vereitelt. Ein Aufenthaltsverbot ist daher gegen solche Personen gerechtfertigt, die in besonderer Weise an der Bildung und an der Aufrechterhaltung der offenen Drogenszene beteiligt sind. Hierzu gehören vor allem Drogenhändler oder Drogenkonsumenten, im Einzelfall aber auch Personen, die auf sonstige Weise nachhaltig zur Verfestigung der Drogenszene beitragen. Dazu zählen Personen, die regelmäßig Kontakt zur offenen Drogenszene haben, weil sie hierdurch dazu beitragen, dass die Drogenszene etabliert und verfestigt wird, und dadurch die Gefahr erhöhen, dass es zu Verstößen gegen das Betäubungsmittelgesetz kommt. ■

158 **„Örtlicher Bereich"** i.S.d. § 34 Abs. 2 S. 1 PolG NRW meint ein **Gemeindegebiet** oder einen **Gebietsteil innerhalb der Gemeinde** (vgl. § 34 Abs. 2 S. 2 PolG NRW).

159 Ein Aufenthaltsverbot ist gemäß § 34 Abs. 1 S. 1 PolG NRW jedoch **unzulässig**, wenn die Person in dem betreffenden Bereich ihre **Wohnung** hat oder dort **berechtigte Interessen** wahrnimmt. Dieses Verbot trägt den Grundrechten des Betroffenen aus Art. 13, 14 GG (Wohnung) bzw. Art. 2 Abs. 2 GG oder Art. 12 Abs. 1 GG (Wahrnehmung berechtigter Interessen durch Besuche einer Behörde, eines Arztes oder eines Rechtsanwaltes oder durch Nachgehen einer eigenen Arbeit) Rechnung.

160 Auf der Rechtsfolgenseite des § 34 Abs. 2 S. 1 PolG NRW tragen vor allem die Regelungen des § 34 Abs. 2 Sätze 3 und 4 PolG NRW dem Grundsatz der Verhältnismäßigkeit Rechnung: Nach **§ 34 Abs. 2 S. 3 PolG NRW** ist das Aufenthaltsverbot zeitlich und örtlich auf den zur Verhütung der Straftat erforderlichen Umfang zu beschränken. Gemäß **§ 34 Abs. 2 S. 4 PolG NRW** darf ein Aufenthaltsverbot die **Dauer von drei Monaten** nicht überschreiten.

102 Vgl. zum Ganzen *Dietlein*, in: Dietlein/Hellermann Öffentliches Recht in Nordrhein-Westfalen § 3 Rn. 166.

103 Vgl. *OVG NRW* NVwZ 2001, 459. Anders bzgl. Aufenthaltsverbot gegenüber der Trinker- und Obdachlosenszene *VG Stuttgart* Urt. v. 19.5.2014 – 1 K 4357/12 (nicht veröffentlicht), wonach allein die Zugehörigkeit zu dieser Szene nicht bereits den hinreichend konkreten Verdacht für ein künftiges strafbares Verhalten, dem präventiv-polizeilich begegnet werden könnte, begründet.

Die **tatsächliche Durchsetzung des Aufenthaltsverbotes** erfolgt mittels einer Vollstreckungsmaßnahme auf der Grundlage des § 50 Abs. 1 PolG NRW, – im Gegensatz zur Platzverweisung (s.o. Rn. 155) – jedoch nicht mittels einer Ingewahrsamnahme nach § 35 PolG NRW.[104] 161

dd) Wohnungsverweisung (§ 34a PolG NRW)

» Lesen Sie § 34a PolG NRW! «

Gemäß § 34a Abs. 1 S. 1 PolG NRW kann die Polizei eine Person zur Abwehr einer von ihr ausgehenden gegenwärtigen Gefahr für Leib, Leben oder Freiheit einer anderen Person aus einer Wohnung, in der die gefährdete Person wohnt, sowie aus deren unmittelbaren Umgebung verweisen und ihr die Rückkehr in diesen Bereich untersagen. Die Wohnungsverweisung bezweckt die **Bekämpfung häuslicher Gewalt** und bildet in ihrem Anwendungsbereich eine **sondergesetzliche Standardermächtigung** gegenüber der Platzverweisung, der Ingewahrsamnahme bzw. der Generalklausel. 162

§ 34a Abs. 1 S. 1 PolG NRW beinhaltet zwei Standardermächtigungen: zum einen die **Wohnungsverweisung (i.e.S.)**, d.h. die Befugnis, eine Person aus einer Wohnung, in der die gefährdete Person wohnt, sowie aus deren unmittelbaren Umgebung zu verweisen, und zum anderen das **Rückkehrverbot**, d.h. die Befugnis, der Person die Rückkehr in diesen Bereich zu untersagen. Mit der Wohnungsverweisung ordnet die Polizei für einen konkreten Einzelfall eine Wohnungsverweisung und ein Rückkehrverbot an und trifft daher zwei verbindliche Regelungen. Ebenso wie die Platzverweisung und das Aufenthaltsverbot stellt die Wohnungsverweisung einen **Verwaltungsakt i.S.d. § 35 VwVfG NRW** dar. 163

Die Wohnungsverweisung setzt voraus, dass von einer Person eine **gegenwärtige Gefahr für Leib, Leben oder Freiheit einer anderen, in der betreffenden Wohnung lebenden Person** ausgeht. Dass zwischen den beiden Personen eine besondere partnerschaftliche Beziehung bestehen muss, setzt § 34a Abs. 1 S. 1 PolG NRW nicht voraus, so dass eine Wohnungsverweisung z.B. auch in Betracht kommt, wenn ein Mitglied einer Wohngemeinschaft der Wohnung verwiesen werden soll. 164

Ob § 34a Abs. 1 S. 1 PolG NRW voraussetzt, dass der Verwiesene in der Wohnung, aus der er verwiesen wird, wohnt, wird uneinheitlich beantwortet.[105] Der Wortlaut des § 34a Abs. 1 S. 1 PolG NRW spricht dafür, dass nur die gefährdete Person in der betreffenden Wohnung wohnt. Dem dürfte auch § 34a Abs. 2 PolG NRW nicht entgegenstehen, wenn man sich auf den Standpunkt stellt, dass diese Norm nur im Bedarfsfalle zur Anwendung kommt. 165

Beispiel Die Eheleute T leben in Scheidung. Sie bewohnen getrennte Wohnungen. Eines Abends sucht Herr T die Wohnung seiner Noch-Ehefrau auf und droht ihr Prügel an. Frau T gelingt es im letzten Moment, die Polizei herbeizurufen, die Herrn T der Wohnung verweist. ■

Gemäß **§ 34a Abs. 1 S. 2 PolG NRW** ist der **räumliche Bereich**, auf den sich die Wohnungsverweisung und das Rückkehrverbot beziehen, nach dem Erfordernis eines wirkungsvollen Schutzes der gefährdeten Person **zu bestimmen und genau zu bezeichnen**. In besonders gelagerten Einzelfällen können die Maßnahmen nach § 34a Abs. 1 S. 1 PolG NRW auf Wohnung und Nebenräume beschränkt werden (vgl. § 34a Abs. 1 S. 3 PolG NRW). In zeitlicher Hin- 166

104 Vgl. hierzu *Dietlein*, in: Dietlein/Hellermann Öffentliches Recht in Nordrhein-Westfalen § 3 Rn. 167.

105 Str.; vgl. hierzu etwa *Pieroth/Schlink/Kniesel* Polizei- und Ordnungsrecht § 16 Rn. 29; *Dietlein*, in: Dietlein/Hellermann Öffentliches Recht in Nordrhein-Westfalen § 3 Rn. 169.

sicht sieht § 34a Abs. 5 S. 1 PolG NRW vor, dass die Wohnungsverweisung und das Rückkehrverbot **grundsätzlich mit Ablauf des zehnten Tages nach ihrer Anordnung** enden. Unabhängig davon können die Maßnahmen zwischenzeitlich aufgehoben werden (vgl. § 34a Abs. 5 S. 3 PolG NRW i.V.m. §§ 48, 49 VwVfG NRW).

Beispiel H war aus der Wohnung des B, mit dem er dort in einer Wohngemeinschaft lebte, verwiesen worden. Nach zwei Tagen stellt sich heraus, dass B die Polizei in Bezug auf das angeblich gewalttätige Verhalten des H belogen hat. – In diesem Falle kann die Wohnungsverweisung nach Maßgabe des § 34a Abs. 5 S. 3 PolG NRW i.V.m. § 48 Abs. 1 S. 1 VwVfG NRW aufgehoben werden. ■

167 Umstritten ist, ob eine Wohnungsverweisung angeordnet werden kann, wenn die **gefährdete Person ausdrücklich und ernsthaft eine Wohnungsverweisung ablehnt**.

Beispiel Wie *Beispiel* oben (Rn. 165) mit dem Unterschied, dass Frau T bei Eintreffen der Polizei ausdrücklich und ernsthaft erklärt, dass sie eine Wohnungsverweisung ihres Mannes nicht wünscht. ■

Eine Ansicht stellt auf die ausdrückliche und ernsthafte Willenserklärung der gefährdeten Person ab und steht auf dem Standpunkt, dass die gefährdete Person auf ihren durch eine Wohnungsverweisung möglichen Schutz verzichten könne. Dieser Verzicht falle unter das Selbstbestimmungsrecht der gefährdeten Person, die ein Recht auf Selbstgefährdung habe. Aufgrund des Verzichts liege keine Gefahr vor.[106] In unserem *Beispiel* hat Frau T aufgrund ihrer ausdrücklichen und ernsthaften Erklärung, eine Wohnungsverweisung ihres Mannes nicht zu wünschen, auf ihren Schutz verzichtet.

Die Gegenansicht stellt auf den Sinn und Zweck des § 34a PolG NRW, häusliche Gewalt zu bekämpfen, ab. Dabei handele es sich um ein öffentliches Interesse an einer gewaltfreien Lösung von Konflikten. Eine entgegenstehende Erklärung der gefährdeten Person sei danach unerheblich. Vielmehr erfülle der Staat durch die Wohnungsverweisung seine Schutzpflicht gegenüber der gefährdeten Person.[107] Nach dieser Ansicht ist die Erklärung der Frau T in unserem *Beispiel* rechtlich irrelevant.

JURIQ-Klausurtipp

In der Fallbearbeitung können Sie beide Ansichten vertreten. Wichtig ist, dass Sie den Meinungsstreit fallbezogen erörtern und sich mit eigenen Argumenten einer der beiden Ansichten anschließen.

168 Eine **Wohnungsverweisung oder eines Rückkehrverbotes** kann mittels Ingewahrsamnahme nach § 35 Abs. 1 Nr. 4 PolG NRW durchgesetzt werden.

c) Gewahrsam (§ 35 PolG NRW)

» Lesen Sie § 35 PolG NRW! «

169 Nach **§ 35 Abs. 1 PolG NRW** kann die Polizei in den in den Nrn. 1.–5. abschließend genannten Fällen eine Person in Gewahrsam nehmen. Besondere Fälle der Ingewahrsamnahme sind in den **Absätzen 2 und 3 des § 35 PolG NRW** geregelt.

---

106 Vgl. *Pieroth/Schlink/Kniesel* Polizei- und Ordnungsrecht § 16 Rn. 29.
107 Vgl. *VG Aachen* NJW 2004, 1888.

Hinweis

Die Ingewahrsamnahme kann – mit Ausnahme des § 35 Abs. 1 Nr. 4 PolG NRW – auch von der Ordnungsverwaltung verfügt werden (vgl. § 24 Nr. 13 OBG).

aa) Begriff des Gewahrsams

Ingewahrsamnahme meint die Aufhebung der körperlichen Bewegungsfreiheit gegen den Willen der betroffenen Person in jede Richtung. 170

Die Ingewahrsamnahme greift in das Grundrecht des Betroffenen in sein Grundrecht auf Freiheit der Person aus Art. 2 Abs. 2 S. 2 GG (s. dazu Skript „Grundrechte" Rn. 254 ff.) ein und unterliegt als **Freiheitsentziehung** i.S.d. Art. 104 Abs. 2 GG besonderen verfahrensrechtlichen Vorgaben.[108] Eine Freiheitsentziehung liegt ohne Weiteres vor, wenn eine Person gegen ihren Willen oder in willenlosem Zustand in einem geschlossenen Raum untergebracht wird (vgl. § 415 FamFG[109]). Freiheitsentziehungen liegen aber z.B. auch in den Fällen des § 2 Abs. 1 FreihEntzG,[110] bei einer elektronischen Fußfessel,[111] bei der Verbringung eines Tobsüchtigen in eine Haftzelle[112] oder bei einer Einkesselung von Demonstranten[113] (grundsätzlich auch bei einem sog. Wanderkessel)[114] vor.

Sofern sich eine Person freiwillig dem Schutz der Polizei unterstellt, liegt demgegenüber keine Ingewahrsamnahme, sondern ein **sog. unechter Gewahrsam** vor.[115] 171

Beispiel Aus Angst vor möglichen Einbrechern in ihrer Wohnung ist K in die nächstgelegene Polizeiwache geflüchtet. – K hat sich hier freiwillig in die Obhut der Polizei begeben, so dass nur ein unechter Gewahrsam vorliegt. ■

Die Ingewahrsamnahme hat eine Doppelnatur: Sie sind ein **Realakt und** zugleich eine konkludente Duldungsverfügung und damit ein **Verwaltungsakt** i.S.d. § 35 VwVfG NRW, indem der Betroffene verpflichtet wird, den tatsächlichen Vorgang, d.h. die Ingewahrsamnahme, zu dulden. 172

bb) Zulässigkeit der Ingewahrsamnahme

Eine Ingewahrsamnahme ist in den folgenden Fällen zulässig: 173

(1) Schutzgewahrsam (§ 35 Abs. 1 Nr. 1 PolG NRW)

Eine Ingewahrsamnahme kann nach § 35 Abs. 1 Nr. 1 PolG NRW zum **Schutz der betroffenen Person gegen eine Gefahr für Leib oder Leben** erforderlich sein, insbesondere weil die Person sich erkennbar in einem die freie Willensbildung ausschließenden Zustand oder sonst in hilfloser Lage befindet. Die Polizei handelt in diesem Falle im Interesse des Betroffenen. 174

108 Vgl. *Dietlein*, in: Dietlein/Hellermann Öffentliches Recht in Nordrhein-Westfalen § 3 Rn. 171.
109 Gesetz über das Verfahren in Familiensachen und in den Angelegenheiten der freiwilligen Gerichtsbarkeit (*Schönfelder* Nr. 112).
110 Gesetz über das gerichtliche Verfahren bei Freiheitsentziehungen (*Sartorius* I Nr. 617).
111 Vgl. in diese Richtung offenbar *Pieroth/Schlink/Kniesel* Polizei- und Ordnungsrecht § 17 Rn. 6.
112 Vgl. *Rachor*, in: Lisken/Denninger (Hrsg.) Handbuch des Polizeirechts F Rn. 496.
113 Vgl. *Rachor*, in: Lisken/Denninger (Hrsg.) Handbuch des Polizeirechts F Rn. 552.
114 Vgl. *Schenke* Polizei- und Ordnungsrecht Rn. 142 mit FN 346.
115 Vgl. *Dietlein*, in: Dietlein/Hellermann Öffentliches Recht in Nordrhein-Westfalen § 3 Rn. 172.

Beispiel 1 G liegt volltrunken auf einer Parkbank. Die Polizei bringt ihn in die Ausnüchterungszelle, wo er seinen Rausch ausschlafen kann. ■

Beispiel 2 O steht auf dem Geländer einer Rheinbrücke und will sich gerade in die Fluten stürzen, als herbeieilende Polizisten O noch gerade davon abhalten können. – Bei akuten Selbsttötungsversuchen wird angenommen, dass keine freiverantwortliche Selbstgefährdung mehr vorliegt, so dass hier ein Schutzgewahrsam zulässig ist.[116] ■

(2) Präventivgewahrsam (§ 35 Abs. 1 Nr. 2 PolG NRW)

175 Nach § 35 Abs. 1 Nr. 2 PolG NRW kommt ein Präventivgewahrsam in Betracht, wenn er unerlässlich ist, um die unmittelbar bevorstehende Begehung oder Fortsetzung einer Straftat oder einer Ordnungswidrigkeit von erheblicher Bedeutung für die Allgemeinheit zu verhindern. Durch den Präventivgewahrsam soll die **Unverletzlichkeit der Rechtsordnung geschützt** werden.[117]

176 Das Tatbestandsmerkmal der „unmittelbar bevorstehenden Begehung" setzt das Vorliegen einer **gegenwärtigen Gefahr** voraus (zum Begriff s.u. Rn. 254).[118] Ob die Begehung einer Straftat oder Ordnungswidrigkeit von erheblicher Bedeutung für die Allgemeinheit bevorsteht oder bereits vorliegt, muss anhand der einschlägigen Normen ermittelt werden.

Beispiel[119] R veranstaltet ohne behördliche Genehmigung regelmäßig das verbotene sog. „Hütchenspiel". Als R wieder einmal eine Runde veranstalten will, nimmt die Polizei ihn in Gewahrsam. – Die Veranstaltung eines Glückspiels ohne behördliche Genehmigung ist nach § 284 StGB strafbar. Im Zeitpunkt der Ingewahrsamnahme stand die Begehung der Straftat nach § 284 StGB bevor. ■

177 Das Merkmal **„Ordnungswidrigkeiten von erheblicher Bedeutung für die Allgemeinheit"** liegt vor, wenn ein **bedeutsames Schutzgut** wie etwa der Umweltschutz betroffen ist.[120]

178 Auf der Rechtsfolgenseite des § 35 Abs. 1 Nr. 2 PolG NRW verdeutlicht das Merkmal der **„Unerlässlichkeit"**, dass der Präventivgewahrsam nur zulässig ist, wenn und soweit er **erforderlich** ist.[121] Unzulässig ist der Präventivgewahrsam daher vor allem etwa dann, wenn es ein milderes Mittel zur Verhinderung der unmittelbar bevorstehenden Begehung einer Straftat oder einer Ordnungswidrigkeit von erheblicher Bedeutung für die Allgemeinheit gibt.

Hinweis

In der jüngsten Vergangenheit werden die grundrechtlichen Grenzen des Präventivgewahrsams verstärkt in den Blick genommen. Hierzu beigetragen haben Entscheidungen des Europäischen Gerichtshofs für Menschenrechte.[122]

---

116 Vgl. *Dietlein*, in: Dietlein/Hellermann Öffentliches Recht in Nordrhein-Westfalen § 3 Rn. 174.
117 Vgl. der Sache nach *Tegtmeyer/Vahle* Polizeigesetz Nordrhein-Westfalen § 35 Rn. 7.
118 Vgl. *OVG Bremen* NVwZ 2001, 221.
119 In Anlehnung an *VG Frankfurt/Main* NVwZ 1994, 720.
120 Vgl. *Tegtmeyer/Vahle* Polizeigesetz Nordrhein-Westfalen § 35 Rn. 8.
121 Vgl. *Pieroth/Schlink/Kniesel* Polizei- und Ordnungsrecht § 17 Rn. 24. Ob die Unerlässlichkeit auf der Tatbestands- oder der Rechtsfolgenseite zu prüfen ist, scheint nach dem Wortlaut der Norm nicht eindeutig.
122 Vgl. *EGMR* NVwZ 2012, 1089; NVwZ 2014, 43.

(3) Durchsetzungsgewahrsam (§ 35 Abs. 1 Nrn. 3 und 4 PolG NRW)

Eine Ingewahrsamnahme kommt nach § 35 Abs. 1 Nrn. 3 und 4 PolG NRW zur Durchsetzung einer **Platzverweisung** nach § 34 PolG NRW (Nr. 3), einer **Wohnungsverweisung** oder eines **Rückkehrverbotes** nach § 34a PolG NRW (Nr. 4) in Betracht, wenn die Ingewahrsamnahme hierfür „unerlässlich“ (vgl. dazu oben Rn. 178) ist. **179**

Umstritten ist, ob der sog. **Verbringungs- oder Rückführungsgewahrsam** als Mittel zur Durchsetzung einer Platzverweisung unter die Befugnisnorm des § 35 Abs. 1 Nr. 3 PolG NRW fällt. Beim Verbringungsgewahrsam wird die betroffene Person von der Polizei aufgegriffen, in einem Dienstfahrzeug der Polizei an einen anderen Ort, an dem sie nicht mehr stören kann, verbracht und dort freigesetzt.[123] Beim Rückführungsgewahrsam, einem Sonderfall des Verbringungsgewahrsams, wird die betroffene Person in ihre Heimatstadt zurückgebracht.[124] **180**

Beispiel Nach einem Fußballderby spricht die Polizei gegenüber einem Hooligan einen Platzverweis aus. Dieser schert sich nicht um die polizeiliche Anordnung und bleibt, wo er ist. Daraufhin greift die Polizei den Hooligan auf, fährt ihn an das andere Ende der Stadt und setzt ihn dort frei (sog. Verbringungsgewahrsam) bzw. fährt ihn in seine Heimatstadt und setzt ihn dort frei (sog. Rückführungsgewahrsam). ■

Nach einer Ansicht erfüllen der Verbringungs- und Rückführungsgewahrsam alle Voraussetzungen einer Freiheitsentziehung und sind daher als Durchsetzungsgewahrsam i.S.d. § 35 Abs. 1 Nr. 3 PolG NRW zu qualifizieren.[125] Nach dieser Ansicht wären die Maßnahmen in unserem *Beispiel* auf § 35 Abs. 1 Nr. 3 PolG NRW zu stützen.

Eine andere Ansicht nimmt demgegenüber an, dass der Verbringungs- und Rückführungsgewahrsam nicht mehr von § 35 Abs. 1 Nr. 3 PolG NRW gedeckt seien. Die Maßnahmen beinhalteten eine neben die zwangsweise Durchsetzung der Platzverweisung tretende zusätzliche „Umsetzung“, die nur auf die polizeirechtliche Generalklausel gestützt werden könne. Der Verbringungs- und Rückführungsgewahrsam seien zulässig, wenn konkrete Anhaltspunkte dafür vorlägen, dass die zwangsweise Durchsetzung des Platzverweises allein noch nicht zur Unterbindung einer Gefahr genüge, weil zu erwarten sei, dass der Betroffene alsbald wieder zu dem Ort zurückkehren werde, von dem er verwiesen wurde.[126] Nach dieser Ansicht könnten die polizeilichen Maßnahmen nur auf die polizeirechtliche Generalklausel gestützt werden.

JURIQ-Klausurtipp

In der Fallbearbeitung sind alle Ansichten vertretbar. Wichtig ist, dass Sie die verschiedenen Ansichten fallbezogen erörtern und sich mit eigenen Argumenten für eine Ansicht entscheiden.

123 Vgl. *Pieroth/Schlink/Kniesel* Polizei- und Ordnungsrecht § 17 Rn. 4.
124 Vgl. *Pieroth/Schlink/Kniesel* Polizei- und Ordnungsrecht § 17 Rn. 4.
125 Vgl. etwa *Pieroth/Schlink/Kniesel* Polizei- und Ordnungsrecht § 17 Rn. 4.
126 Vgl. zum Ganzen *Schenke* Polizei- und Ordnungsrecht Rn. 139 in Bezug auf den Verbringungsgewahrsam.

(4) Gewahrsam zum Schutz privater Rechte (§ 35 Abs. 1 Nr. 5 PolG NRW)

181 Gemäß § 35 Abs. 1 Nr. 5 PolG NRW kommt eine Ingewahrsamnahme in Betracht, wenn sie unerlässlich ist, um **private Rechte zu schützen**, und eine **Festnahme** und **Vorführung** der Person nach den §§ 229, 230 Abs. 3 BGB **zulässig** ist. In Abweichung vom Subsidiaritätsgrundsatz des § 1 Abs. 2 PolG NRW kann die Polizei hiernach eine Person zum Schutz privater Rechte einer anderen Person in Gewahrsam nehmen, wenn die Voraussetzungen der zivilrechtlichen Selbsthilfevorschriften erfüllt sind.[127]

182 Wird eine Person nach den Bestimmungen über die zivilrechtliche Selbsthilfe festgenommen, muss der **persönliche Arrest** beim zuständigen Amtsgericht beantragt werden (vgl. **§ 230 BGB**). Beabsichtigt der in seinen privaten Rechten Betroffene nicht, diesen Antrag zu stellen, ist die Ingewahrsamnahme nach **§ 35 Abs. 1 Nr. 5 PolG NRW** unzulässig.[128]

183 Unverhältnismäßig ist die Ingewahrsamnahme, wenn der Betroffene bereit ist, eine Sicherheit zu leisten.

Beispiel A und B haben einen Kaufvertrag über einen gebrauchten PC geschlossen. A hat dem B den PC vereinbarungsgemäß übergeben und übereignet; B zahlt den Kaufpreis nicht. Als A seinen Vertragspartner zufällig auf der Straße trifft, fordert er von B die Zahlung des Kaufpreises. Zum Schutz seines Rechts auf Kaufpreiszahlung bittet er einen gerade vorbeigehenden Streifenpolizisten, den B in Gewahrsam zu nehmen. B bietet daraufhin an, den Kaufpreis umgehend zu besorgen und bis dahin 100 €, die er bei sich hat, als Sicherheit zu geben. – Eine Ingewahrsamnahme des B wäre unter den gegebenen Umständen unverhältnismäßig. ■

(5) Gewahrsam zum Schutz des Sorgerechts (§ 35 Abs. 2 PolG NRW) und zur Sicherung des Strafvollzugs (§ 35 Abs. 3 PolG NRW)

184 Nach § 35 Abs. 2 PolG NRW kann die Polizei **Minderjährige**, die sich der **Obhut der Sorgeberechtigten entzogen** haben, in Gewahrsam nehmen, um sie **den Sorgeberechtigten oder dem Jugendamt zuzuführen**.

Beispiel Die zwölfjährige K ist von zu Hause weggelaufen, weil sie immer wieder Ärger mit ihren Eltern hat. Die Polizei greift sie am Hauptbahnhof von E auf und bringt sie wieder nach Hause. – Da sich die minderjährige K der Obhut ihrer sorgeberechtigten Eltern entzogen hat, konnte die Polizei K in Gewahrsam nehmen, um sie zu ihren Eltern zurückzubringen. ■

185 Nach § 35 Abs. 3 PolG NRW kann die Polizei eine Person, die **aus dem Vollzug von Untersuchungshaft, Freiheitsstrafen oder freiheitsentziehenden Maßnahmen der Besserung und Sicherung entwichen** ist oder sich **sonst ohne Erlaubnis außerhalb der Justizvollzugsanstalt aufhält**, in Gewahrsam nehmen und **in die Anstalt zurückbringen**.[129] Ist eine Person aus **anderen Gründen** untergebracht und entwichen, greift die Standardermächtigung des § 35 Abs. 3 PolG NRW jedoch nicht.

---

127 Vgl. hierzu *Tegtmeyer/Vahle* Polizeigesetz Nordrhein-Westfalen § 35 Rn. 11 ff.

128 Vgl. *Dietlein,* in: Dietlein/Hellermann Öffentliches Recht in Nordrhein-Westfalen § 3 Rn. 178.

129 Vgl. *Schenke* Polizei- und Ordnungsrecht Rn. 143, der keine Bedenken mit Blick auf die Bestimmungen der § 457 Abs. 2 S. 2 StPO und § 87 StVollzG hat.

Beispiel Der psychisch kranke W ist nach Maßgabe des PsychKG NRW[130] im Landeskrankenhaus untergebracht und dort entwichen. Die Polizei findet W einen Tag später in der Innenstadt von B und will ihn zurück ins Landeskrankenhaus bringen. – Da W nicht aus einem der in § 35 Abs. 3 PolG NRW genannten Gründe untergebracht ist, kommt diese Ermächtigungsgrundlage für die Rückführung des W ins Landeskrankenhaus nicht in Betracht. Die Rückführung kann aber auf eine andere Ermächtigung (z.B. § 35 Abs. 1 Nr. 1 PolG NRW) gestützt werden. ■

cc) Verhältnismäßigkeit der Ingewahrsamnahme

186 Auf der Rechtsfolgenseite muss die Verhältnismäßigkeit einer Ingewahrsamnahme **besonders sorgfältig geprüft** werden, weil mit ihr eine Freiheitsentziehung verbunden ist. In einigen Fällen (§ 35 Abs. 1 Nrn. 2–5 PolG NRW) muss die **Ingewahrsamnahme als solche verhältnismäßig** sein (vgl. Wortlaut dieser Regelungen „unerlässlich" [s.o. Rn. 178]); die Ingewahrsamnahme kommt in diesen Fällen nur als letztes Mittel in Betracht. Im Übrigen wird die **Dauer einer Ingewahrsamnahme** durch den Grundsatz der Verhältnismäßigkeit bestimmt.

» Lesen Sie § 38 PolG NRW! «

Zeitliche Vorgaben für eine Ingewahrsamnahme enthält **§ 38 PolG NRW**. Nach § 38 Abs. 1 PolG NRW ist eine festgehaltene Person zu entlassen, sobald der **Grund für die Maßnahme der Polizei weggefallen** ist (Nr. 1), wenn die **Fortdauer der Freiheitsentziehung durch eine richterliche Entscheidung für unzulässig erklärt** wird (Nr. 2) oder **in jedem Falle spätestens bis zum Ende des Tages nach dem Ergreifen**, wenn nicht vorher die Fortdauer der Freiheitsentziehung aufgrund eines anderen Gesetzes durch richterliche Entscheidung angeordnet ist (Nr. 3). In Übereinstimmung mit Art. 104 Abs. 2 S. 3 GG darf eine Person daher grundsätzlich niemals länger als bis zum Ende des Tages nach dem Ergreifen festgehalten werden. Gesetze, die eine Fortdauer der Freiheitsentziehung durch richterliche Anordnung vorsehen können, sind z.B. die Strafprozessordnung (Untersuchungshaft) oder das PsychKG NRW (Unterbringung).

dd) Verfahrensrechtliche Anforderungen (§§ 36, 37 PolG NRW)

» Lesen Sie §§ 36, 37 PolG NRW! «

187 Als Freiheitsentziehung unterliegt die Ingewahrsamnahme besonderen verfahrensrechtlichen Vorgaben, die im Einzelnen in §§ 36 und 37 PolG NRW geregelt sind. So steht die Ingewahrsamnahme gemäß **§ 36 PolG NRW** unter **Richtervorbehalt**, d.h. die Polizei hat grundsätzlich eine richterliche Entscheidung beim zuständigen Amtsgericht über die Zulässigkeit und die Fortdauer der Freiheitsentziehung herbeizuführen. Zuständig ist das Amtsgericht, in dessen Bezirk die Person festgehalten wird (vgl. § 36 Abs. 2 S. 1 PolG NRW). Das Verfahren richtet sich nach den §§ 415 ff. FamFG. Im Zuständigkeitsbereich des Amtsgerichts schließt die Entscheidungsbefugnis des Amtsgerichts die Zuständigkeit eines Verwaltungsgerichts aus.

JURIQ-Klausurtipp

Eine Verletzung des Richtervorbehalts stellt einen Verfahrensfehler dar, der nicht über § 45 Abs. 1 Nr. 5 VwVfG NRW geheilt werden kann, weil der Richter keine „andere Behörde" ist.[131]

130 Gesetz über Hilfen und Schutzmaßnahmen bei psychisch Kranken (*von Hippel/Rehborn* Nr. 56).

131 Vgl. *Pieroth/Schlink/Kniesel* Polizei- und Ordnungsrecht § 17 Rn. 10.

188 Weitere verfahrensrechtliche Vorgaben finden sich in **§ 37 PolG NRW**, der Regelungen über die Behandlung festgehaltener Personen enthält. So ist der festgehaltenen Person der **Grund der Ingewahrsamnahme** bekanntzugeben (§ 37 Abs. 1 PolG NRW). Der festgehaltenen Person ist grundsätzlich unverzüglich Gelegenheit zu geben, einen **Angehörigen oder eine Person ihres Vertrauens zu benachrichtigen** (vgl. § 37 Abs. 2 S. 1 PolG NRW); § 37 Abs. 2 Sätze 2 bis 5 PolG NRW regeln weitere Details der Benachrichtigung. Die festgehaltene Person ist nach Maßgabe des § 37 Abs. 3 PolG NRW **unterzubringen**.

d) Durchsuchung (§§ 39–42 PolG NRW)

aa) Überblick

» Werfen Sie einen ersten Blick in die §§ 39 ff. PolG NRW! «

189 Die Standardermächtigungen der Durchsuchung sind in §§ 39 bis 42 PolG NRW geregelt. Das Polizeigesetz NRW differenziert dabei zwischen der **Durchsuchung von Personen** (§ 39 PolG NRW), der **Durchsuchung von Sachen** (§ 40 PolG NRW) sowie dem **Betreten und** der **Durchsuchung von Wohnungen** (§§ 41, 42 PolG NRW). Die differenzierten Regelungen tragen dem Umstand Rechnung, dass bei jeder dieser Standardmaßnahmen unterschiedliche Grundrechte des Betroffenen berührt sind. Bei einer Durchsuchung von Personen sind das Grundrecht des Betroffenen auf allgemeine Handlungsfreiheit nach Art. 2 Abs. 1 GG (s. dazu Skript „Grundrechte" Rn. 186 ff.) und u.U. das allgemeine Persönlichkeitsrecht aus Art. 2 Abs. 1 i.V.m. Art. 1 Abs. 1 GG (s. dazu Skript „Grundrechte" Rn. 193 f.) betroffen. Die Durchsuchung von Sachen berührt das Grundrecht des Betroffenen auf Eigentum aus Art. 14 Abs. 1 GG (s. dazu Skript „Grundrechte" Rn. 622 ff.). Beim Betreten und Durchsuchen von Wohnungen stehen die Grundrechte des Betroffenen auf Unverletzlichkeit der Wohnung aus Art. 13 Abs. 1 GG (s. dazu Skript „Grundrechte" Rn. 595 ff.) und auf Eigentum aus Art. 14 Abs. 1 GG in Rede.

Hinweis

Über § 24 Nr. 13 OBG steht die Durchsuchung auch der Ordnungsverwaltung zur Verfügung.

190 Eine Durchsuchung hat eine Doppelnatur: Sie ist ein **Realakt** und zugleich eine konkludente Duldungsverfügung und insoweit ein **Verwaltungsakt** i.S.d. § 35 VwVfG NRW, indem der Betroffene verpflichtet wird, den tatsächlichen Vorgang der Durchsuchung zu dulden.[132]

bb) Durchsuchung von Personen (§ 39 PolG NRW)

(1) Gegenstand der Durchsuchung

» Lesen Sie § 39 PolG NRW! «

191 Bei der Durchsuchung einer Person sucht die Polizei die **Körperoberfläche** des Betroffenen ab, um bestimmte Gegenstände aufzufinden.[133] Von der Standardermächtigung des § 39 PolG NRW gedeckt ist ferner die Durchsuchung von **ohne Hilfsmittel einsehbaren Körperhöhlen** (Nase, Ohren) sowie nach h.M. auch die Durchsuchung von **ohne Hilfsmittel zugänglichen Körperöffnungen** (Mund, After).[134] **Nicht** von § 39 PolG NRW gedeckt sind **körperliche Unter-**

132 Vgl. *Schenke* Polizei- und Ordnungsrecht Rn. 116.

133 Vgl. zu einer Durchsuchung, die mit dem Entkleiden der durchsuchten Person verbunden ist, *VG Köln* Urt. v. 25.11.2015 – 20 K 2624/14 – juris.

134 Vgl. *Dietlein*, in: Dietlein/Hellermann Öffentliches Recht in Nordrhein-Westfalen § 3 Rn. 184, zugleich mit Bedenken gegen die Einbeziehung von ohne Hilfsmitteln zugänglichen Körperöffnungen.

suchungen, d.h. das Nachsuchen im Inneren des Körpers oder in nicht ohne Hilfsmittel zugänglichen Körperöffnungen (z.B. Auspumpen des Mageninhalts,[135] weiblicher Genitalbereich[136]). Eine präventiv-polizeiliche körperliche Untersuchung kommt daher nur nach Maßgabe des § 14 PolG NRW in Betracht.[137] Ob eine körperliche Untersuchung auch auf die polizeiliche Generalklausel des § 8 Abs. 1 PolG NRW gestützt werden kann, wird mit Blick auf die Schwere des damit verbundenen Grundrechtseingriffs zumindest erheblich bezweifelt.[138]

Nicht von § 39 PolG NRW gedeckt ist eine polizeiliche **Nachschau**. Eine Nachschau liegt vor, wenn die Polizei die Taschen an Mantel, Jacke, Hose etc. des Betroffenen nach Gegenständen absucht. Die Nachschau findet ihre Rechtsgrundlage in § 40 PolG NRW, es sei denn, dass der Betroffene die Kleidung noch an seinem Körper trägt. In diesem Falle fällt die Nachschau unter die Durchsuchung des Betroffenen nach § 39 PolG NRW.[139] **192**

(2) Zulässigkeit der Durchsuchung

§ 39 Abs. 1 und Abs. 2 PolG NRW enthalten **abschließend sieben Gründe für eine Durchsuchung von Personen**. Nicht berücksichtigt ist dabei die in § 39 Abs. 1 PolG NRW ausgeklammerte Durchsuchung einer Person im Rahmen der Identitätsfeststellung nach § 12 Abs. 2 S. 4 PolG NRW. **193**

Eine Durchsuchung von Personen kommt gemäß **§ 39 Abs. 1 PolG NRW** zunächst in Betracht, wenn die Person nach dem Polizeigesetz (§ 10 Abs. 3, § 12 Abs. 2 S. 3, § 35 PolG NRW) oder anderen Rechtsvorschriften (z.B. § 127 Abs. 2 StPO) festgehalten werden kann (vgl. § 39 Abs. 1 Nr. 1 PolG NRW), wobei das Festhalten des Betroffenen schon begonnen haben muss.[140] Nach § 39 Abs. 1 Nr. 2 PolG NRW kann eine Person durchsucht werden, wenn Tatsachen die Annahme rechtfertigen, dass sie Sachen mit sich führt, die nach § 43 PolG NRW sichergestellt werden dürfen. Eine Durchsuchung kann ferner zum Schutz des Betroffenen vorgenommen werden, wenn sich die Person erkennbar in einem die freie Willensbestimmung ausschließenden Zustand befindet (vgl. § 39 Abs. 1 Nr. 3 PolG NRW). Nach § 39 Abs. 1 Nr. 4 PolG NRW kann eine Person durchsucht werden, die sich an einem sog. verrufenen Ort i.S.d. § 12 Abs. 1 Nr. 2 PolG NRW (s.o. Rn. 124) aufhält. Eine Durchsuchung kommt außerdem in Betracht, wenn sich der Betroffene in einem gefährlichen Objekt oder in der unmittelbaren Nähe eines gefährdeten Objektes i.S.d. § 12 Abs. 1 Nr. 3 PolG NRW aufhält, wenn ferner Tatsachen die Annahme rechtfertigen, dass in oder an Objekten dieser Art Straftaten begangen werden sollen, durch die Personen oder diese Objekte gefährdet sind (vgl. § 39 Abs. 1 Nr. 5 PolG NRW). **194**

Gemäß **§ 39 Abs. 2 S. 1 PolG NRW** kann die Polizei aus Gründen des Eigenschutzes[141] eine Person im Rahmen einer Identitätsfeststellung nach Waffen, anderen gefährlichen Werkzeugen und Explosivmitteln durchsuchen. **§ 39 Abs. 2 S. 2 PolG NRW** lässt eine Durchsuchung des Betroffenen aus den Gründen des Satz 1 auch anlässlich einer Vorführung oder Verbringung an einen anderen Ort zu. **195**

---

135 Vgl. *EGMR* NJW 2006, 3117.

136 Vgl. *VGH Bayern* NVwZ-RR 1999, 310.

137 Vgl. *Dietlein*, in: Dietlein/Hellermann Öffentliches Recht in Nordrhein-Westfalen § 3 Rn. 184.

138 Vgl. ablehnend *Schenke* Polizei- und Ordnungsrecht Rn. 150; für ausnahmsweise zulässig erachtend aber *Pieroth/Schlink/Kniesel* Polizei- und Ordnungsrecht § 18 Rn. 3.

139 Vgl. zum Ganzen *Wolffgang/Hendricks/Merz* Polizei- und Ordnungsrecht in Nordrhein-Westfalen Rn. 167.

140 Vgl. *Pieroth/Schlink/Kniesel* Polizei- und Ordnungsrecht § 18 Rn. 11.

141 Vgl. *Dietlein*, in: Dietlein/Hellermann Öffentliches Recht in Nordrhein-Westfalen § 3 Rn. 185.

(3) Verfahrensrechtliche Vorgabe

196 **§ 39 Abs. 3 PolG NRW** normiert als verfahrensrechtliche Vorgabe, dass Personen grundsätzlich nur **von Personen gleichen Geschlechts oder Ärzten durchsucht** werden dürfen. Wird diese Vorgabe verletzt, ist die Durchsuchung rechtswidrig; eine Heilung kommt nicht in Betracht.[142]

cc) Durchsuchung von Sachen (§ 40 PolG NRW)

» Lesen Sie § 40 PolG NRW! «

197 § 40 PolG NRW ermächtigt die Polizei zur Durchsuchung von Sachen.

(1) Begriff der Sache i.S.d. § 40 PolG NRW

198 Unter Sachen i.S.d. § 40 PolG NRW sind alle **körperlichen Gegenstände** i.S.d. § 90 BGB zu verstehen, vor allem **bewegliche Sachen** wie Gepäckstücke, Fahrzeuge, Boote etc. Wie oben (Rn. 192) bereits festgestellt, wird von der Ermächtigung des § 40 PolG NRW allerdings nicht die Durchsuchung von Kleidung, die der Betroffene am Körper trägt, erfasst; diese darf nur nach Maßgabe des § 39 PolG NRW erfolgen. Der Begriff der Sache i.S.d. § 40 PolG NRW umfasst des Weiteren auch ein **Grundstück**. Wegen der Bestimmung des § 41 PolG NRW gehört die **Wohnung** jedoch **nicht** zu den Sachen i.S.d. § 40 PolG NRW.

(P)

199 Problematisch ist, ob ein **Fahrzeug, das ganz oder teilweise Wohnzwecken dient** (z.B. Wohnwagen, Lkw mit Schlafkoje), auf der Grundlage des § 40 PolG NRW durchsucht werden darf. An sich wird ein Fahrzeug vom Begriff der Sache i.S.d. § 40 PolG NRW umfasst. Allerdings könnte sich eine andere Beurteilung aus dem Umstand ergeben, dass das Fahrzeug ganz oder teilweise Wohnzwecken dient. Betrachtet man solche Fahrzeuge als Wohnung i.S.d. Art. 13 Abs. 1 GG, dürfen sie nur nach Maßgabe des § 41 PolG NRW durchsucht werden. Unter Berücksichtigung des Schutzzwecks des Art. 13 Abs. 1 GG, die Intimsphäre einer Person zu gewährleisten, wird die Einordnung eines Fahrzeugs als Wohnung im konkreten Einzelfall davon abhängen, ob das Fahrzeug **im Zeitpunkt der Durchsuchung Wohnzwecken dient** und daher **mit persönlichen Gegenständen ausgestattet** ist.

Beispiel Um Hotelkosten zu sparen, übernachtet L eine Nacht auf dem Rastplatz an einer BAB. Er hat sich in seinem Pkw u.a. mit einem Kissen, mit einer dicken Decke und mit Waschutensilien eingedeckt. – Hier ist der Pkw mit persönlichen Gegenständen ausgestattet und daher für die Dauer als Wohnungsersatz als Wohnung anzusehen. Eine polizeiliche Durchsuchung dürfte daher nur auf der Grundlage des § 41 PolG NRW stattfinden. ■

(2) Zulässigkeit der Durchsuchung von Sachen

200 § 40 Abs. 1 PolG NRW nennt abschließend sechs Gründe, bei deren Vorliegen eine Sache durchsucht werden kann. Wie § 39 PolG NRW klammert § 40 Abs. 1 PolG NRW die Durchsuchung im Rahmen einer Identitätsfeststellung nach § 12 Abs. 2 S. 4 PolG NRW aus.

201 Die Durchsuchung einer Sache kommt nach § 40 Abs. 1 PolG NRW in Betracht, wenn diese von einer Person mitgeführt wird, die nach § 39 PolG NRW durchsucht werden darf (Nr. 1), d.h. bei dieser Person muss ein Durchsuchungsgrund i.S.d. § 39 Abs. 1, Abs. 2 PolG NRW vor-

142 Vgl. *VG Köln* Urt. v. 25.11.2015 – 20 K 2624/14 – juris; *Pieroth/Schlink/Kniesel* Polizei- und Ordnungsrecht § 18 Rn. 5 mit dem Hinweis, dass in diesem Falle bei fortbestehender Gefahr die Voraussetzungen für eine erneute Durchsuchung der Person vorliegen können.

liegen. Eine Sache kann ferner durchsucht werden, wenn Tatsachen die Annahme rechtfertigen, dass sich in ihr eine Person befindet, die in Gewahrsam genommen werden darf, widerrechtlich festgehalten wird oder hilflos ist (Nr. 2), wenn Tatsachen die Annahme rechtfertigen, dass sich in ihr eine andere Sache befindet, die nach § 43 PolG NRW sichergestellt werden darf (Nr. 3), wenn sich die Sache an einem verrufenen Ort i.S.d. § 12 Abs. 1 Nr. 2 PolG NRW (s.o. Rn. 124) (Nr. 4) oder an einem gefährdeten Ort i.S.d. § 12 Abs. 1 Nr. 3 PolG NRW (s.o. Rn. 124) oder in dessen unmittelbarer Nähe befindet und Tatsachen die Annahme rechtfertigen, dass in oder an Objekten dieser Art Straftaten begangen werden sollen, durch die Personen oder diese Objekte gefährdet sind (Nr. 5) oder wenn es sich um ein Land-, Wasser- oder Luftfahrzeug handelt, in dem sich eine Person befindet, deren Identität nach § 12 Abs. 1 Nr. 4 PolG NRW festgestellt werden darf, wobei sich die Durchsuchung auch auf die in dem Fahrzeug enthaltenen Sachen erstrecken darf (Nr. 6).

(3) Verfahrensrechtliche Vorgabe

Als verfahrensrechtliche Vorgabe sieht **§ 40 Abs. 2 S. 1 PolG NRW** vor, dass der **Inhaber der tatsächlichen Gewalt** das Recht hat, bei der Durchsuchung **anwesend** zu sein. Im Falle seiner Abwesenheit soll sein Vertreter oder ein anderer Zeuge hinzugezogen werden (vgl. § 40 Abs. 2 S. 2 PolG NRW). Auf Verlangen ist dem Inhaber der tatsächlichen Gewalt eine **Bescheinigung über die Durchsuchung und ihren Grund** zu erteilen (vgl. **§ 40 Abs. 2 S. 3 PolG NRW**). 202

JURIQ-Klausurtipp

Bei einer Verletzung des § 40 Abs. 2 PolG NRW müssen Sie §§ 45, 46 VwVfG NRW in Betracht ziehen.

dd) Betreten und Durchsuchung von Wohnungen (§§ 41, 42 PolG NRW)

Die Ermächtigung zum Betreten und zur Durchsuchung von Wohnungen ist in §§ 41, 42 PolG NRW besonders gesetzlich geregelt. Der Grund hierfür ist **Art. 13 Abs. 2 GG**, nach dem Wohnungsdurchsuchungen nur durch den Richter, bei Gefahr im Verzug auch durch die in den Gesetzen vorgesehenen anderen Organe angeordnet und nur in der dort vorgeschriebenen Form durchgeführt werden. 203

» Lesen Sie §§ 41, 42 PolG NRW! «

(1) Begriff der Wohnung

Der Begriff der Wohnung i.S.d. § 41 PolG NRW entspricht dem der **Wohnung i.S.d. Art. 13 GG**. Der verfassungsrechtliche Begriff der Wohnung wird dadurch gekennzeichnet, dass eine Wohnung der **Schaffung einer Privatsphäre** dient, in der **der Einzelne das Recht** hat, **in Ruhe gelassen zu werden**. Außerdem zeichnet sich eine Wohnung durch eine **erkennbare räumliche Abgrenzung nach außen** aus (vgl. zum Ganzen näher Skript „Grundrechte" Rn. 599). 204

Der Begriff der Wohnung ist in **§ 41 Abs. 1 S. 2 PolG NRW legaldefiniert** und umfasst danach die **Wohn- und Nebenräume, Arbeits-, Betriebs- und Geschäftsräume sowie anderes befriedetes Besitztum**. Wohnungen in diesem Sinne sind daher vor allem Wohnhäuser, Wohnungen, als Wohnung genutzte Wohnwagen, Zelte, Hausboote etc. Nebenräume sind z.B. Keller, Dachböden, Wirtschaftsräume, Garagen etc. Arbeits-, Betriebs- und Geschäftsräume sind z.B. Verkaufsräume, Werkstätten, Praxisräume von Ärzten, Kanzleiräume von Rechtsan- 205 wälten etc. Befriedetes Besitztum ist z.B. ein Grundstück, das durch Zäune, Hecken o.ä. eingefriedet und nicht nur landwirtschaftlich genutzt wird.

206 **Inhaber der Wohnung** ist derjenige, der **rechtmäßig die tatsächliche Gewalt über die Räumlichkeit ausübt.**[143] In Gemeinschaftsunterkünften, die von Dritten geleitet werden (z.B. Obdachlosenunterkunft), ist der Leiter der Unterkunft der Wohnungsinhaber.

(2) Betreten und Durchsuchung

207 Als Rechtsfolge sieht § 41 PolG NRW das Betreten und die Durchsuchung von Wohnungen vor.

208 **Betreten** meint das Eindringen in die betreffenden Räume sowie das Verweilen in diesen Räumen.

Das Betreten umfasst **auch** das **schlichte Nach- und Umschauen in den betreffenden Räumen.**[144]

209 Dem Betreten i.S.d. § 41 PolG NRW geht die **hoheitliche Aufforderung** voraus, der Polizei **Eintritt** in die betreffende Wohnung **zu gewähren.**[145]

Beispiel G beabsichtigt, eine Bank zu überfallen. Kurz vor dem geplanten Coup taucht er bei seinem Bekannten K, der ganz in der Nähe der betreffenden Bank wohnt, unter, um den Überfall vorzubereiten. Die Polizei erhält einen anonymen Hinweis und fährt zur Wohnung des K. Die Polizei klingelt an der Wohnung des K und fordert K auf, die Wohnungstür zu öffnen. – Dem Betreten der Wohnung des K geht die polizeiliche Aufforderung voraus, der Polizei Eintritt in die Wohnung zu gewähren. Diese Aufforderung ist ein Verwaltungsakt i.S.d. § 35 VwVfG NRW, der seine Rechtsgrundlage in der polizeilichen Generalklausel des § 8 Abs. 1 PolG NRW hat.[146]

Variante 1:

K kommt dieser Aufforderung nach und lässt die Polizei in seine Wohnung. – Hier erfüllt K die polizeiliche Aufforderung, so dass die Polizei mit Willen des K dessen Wohnung betreten kann.

Variante 2:

K kommt dieser Aufforderung nicht nach. Die Polizei öffnet daraufhin gewaltsam die Wohnungstür und gelangt in die Wohnung des K. – Hier erfüllt K die polizeiliche Aufforderung nicht, so dass sich die Polizei gegen den Willen des K Eintritt in dessen Wohnung verschaffen muss. Diese Maßnahme ist eine Zwangsmaßnahme, mit der die ihr zugrundeliegende polizeiliche Anordnung, die Wohnungstür zu öffnen, vollstreckt wird.[147] Das anschließende Betreten und die Durchsuchung der Wohnung erfolgen dann auf der Grundlage des § 41 PolG NRW. ■

143 Vgl. *Wolffgang/Hendricks/Merz* Polizei- und Ordnungsrecht in Nordrhein-Westfalen Rn. 170–180.
144 Vgl. *Dietlein*, in: Dietlein/Hellermann Öffentliches Recht in Nordrhein-Westfalen § 3 Rn. 192.
145 Vgl. *Dietlein*, in: Dietlein/Hellermann Öffentliches Recht in Nordrhein-Westfalen § 3 Rn. 192.
146 Vgl. *Dietlein*, in: Dietlein/Hellermann Öffentliches Recht in Nordrhein-Westfalen § 3 Rn. 192; str.
147 Vgl. *Dietlein*, in: Dietlein/Hellermann Öffentliches Recht in Nordrhein-Westfalen § 3 Rn. 192; str.

JURIQ-Klausurtipp

In der Fallbearbeitung müssen Sie zwischen den einzelnen Maßnahmen der Polizei unterscheiden und in einem Rechtsbehelfsverfahren entsprechend differenziert prüfen. Das beginnt u.U. bereits bei der Frage, welche der polizeilichen Maßnahmen rechtlich überprüft werden sollen (vgl. § 88 VwGO [u.U. analog]).

Durchsuchung meint das ziel- und zweckgerichtete Suchen nach Personen oder Sachen durch staatliche Organe bzw. deren Bestreben, etwas aufzuspüren, was der Inhaber einer Wohnung nicht offenzulegen bereit ist. **210**

Die Durchsuchung einer Wohnung steht unter dem Richtervorbehalt des Art. 13 Abs. 2 GG (s.u. Rn. 215).

(3) Voraussetzungen für das Betreten und die Durchsuchung von Wohnungen

Nach § 41 Abs. 1 PolG NRW kommen das Betreten und die Durchsuchung von Wohnungen **211**
in den folgenden, abschließend genannten **vier Fällen** in Betracht:

- Tatsachen rechtfertigen die Annahme, dass sich in der Wohnung eine **Person** befindet, die nach § 10 Abs. 3 PolG NRW **vorgeführt** oder nach § 35 PolG NRW **in Gewahrsam genommen** werden darf (Nr. 1). Das Betreten und die Durchsuchung der Wohnung dienen dem **Auffinden der betreffenden Person**.
- Tatsachen rechtfertigen die Annahme, dass sich in der Wohnung eine **Sache** befindet, die nach § 43 Nr. 1 PolG NRW **sichergestellt** werden darf (Nr. 2). Das Betreten und die Durchsuchung dienen dem **Auffinden der betreffenden Sache**.
- Von einer Wohnung gehen **Immissionen** aus, die nach Art, Ausmaß oder Dauer zu einer **erheblichen Belästigung der Nachbarschaft** führen (Nr. 3).
- Das Betreten und die Durchsuchung der Wohnung sind zur **Abwehr einer gegenwärtigen Gefahr für Leib, Leben oder Freiheit einer Person oder für Sachen von bedeutendem Wert erforderlich** (Nr. 4). Diese Gefahr muss ihre Ursache nicht unbedingt in der betreffenden Wohnung haben. Es genügt, wenn es erforderlich ist, dass von der betreffenden Wohnung aus Gefahrenabwehrmaßnahmen durchgeführt werden.[148]

Beispiel Im Gerichtsgebäude findet eine Geiselnahme statt. Die Polizei will rund um das Gebäude Scharfschützen positionieren, um den Geiselnehmer in einem günstigen Moment ggf. erschießen zu können. Zu diesem Zwecke fordert sie A auf, der Polizei Zutritt in ihre Wohnung zu gewähren. – Hier geht keine Gefahr von der Wohnung der A aus. Ihre Wohnung bietet aber einen geeigneten Standort, um von hier aus notwendige Maßnahmen zur Gefahrenabwehr durchzuführen. ■

Während der **Nachtzeit**, d.h. in den Monaten April bis September zwischen 21 Uhr und **212**
4 Uhr und in den Monaten Oktober bis März zwischen 21 Uhr und 6 Uhr (vgl. § 104 Abs. 3 StPO) sind das **Betreten** und die **Durchsuchung** einer Wohnung nur in den **Fällen des § 41 Abs. 1 Nrn. 3 und 4 PolG NRW zulässig** (vgl. **§ 41 Abs. 2 PolG NRW**).

148 Vgl. *Dietlein*, in: Dietlein/Hellermann Öffentliches Recht in Nordrhein-Westfalen § 3 Rn. 193.

213 **§ 41 Abs. 3 PolG NRW** ermächtigt die Polizei, Wohnungen zur Abwehr dringender Gefahren jederzeit zu **betreten**, wenn Tatsachen die Annahme rechtfertigen, dass dort Personen Straftaten von erheblicher Bedeutung verabreden, vorbereiten oder verüben oder sich dort Personen treffen, die gegen aufenthaltsrechtliche Strafvorschriften verstoßen, oder sich dort gesuchte Straftäter verbergen (Nr. 1) oder wenn die Wohnungen der Prostitution dienen (Nr. 2).

214 **Arbeits-, Betriebs- und Geschäftsräume** sowie **andere Räume und Grundstücke, die der Öffentlichkeit zugänglich sind oder waren und den Anwesenden zum weiteren Aufenthalt zur Verfügung stehen**, können zum Zwecke der Gefahrenabwehr (§ 1 Abs. 1 PolG NRW) während der Arbeits-, Geschäfts- oder Aufenthaltszeit **betreten** werden (vgl. **§ 41 Abs. 4 PolG NRW**).

Hinweis

Beachten Sie, dass § 41 Abs. 3 und 4 PolG NRW nur zum *Betreten* der betreffenden Räume, nicht zu deren Durchsuchung ermächtigt.

(4) Verfahrensrechtliche Vorgaben

215 Vor dem Hintergrund des Art. 13 Abs. 2 GG dürfen Durchsuchungen von Wohnungen **grundsätzlich** nur durch den **Richter** angeordnet werden (vgl. § 42 Abs. 1 S. 1 PolG NRW). Zuständig ist das Amtsgericht, in dessen Bezirk die Wohnung liegt (§ 42 Abs. 1 S. 2 PolG NRW). Eine **Ausnahme** vom Richtervorbehalt gilt jedoch bei **Gefahr im Verzug** (vgl. § 42 Abs. 1 S. 1 PolG NRW), d.h. wenn der Erfolg einer Maßnahme durch eine vorherige Befassung des Richters zeitlich gefährdet würde, wobei insoweit ein strenger Maßstab anzulegen ist.[149]

216 Für die Durchsuchung einer Wohnung normieren die **§ 42 Abs. 2 ff. PolG NRW** verschiedene **verfahrensrechtliche Vorgaben zugunsten des Wohnungsinhabers**. Bezüglich Einzelheiten lesen Sie bitte § 42 Abs. 2 bis 6 PolG NRW.

JURIQ-Klausurtipp

Die Verletzung einer verfahrensrechtlichen Vorgabe führt regelmäßig zur formellen Rechtswidrigkeit der polizeilichen Maßnahme. Denken Sie aber an §§ 45, 46 VwVfG NRW. Eine Heilungsmöglichkeit besteht allerdings nicht bei einem Verstoß gegen den Richtervorbehalt.[150]

217 Die in **§ 42 PolG NRW** normierten verfahrensrechtlichen Vorgaben gelten nur für die **Durchsuchung von Wohnungen** (vgl. nur die amtliche Überschrift des § 42 PolG NRW „Verfahren bei der Durchsuchung von Wohnungen"). Für das Betreten von Wohnungen einschließlich der mitumfassten Nach- und Umschau gelten sie dagegen nicht.

Hinweis

Denken Sie beim Betreten von Wohnungen aber an Art. 13 Abs. 7 GG (s. dazu Skript „Grundrechte" Rn. 617 ff.).

---

149 Vgl. *BVerfGE* 103, 142; *Dietlein*, in: Dietlein/Hellermann Öffentliches Recht in Nordrhein-Westfalen § 3 Rn. 196.

150 Vgl. *Pieroth/Schlink/Kniesel* Polizei- und Ordnungsrecht § 18 Rn. 29 (i.V.m. § 17 Rn. 10) und Rn. 31.

e) Sicherstellung (§ 43 PolG NRW)

aa) Begriff der Sicherstellung

218 § 43 PolG NRW ermächtigt die Polizei zur Sicherstellung von Sachen.

» Lesen Sie § 43 PolG NRW! «

Hinweis

Über § 24 Nr. 13 PolG NRW steht die Sicherstellung auch der Ordnungsverwaltung zur Verfügung.

219 **Sicherstellung** meint die hoheitliche Entziehung des Gewahrsams an einer Sache ohne oder gegen den Willen des Berechtigten und die Begründung eines amtlichen Gewahrsams.

Die Sicherstellung enthält als **Grundverfügung** das hoheitliche Verlangen an den Gewahrsamsinhaber, eine Sache in amtlichen Gewahrsam zu geben. Von dieser Grundverfügung ist die **Durchführung der Sicherstellung** zu unterscheiden. Insoweit sind zwei Konstellationen zu unterscheiden: Übergibt der Gewahrsamsinhaber die betreffende Sache freiwillig, wird die Sicherstellung mittels Entgegennahme der Sache durch den Hoheitsträger durchgeführt. Übergibt der Gewahrsamsinhaber die betreffende Sache nicht freiwillig, wird die Sicherstellung nach h.M. im Wege des unmittelbaren Zwangs vollstreckt.[151]

220 Die Sicherstellung muss die **Neubegründung** eines amtlichen Gewahrsams an der betreffenden Sache **zum Ziel** haben. Das ergibt sich aus der mit der Sicherstellung unmittelbar verbundenen Verwahrung nach § 44 PolG NRW, die sich an die Sicherstellung anschließt und den Erfolg der Sicherstellung gewährleistet.[152] Mit der Neubegründung des amtlichen Gewahrsams wird ein **öffentlich-rechtliches Verwahrungsverhältnis** geschaffen. Eine Sicherstellung, die die sichergestellte Sache im Gewahrsam des Betroffenen belässt, ist nach dem Polizeigesetz NRW nicht möglich.[153]

221 Ob eine polizeiliche Maßnahme auf die Neubegründung eines amtlichen Gewahrsams an einer Sache gerichtet ist, bestimmt sich nach dem **Willen der handelnden Behörde**. Sofern die Behörde einen amtlichen Gewahrsam an der Sache begründen will, liegt eine Sicherstellung i.S.d. § 43 PolG NRW vor; andernfalls handelt es sich um eine Maßnahme, die auf der Grundlage der Generalklausel des § 8 Abs. 1 PolG NRW (bzw. § 14 Abs. 1 OBG) ergeht.

222 In folgenden drei Fallkonstellationen ist umstritten, ob eine Sicherstellung nach § 43 PolG NRW vorliegt.

Fallkonstellation 1 P besitzt ein Mehrfamilienhaus in der Innenstadt von K. Eine Wohnung steht seit langer Zeit leer. Eines Tages weist die zuständige Behörde den obdachlosen F in die Wohnung des P ein. – Nach einer Ansicht liegt eine behörd-

151 Vgl. *OVG NRW* NVwZ-RR 1991, 556; krit. *Dietlein*, in: Dietlein/Hellermann Öffentliches Recht in Nordrhein-Westfalen § 3 Rn. 198.
152 Vgl. *OVG NRW* NVwZ-RR 1991, 556.
153 Vgl. *OVG NRW* NVwZ-RR 1991, 556.

liche Sicherstellung nach § 24 Nr. 13 OBG i.V.m. § 43 PolG NRW vor. Diese Ansicht steht auf dem Standpunkt, dass eine Sicherstellung nicht unbedingt voraussetze, dass die sicherzustellende Sache aus dem faktischen Einwirkungsbereich des Gewahrsamsinhabers herausgelöst werde; es genüge vielmehr, dass die rechtliche Verfügungsmacht des Gewahrsamsinhabers ausgeschlossen werde.[154] Die zum Schutz der Gesundheit und der Menschenwürde des Obdachlosen erfolgende hoheitliche Inverfügungnahme der Wohnung begründe hoheitlichen Gewahrsam an der Wohnung. Dem stehe nicht entgegen, dass die Polizei die Ausübung des durch sie zunächst begründeten Gewahrsams den eingewiesenen Obdachlosen überlasse.[155]

Nach anderer Ansicht liegt dagegen keine Sicherstellung vor. Zur Begründung führt diese Ansicht vor allem den Zweck einer Sicherstellung und der unmittelbar damit verbundenen öffentlich-rechtlichen Verwahrung an. Eine öffentlich-rechtliche Verwahrung diene der Abwehr einer Gefahr, die von der in Verwahrung genommenen Sache selbst ausgehe oder für die in Verwahrung genommene Sache drohe. Bei einer Zurverfügungstellung einer leer stehenden Wohnung zwecks Unterbringung eines Obdachlosen werde dieser Zweck nicht verfolgt.[156] Nach dieser Ansicht erfolgt die Unterbringung des F in die Wohnung des P nicht im Wege der Sicherstellung nach § 43 PolG NRW, sondern auf der Grundlage der ordnungsbehördlichen Generalklausel nach § 14 Abs. 1 OBG. ■

Fallkonstellation 2 R stellt ihren Pkw im absoluten Halteverbot vor dem Supermarkt ab, um ihren Wocheneinkauf zu erledigen. Als sie zurückkommt, muss sie feststellen, dass ihr Pkw in der Zwischenzeit abgeschleppt und auf einen privaten Autohof gebracht wurde. – Überwiegend wird angenommen, dass das Abschleppen verbotswidrig abgestellter Fahrzeuge keine Sicherstellung sei. Zur Begründung wird angeführt, dass die Entziehung des Gewahrsams nicht der eigentliche Zweck der Maßnahme sei, sondern vielmehr die Entfernung des Pkw von seinem Standort. Mit der Entfernung sei die Störung der öffentlichen Sicherheit aufgehoben. Bei der Verwahrung des abgeschleppten Pkw auf dem Autohof bestehe kein alleiniger hoheitlicher Gewahrsam.[157] Nach dieser Ansicht erfolgt das Abschleppen des verbotswidrig abgestellten Pkw nicht im Wege der Sicherstellung, sondern im Wege der Ersatzvornahme als Vollstreckungsmaßnahme zur Durchsetzung des Entfernungsgebots.

Dieser Ansicht wird entgegengehalten, dass deren Argumente nicht sämtlich zwingend seien; teilweise sprächen sie gegen das Ergebnis, denn die Ersatzvornahme trete ersatzweise nur an die Stelle der Entfernung des Pkw von seinem Standort. Die Sicherstellung des Pkw sei notwendig, um die Verkehrsordnungswidrigkeit zu beenden, wenn der Pkw nicht einfach umgesetzt werden könne, weil Platz dafür in unmittelbarer Nähe nicht zur Verfügung stehe.[158] Nach dieser Ansicht wird ein verbotswidrig abgestellter Pkw im Wege der Sicherstellung von seinem Standort entfernt. ■

Fallkonstellation 3 Wie Fallkonstellation 2, aber mit dem Unterschied, dass R in ihrer Hektik vergessen hat, ihren Pkw abzuschließen. Eine vorbeigehende Polizeistreife bemerkt das und lässt den Pkw der R daher abschleppen. – In dieser Fallkonstellation wird wohl

---

154 Vgl. *Dietlein*, in: Dietlein/Hellermann Öffentliches Recht in Nordrhein-Westfalen § 3 Rn. 199.

155 Vgl. *Schenke* Polizei- und Ordnungsrecht Rn. 162; a.A. *Erichsen/Biermann* Jura 1998, 371.

156 Vgl. zum Ganzen *Volkmann* JuS 2001, 888.

157 Vgl. zum Ganzen *Schenke* Polizei- und Ordnungsrecht Rn. 164, der im Übrigen zwischen verschiedenen Fallgestaltungen differenziert.

158 Vgl. zum Ganzen *Götz* Allgemeines Polizei- und Ordnungsrecht § 8 Rn. 60.

unstreitig angenommen, dass das Abschleppen des Pkw im Wege der Sicherstellung erfolgt. Die Maßnahme dient dem Schutz der R vor dem Verlust ihres Pkw.[159] ■

bb) Gegenstand der Sicherstellung

Gegenstand einer Sicherstellung können **bewegliche Sachen** und **unbewegliche Sachen** sein.[160] Gemäß § 5 Abs. 1 S. 2 PolG NRW gehören auch **Tiere** zu den Sachen i.S.d. PolG NRW. **Nicht sicherstellungsfähig** sind jedoch **Presseerzeugnisse**; insoweit sind die strafprozessualen Regelungen über die Pressebeschlagnahme (§§ 111m, 111n StPO) abschließend (merke hierzu das Stichwort: „Polizeifestigkeit der Pressefreiheit“).[161] Nicht sicherstellungfähig sind ferner grundsätzlich **herrenlose Sachen**, d.h. Sachen, an denen Rechte Dritter nicht bestehen (z.B. wilde Tiere). Etwas **anderes** gilt jedoch für Sachen, deren Eigentum aufgegeben wurde, denn eine **Dereliktion** hebt die gefahrenabwehrrechtliche Verantwortlichkeit des Betroffenen nicht auf (vgl. **§ 5 Abs. 3 PolG NRW**). 223

Beispiel 1 Eine wild lebende Katze wird von einem Pkw angefahren und an der Unfallstelle liegen gelassen. Die Polizei findet das schwer verletzt Tier auf der Straße. – Bei der wild lebenden Katze handelt es sich um eine herrenlose Sache, die nicht sichergestellt werden kann. ■

Beispiel 2 T ist seiner Katze überdrüssig und will sie loswerden. Daher setzt er sie nachts auf einer Landstraße ab. Kurz darauf wird die Katze von einem Pkw angefahren und an der Unfallstelle liegen gelassen. Die Polizei findet das schwer verletzte Tier auf der Straße. – T hat das Eigentum an der Katze aufgegeben. Dies befreit ihn aber nicht von seiner polizeilichen Verantwortlichkeit für das Tier (vgl. § 5 Abs. 3 PolG NRW). Das auf der Straße liegende Tier stellt eine Gefahr für die öffentliche Sicherheit dar. Die Polizei kann die Katze des T sicherstellen. ■

cc) Voraussetzungen der Sicherstellung

Nach § 43 PolG NRW kommt eine Sicherstellung in den folgenden Fällen in Betracht: 224

- Zur **Abwehr einer gegenwärtigen Gefahr** (Nr. 1), wobei die Gefahr zunächst von der **Sache selbst** ausgehen kann (z.B. tollwütiger Hund; Waffen), des Weiteren ihre Ursache zwar nicht in der Sache selbst haben muss, aber die Sicherstellung der Sache die **effektivste Maßnahme** zur Abwehr der gegenwärtigen Gefahr bildet (z.B. Sicherstellung des Pkw eines Volltrunkenen) oder die Sicherstellung der Sache als **Mittel zur Gefahrenabwehr** erfolgen kann (z.B. Sicherstellung einer leer stehenden Wohnung zwecks Einweisung eines Obdachlosen, vgl. oben Rn. 222), wenn die Voraussetzungen des polizeilichen Notstandes erfüllt sind.[162]

Problematisch ist, ob **Film- und Fotoaufnahmen über einen Polizeieinsatz** sichergestellt werden dürfen. Das Herstellen solcher Aufnahmen ist nicht verboten, wohl aber das Verbreiten oder Ausstellen solcher Aufnahmen (vgl. §§ 22, 23, 33 KunstUrhG[163]). Die Herstellung von

---

159 Vgl. allgemein *VGH Bayern* BayVBl 2015, 238; *Dietlein*, in: Dietlein/Hellermann Öffentliches Recht in Nordrhein-Westfalen § 3 Rn. 199.

160 Vgl. *Tegtmeyer/Vahle* Polizeigesetz Nordrhein-Westfalen § 43 Rn. 4.

161 Vgl. *Götz* Allgemeines Polizei- und Ordnungsrecht § 8 Rn. 62.

162 Vgl. *Dietlein*, in: Dietlein/Hellermann Öffentliches Recht in Nordrhein-Westfalen § 3 Rn. 201 (str.).

163 Gesetz betreffend das Urheberrecht an Werken der bildenden Künste und der Photographie (BGBl. III, Gliederungsnummer 440-3).

Aufnahmen über einen Polizeieinsatz ist durch das Grundrecht auf Pressefreiheit aus Art. 5 Abs. 1 S. 2 GG (s. dazu Skript „Grundrechte" Rn. 337 ff.) geschützt. Eine Sicherstellung solcher Aufnahmen kommt nur in Betracht, wenn eine gegenwärtige Gefahr für eine Verletzung des Persönlichkeitsrechts eines Polizisten oder Dritter besteht. Die Pressefreiheit und das Persönlichkeitsrecht des Betroffenen müssen im Einzelfall sorgfältig gegeneinander abgewogen werden.[164]

- Um den Eigentümer oder den rechtmäßigen Inhaber der tatsächlichen Gewalt **vor Verlust oder Beschädigung einer Sache zu schützen** (Nr. 2) (s. z.B. oben Rn. 222). Dabei stehen der Schutz privater Rechte und ein Handeln im mutmaßlichen Interesse des Eigentümers oder des rechtmäßigen Inhabers der Sache in Rede.[165]
- Wenn sie von einer **Person** mitgeführt wird, die nach diesem Gesetz oder anderen Rechtsvorschriften **festgehalten** wird, und die Sache **verwendet** werden kann, um **sich** zu **töten** oder zu **verletzten** (lit. a), **Leben oder Gesundheit anderer** zu **schädigen** (lit. b), **fremde Sachen** zu **beschädigen** (lit. c) oder die **Flucht** zu **ermöglichen** oder zu **erleichtern** (lit. d) (Nr. 3). Dabei genügt die *potentielle* Verwendbarkeit für einen der genannten Zwecke.[166]

dd) Rechtsnatur der adressatenneutralen Sicherstellung

225 Aus den Ausführungen oben (Rn. 219) ergibt sich, dass die Sicherstellung grundsätzlich als Verwaltungsakt i.S.d. § 35 VwVfG NRW zu qualifizieren ist, der ggf. vollstreckt werden muss. Als Verwaltungsakt wird die Sicherstellung gemäß § 43 Abs. 1 VwVfG wirksam, wenn sie dem Betroffenen bekannt gegeben wird. Unter der Bekanntgabe eines Verwaltungsaktes wird allgemein die mit Wissen und Wollen der Behörde erfolgende Eröffnung des Verwaltungsaktes gegenüber dem Betroffenen verstanden.[167] Probleme ergeben sich insoweit in den Fällen, in denen der Betroffene nicht anwesend ist. So ist im Falle des § 43 Nr. 2 PolG NRW regelmäßig keine Person anwesend, der gegenüber die Sicherstellung verfügt werden könnte. In diesem Falle – ebenso wie in den sonstigen Fällen, in denen der eigentliche Adressat der Sicherstellung nicht anwesend ist – stellt sich die Frage nach der Rechtsnatur der Sicherstellung. Diese Frage wird dahingehend beantwortet, dass im Falle einer sog. **adressatenneutralen Sicherstellung** ein **Realakt** vorliege.[168]

JURIQ-Klausurtipp

Die Problematik der adressatenneutralen Sicherstellung wird nur relevant, wenn diejenige Person, der gegenüber die Sicherstellung verfügt werden soll, nicht anwesend ist. Da die adressatenneutrale Sicherstellung ein Realakt ist, kann sich der Betroffene dagegen mittels Leistungs- oder Feststellungsklage oder im Wege des einstweiligen Rechtsschutzes nach § 123 VwGO wehren.

164 Vgl. zum Ganzen *Götz* Allgemeines Polizei- und Ordnungsrecht § 8 Rn. 63.

165 Vgl. *Dietlein*, in: Dietlein/Hellermann Öffentliches Recht in Nordrhein-Westfalen § 3 Rn. 203.

166 Vgl. *Dietlein*, in: Dietlein/Hellermann Öffentliches Recht in Nordrhein-Westfalen § 3 Rn. 204.

167 Vgl. *Ramsauer*, in: Kopp/Ramsauer VwVfG § 41 Rn. 6.

168 Vgl. *OVG NRW* NVwZ-RR 2000, 429; *Dietlein*, in: Dietlein/Hellermann Öffentliches Recht in Nordrhein-Westfalen § 3 Rn. 198.

ee) Verfahrensrechtliche Vorgaben bei der Verwahrung und der Verwertung einer sichergestellten Sache

Mit einer Sicherstellung nach § 43 PolG NRW notwendig verbunden ist die **Inverwahrungnahme** der sichergestellten Sache (vgl. **§ 44 Abs. 1 S. 1 PolG NRW**). § 44 PolG NRW enthält einige verfahrensrechtliche Vorgaben: z.B. die Pflicht, dem Betroffenen eine **Bescheinigung** auszustellen, die den **Grund der Sicherstellung** erkennen lässt und die **sichergestellten Sachen bezeichnet** (vgl. **§ 44 Abs. 2 S. 1 PolG NRW**); ferner die Pflicht, den Eigentümer oder den rechtmäßigen Inhaber der tatsächlichen Gewalt **unverzüglich zu unterrichten** (vgl. **§ 44 Abs. 2 S. 3 PolG NRW**). 226

» Lesen Sie §§ 44–46 PolG NRW! «

JURIQ-Klausurtipp

Denken Sie im Falle einer Verletzung der verfahrensrechtlichen Vorgaben an §§ 45, 46 VwVfG NRW!

Kommt eine Verwahrung nach Maßgabe des § 43 PolG NRW nicht in Betracht, kann die sichergestellte Sache **verwertet** werden. 227

Verwertung meint die Realisierung des in der sichergestellten Sache verborgenen finanziellen Wertes.

Die Verwertung der sichergestellten Sache erfolgt regelmäßig im Wege der **öffentlichen Versteigerung** (vgl. **§ 45 Abs. 3 S. 1 Hs. 1 PolG NRW**).

Eine Verwertung der sichergestellten Sache kommt unter den in **§ 45 Abs. 1 PolG NRW** abschließend genannten **Voraussetzungen** in Betracht, und zwar dann, wenn der **Verderb** oder eine **wesentliche Wertminderung** droht (Nr. 1), wenn die Verwahrung, die Pflege oder die Erhaltung mit **unverhältnismäßig hohen Kosten oder Schwierigkeiten** verbunden ist (Nr. 2), wenn die sichergestellte Sache infolge ihrer **Beschaffenheit** nicht so verwahrt werden kann, dass **weitere Gefahren für die öffentliche Sicherheit** ausgeschlossen sind (Nr. 3), wenn die sichergestellte Sache nach einer **Frist von einem Jahr** nicht an die berechtigte Person herausgegeben werden kann, ohne dass die Voraussetzungen der Sicherstellung erneut eintreten würden (Nr. 4), oder wenn die berechtigte Person die sichergestellte Sache **nicht** innerhalb einer ausreichend bemessenen Frist **abholt**, obwohl ihr eine Mitteilung über die Frist mit dem Hinweis zugestellt worden ist, dass die Sache verwertet wird, wenn sie nicht innerhalb der Frist abgeholt wird (Nr. 5). 228

Kommt eine Verwertung der sichergestellten Sache nicht in Betracht, kann die Sache unter den in **§ 45 Abs. 4 PolG NRW** genannten Voraussetzungen **unbrauchbar** gemacht oder **vernichtet** werden. Bei der Vernichtung handelt es sich mit Blick auf das Eigentumsgrundrecht aus Art. 14 Abs. 1 GG (s. dazu Skript „Grundrechte" Rn. 639 f.) um eine **Inhalts- und Schrankenbestimmung**.[169] 229

Die **Folgen** des **Wegfalls der Voraussetzungen der Sicherstellung** und der **Verwertung der sichergestellten Sache** sind **in § 46 Abs. 1 und Abs. 2 PolG NRW** geregelt. Fragen der **Kostentragung der Sicherstellung und Verwahrung** sind in **§ 46 Abs. 3 PolG NRW** geregelt. 230

169 Vgl. *Dietlein*, in: Dietlein/Hellermann Öffentliches Recht in Nordrhein-Westfalen § 3 Rn. 208.

3. Vorliegen der Tatbestandsvoraussetzungen der polizei- und ordnungsrechtlichen Generalklausel

231 Ist weder eine spezialgesetzliche Ermächtigungsgrundlage noch eine polizei- bzw. ordnungsrechtliche Standardermächtigung einschlägig, untersuchen Sie in einem dritten Schritt, ob die Gefahrenabwehrverfügung auf die polizei- bzw. ordnungsrechtliche Generalklausel des § 8 Abs. 1 PolG NRW bzw. § 14 Abs. 1 OBG gestützt werden kann. Die polizei- und ordnungsrechtliche Generalklausel hat zwei Tatbestandsvoraussetzungen: Zum einen muss eine **Gefahr** vorliegen und zum anderen muss diese Gefahr für die **öffentliche Sicherheit oder Ordnung** bestehen. Mit den beiden zuletzt genannten unbestimmten und daher gerichtlich voll überprüfbaren Rechtsbegriffen[170] wollen wir uns im Folgenden zuerst und danach mit dem Gefahrenbegriff beschäftigten.

a) Schutzgut „öffentliche Sicherheit"

» Lesen Sie § 8 Abs. 1 PolG NRW und § 14 Abs. 1 OBG! «

232 Gemäß § 8 Abs. 1 PolG NRW bzw. § 14 Abs. 1 OBG kann die Polizei bzw. die Ordnungsverwaltung die notwendigen Maßnahmen treffen, um eine im Einzelfall bestehende Gefahr für die öffentliche Sicherheit oder Ordnung (Gefahr) abzuwehren. Im Rahmen der gefahrenabwehrrechtlichen Generalklausel stellt die öffentliche Sicherheit das **zentrale Schutzgut** dar.

233 **Öffentliche Sicherheit** umfasst den Schutz der Unverletzlichkeit der objektiven Rechtsordnung, den Schutz der subjektiven Rechte und Rechtsgüter des Einzelnen sowie den Schutz des Bestandes des Staates und sonstiger Träger der öffentlichen Gewalt, ihrer Einrichtungen und Veranstaltungen.

Der Definition des Begriffs der öffentlichen Sicherheit ist zu entnehmen, dass beim Schutzgut der öffentlichen Sicherheit **drei Kategorien von Schutzgütern** zu unterscheiden sind:[171]

Öffentliche Sicherheit		
Schutz der Unverletzlichkeit der objektiven Rechtsordnung	Schutz der subjektiven Rechte und Rechtsgüter des Einzelnen	Schutz des Bestandes des Staates und sonstiger Träger öffentlicher Gewalt, ihrer Einrichtungen und ihrer Veranstaltungen

JURIQ-Klausurtipp

In der Fallbearbeitung prüfen Sie immer zuerst, ob das Schutzgut der Unverletzlichkeit der objektiven Rechtsordnung vorliegt. Wenn das der Fall ist, brauchen Sie auf die beiden anderen Schutzgüter der öffentlichen Sicherheit grundsätzlich nicht mehr einzugehen.

170 Vgl. *Schenke* Polizei- und Ordnungsrecht Rn. 51.

171 Vgl. *Götz* Allgemeines Polizei- und Ordnungsrecht § 4 Rn. 6. Die Terminologie der Unterscheidung ist unterschiedlich.

aa) Schutz der Unverletzlichkeit der objektiven Rechtsordnung

234 Der Schutz der Unverletzlichkeit der objektiven Rechtsordnung umfasst den **Schutz aller hoheitlich gesetzten Verhaltensnormen**.

Der Schutz der Unverletzlichkeit der objektiven Rechtsordnung steht in der Definition an erster Stelle. Dadurch wird dem Umstand Rechnung getragen, dass es sich bei der Unverletzlichkeit der objektiven Rechtsordnung um ein **besonders bedeutsames Schutzgut** handelt. Um seine Ordnungsgewalt sicherstellen zu können, muss der Staat die Möglichkeit haben, die Verbindlichkeit der objektiven Rechtsordnung durchzusetzen.[172]

235 **Objektive Rechtsordnung** meint die Gesamtheit des geschriebenen Rechts.

Zur Rechtsordnung gehören daher das Grundgesetz, die Verfassung NRW, Parlamentsgesetze und alle materiellen Gesetze (Rechtsverordnungen, Satzungen). Die Rechtsordnung schließt das **Allgemeine und Besondere Verwaltungsrecht**, das **Straf- und Ordnungswidrigkeitenrecht**, das **Privatrecht** und das **Europarecht** ein.[173] Die Relevanz des Schutzguts der Unverletzlichkeit der objektiven Rechtsordnung muss bei **Normen des Privatrechts** allerdings **differenziert** betrachtet werden: Soweit Normen des Privatrechts auch einem öffentlichen Interesse dienen, ist die Unverletzlichkeit der objektiven Rechtsordnung von Bedeutung. Anders verhält es sich dagegen bei Normen, die ausschließlich privatrechtlicher Natur sind. Bei ihnen besteht nur eine subsidiäre Zuständigkeit oder Eilzuständigkeit der Polizei nach § 1 Abs. 2 PolG NRW.

» Wiederholen Sie an dieser Stelle die verschiedenen Gesetzesbegriffe und die Normenpyramide des deutschen Rechts z.B. im Skript „Staatsorganisationsrecht“! «

bb) Schutz der Rechte und Rechtsgüter des Einzelnen

236 **Schutz der Rechte und Rechtsgüter des Einzelnen** umfasst den Schutz aller Privatrechte, insbesondere des Eigentums, des Besitzes, des allgemeinen Persönlichkeitsrechts, des Namensrechts und sonstiger Rechte, und der geschützten Rechtsgüter wie Leben, Gesundheit, Freiheit.

Beispiel Die unfreiwillig obdachlose Familie H wird vom Bürgermeister der Stadt M in eine leer stehende Wohnung eingewiesen. – Obdachlosigkeit gefährdet geschützte Rechtsgüter des Betroffenen (insbesondere Gesundheit und Leben). ■

Ein Tätigwerden im Rahmen der Gefahrenabwehr setzt bei einer Gefährdung von Rechten oder Rechtsgütern Einzelner allerdings voraus, dass zumindest **auch** ein **öffentliches Interesse am polizeilichen Schutz** besteht. In unserem *Beispiel* der unfreiwillig obdachlosen Familie H ist das der Fall, denn der Staat ist zum Schutz des Lebens und der Gesundheit des Einzelnen verpflichtet (s. dazu Skript „Grundrechte“ Rn. 251 f.).

237 Geht es dagegen um den Schutz privater Rechte des Einzelnen, an deren Schutz nicht auch ein öffentliches Interesse besteht und die daher **ausschließlich privatrechtlicher Natur** sind, obliegt der Schutz dieser Rechte grundsätzlich allein den ordentlichen Gerichten (vgl. § 13 GVG[174]) und den Vollstreckungsorganen, die zur Durchsetzung von Entscheidungen der

172 Vgl. hierzu *Dietlein*, in: Dietlein/Hellermann Öffentliches Recht in Nordrhein-Westfalen § 3 Rn. 53.
173 Vgl. näher *Pieroth/Schlink/Kniesel* Polizei- und Ordnungsrecht § 8 Rn. 11 ff.
174 Gerichtsverfassungsgesetz (*Schönfelder* Nr. 95).

ordentlichen Gerichte berufen sind (z.B. Gerichtsvollzieher).[175] **Maßnahmen der Gefahrenabwehr** durch die Ordnungsverwaltung und die Polizei kommen hier **grundsätzlich** nur **subsidiär** in Betracht:

- Für die **Ordnungsverwaltung** gilt: Der Begriff der Gefahrenabwehr ist zunächst nur auf den Schutz der Allgemeinheit durch Wahrung der öffentlichen Sicherheit und Ordnung bezogen (vgl. Ziff. 1.11 S. 1 VV OBG). Der Schutz privater Rechte fällt nur dann in den Bereich der der Ordnungsverwaltung obliegenden Gefahrenabwehr, wenn das zu schützende Recht hinreichend glaubhaft gemacht ist,[176] gerichtlicher Schutz nicht rechtzeitig zu erlangen ist,[177] und die Gefahr besteht, dass ohne ordnungsbehördliche Hilfe die Durchsetzung des Rechts nicht möglich ist oder wesentlich erschwert wird (vgl. Ziff. 1.11 S. 2 VV OBG). In der Praxis wird der uniformierte Ordnungsvollzugsdienst einer Kommune gelegentlich zum Schutz privater Rechte z.B. bei der Identitätsfeststellung von Schwarzfahrern tätig. Zutreffend stellt *Schönenbroicher*[178] hierzu fest, ganz allgemein werde man daher sagen können, dass die Ordnungsbehörde immer dann berechtigt sei, ein Eingreifen zum Schutz des Einzelnen abzulehnen, wenn der Einzelne seine Rechte selbst wahrnehmen könne und ihm das auch zuzumuten sei, insbesondere also, wenn derjenige, der die Hilfe der Behörde in Anspruch nehmen wolle, sein Recht beim Zivilgericht selbst verfolgen könne. Dies gelte etwa hinsichtlich privater Grenzstreitigkeiten, Streitigkeiten um überhängende Zweige und dergleichen. Hier sei das private bürgerliche Recht (BGB und Nachbarrecht) einschlägig, es bestehe eine Zuständigkeit (des Schiedsmanns und) des Zivilgerichts, und der Staat halte nicht noch zusätzliche öffentlich-rechtliche Personalkapazitäten bei den Kommunen bereit, um derartige Zivilrechtsstreitigkeiten öffentlich-rechtlich durch Ordnungsverfügung zu regeln.
- Für die **Polizei** gilt: Der Polizei obliegt der Schutz privater Rechte nach dem PolG NRW nur dann, wenn gerichtlicher Schutz nicht rechtzeitig zu erlangen ist und wenn ohne polizeiliche Hilfe die Verwirklichung des Rechts vereitelt oder wesentlich erschwert werden würde (vgl. **§ 1 Abs. 2 PolG NRW**).

Beispiel 1 T kauft auf dem Flohmarkt ein antikes Bild bei V. Als T den vereinbarten Kaufpreis an V übergeben hat, lehnt V unvermittelt die Übergabe des Bildes an T ab. Dann weigert sich V trotz Aufforderung des T, seine Kontaktdaten preiszugeben. T bittet daraufhin einen vorbeikommenden Polizisten, die Identität und die Anschrift des V festzustellen. Der Polizist kommt dieser Bitte nach. – Zur Sicherung des Anspruchs des T gegen V auf Erfüllung des Kaufvertrages durch Übergabe des Bildes konnte der Polizist in Wahrnehmung seiner subsidiären bzw. Eilzuständigkeit nach § 1 Abs. 2 PolG NRW die Kontaktdaten des V feststellen, damit T die Möglichkeit erhält, gerichtliche Schritte gegen V einzuleiten. ■

Beispiel 2 W ist schwer herzkrank; dennoch joggt er jeden Tag unermüdlich. Eine Polizeistreife sieht den hechelnden W, schüttelt verständnislos den Kopf und fährt dann aber weiter. – W hat ein grundrechtlich geschütztes Recht auf Selbstgefährdung. Solange sich W daher eigenverantwortlich, freiwillig und ohne Gefährdung Dritter übermäßig sportlich betätigt, fällt sein selbstbestimmtes Verhalten in die Privatsphäre mit der Folge, dass kein öffentliches Interesse besteht, die Gesundheit des W vor ihm selbst durch gefahrenabwehrrechtliche Maßnahmen zu schützen. ■

---

175 Vgl. *Götz* Allgemeines Polizei- und Ordnungsrecht § 4 Rn. 20.
176 Vgl. *OVG Nds.* NdsVBl. 2009, 23.
177 Vgl. *OLG Düsseldorf* NJW 1990, 998.
178 Vgl. *Schönenbroicher*, in: Schönenbroicher/Heusch OBG NRW § 1 Rn. 50 m.w.N.

cc) Schutz des Bestandes des Staates und übriger Träger öffentlicher Gewalt, ihrer Einrichtungen und ihrer Veranstaltungen

Schutz des Bestandes des Staates und übriger Träger öffentlicher Gewalt, ihrer Einrichtungen und ihrer Veranstaltungen meint den Schutz des Bestandes aller Rechtssubjekte des öffentlichen Rechts, deren Behörden und Organe, ihrer Einrichtungen und ihrer Veranstaltungen. 238

Rechtssubjekte des öffentlichen Rechts sind z.B. der Bund, die Länder, die Selbstverwaltungskörperschaften (Kreise, Gemeinden, Hochschulen, Kammern), die Anstalten, die Stiftungen.[179] Zu deren Behörden und Organen gehören z.B. die Parlamente, die Regierungen. Einrichtungen sind z.B. die Dienstgebäude, Theater, Museen, Bibliotheken, Kasernen.[180] Veranstaltungen sind z.B. Staatsbesuche, Militärmanöver, der Große Zapfenstreich der Bundeswehr,[181] der G8-Gipfel in Heiligendamm,[182] eine polizeiliche Radarfalle[183]).

b) Schutzgut „öffentliche Ordnung"

Gemäß § 8 Abs. 1 PolG NRW bzw. § 14 Abs. 1 OBG können die Polizei und die Ordnungsverwaltung auch zur Abwehr von Gefahren für die öffentliche Ordnung tätig werden. Die öffentliche Ordnung bildet neben der öffentlichen Sicherheit ein **zweites, eigenständiges Schutzgut** im Rahmen der Gefahrenabwehr (vgl. auch Wortlaut des § 8 Abs. 1 PolG NRW bzw. des § 14 Abs. 1 OBG: öffentliche Sicherheit *oder* Ordnung). 239

Öffentliche Ordnung meint die Gesamtheit der ungeschriebenen Regeln, deren Befolgung nach den jeweils herrschenden sozialen und ethischen Anschauungen als unerlässliche Voraussetzung für ein gedeihliches Zusammenleben innerhalb eines bestimmten Gebietes angesehen wird. 240

Bei den in der Definition angesprochenen ungeschriebenen Regeln handelt es sich weder um Rechtsnormen noch um Gewohnheitsrecht, sondern um **gesellschaftliche Ordnungsnormen**. Diese werden in den Verhaltenskodex aufgenommen, wenn dies der Auffassung der Mehrheit entspricht. Die Aufnahme in den Verhaltenskodex bedeutet jedoch nicht, dass die Auffassung der Mehrheit „Abweichlern", also Minderheiten oder Randgruppen, die ein „abweichendes Verhalten" praktizieren, entgegengehalten und aufgezwungen wird. Vielmehr geht es darum, dass nach Auffassung der Mehrheit gemeinwohlunverträgliche Verhaltensweisen der Abweichler nach objektiven Kriterien begründet werden.[184]

179 Vgl. *Möller/Warg* Allgemeines Polizei- und Ordnungsrecht Rn. 91.

180 Vgl. *Wolffgang/Hendricks/Merz* Polizei- und Ordnungsrecht in Nordrhein-Westfalen Rn. 63; *Möller/Warg* Allgemeines Polizei- und Ordnungsrecht Rn. 91.

181 *BVerwGE* 84, 247.

182 *BVerfG* (K) NJW 2007, 2168.

183 Ganz h.M.; vgl. z.B. *OVG NRW* NJW 1997, 1596; *Götz* Allgemeines Polizei- und Ordnungsrecht § 4 Rn. 41; *Drews/Wacke/Vogel/Martens* Gefahrenabwehr S. 234; a.A. etwa *Schenke* Polizei- und Ordnungsrecht Rn. 60; *Kugelmann* Polizei- und Ordnungsrecht 5. Kap. Rn. 57. Zur Einordnung der Radarwarnung als staatliche Veranstaltung vgl. *Dietlein*, in: Dietlein/Hellermann Öffentliches Recht in Nordrhein-Westfalen § 3 Rn. 54, und Übungsfall Nr. 1 (unten Rn. 315 f.); teilweise wird bei der Radarwarnung auf den Schutz der Polizei als staatliche Einrichtung abgestellt (vgl. *OVG NRW* NJW 1997, 1596; *Schenke* Polizei- und Ordnungsrecht Rn. 60).

184 Vgl. zum Ganzen *Götz* Allgemeines Polizei- und Ordnungsrecht § 5 Rn. 4.

241 Im Vergleich zum Schutzgut der öffentlichen Sicherheit ist die Bedeutung des Schutzguts der öffentlichen Ordnung gering. Dementsprechend hat das Schutzgut der öffentlichen Ordnung heute nur noch Auffangfunktion. Für die verminderte Bedeutung dieses Schutzguts werden drei Ursachen genannt:[185] die Liberalisierung der gesellschaftlichen moralischen und ethischen Auffassungen, die zunehmende Normierung vieler ordnungsrechtlich relevanter Lebensbereiche (vgl. z.B. nur die Vorschriften des StGB und §§ 116 ff. OWiG) und das Verfassungsrecht, das den Schutz der öffentlichen Ordnung nicht mehr unbeschränkt als Rechtfertigung von Grundrechtseingriffen zulässt. Demgemäß hat das Schutzgut der öffentlichen Ordnung heute nur noch wenige praktisch relevante Anwendungsbereiche. Dazu gehören vor allem **der herrschenden Sexualmoral widersprechende Verhaltensweisen**, **nicht gemeinverträgliche Benutzung des öffentlichen Raums der Städte und Gemeinden** und **dem öffentlichen (inneren) Frieden widersprechende extremistische Verhaltensweisen**.

Beispiele Gewerbsmäßige Vorführung des Geschlechtsverkehrs,[186] Peep-Show,[187] „Damen-Schlamm-Catch oben ohne“,[188] Betrieb eines Bordells neben einer Schule,[189] aggressives Betteln,[190] exzessiver Alkoholgenuss,[191] Übernachten am Flussufer,[192] Hissen der Reichskriegsflagge bzw. einer Flagge des Kaiserreichs,[193] Tötungsspiele wie etwa Pinball, Laserdrome etc.,[194] Zwergenweitwurf.[195] ■

Hinweis

Soweit Verstöße gegen die öffentliche Ordnung auch unter §§ 116 ff. OWiG, insbesondere § 118 OWiG, subsumiert werden können, liegt bereits ein Verstoß gegen die öffentliche Sicherheit vor. Das gilt vor allem für Fälle der Verletzung des öffentlichen Anstandes, das früher eines der wichtigsten Teilschutzgebiete der öffentlichen Ordnung bildete.[196]

c) Gefahr

242 Gemäß § 8 Abs. 1 PolG NRW bzw. § 14 Abs. 1 OBG muss eine Gefahr für die öffentliche Sicherheit oder Ordnung vorliegen. Die Gefahr stellt das Bindeglied zwischen den Schutzgütern der öffentlichen Sicherheit und der öffentlichen Ordnung einerseits sowie der gefahrenabwehrrechtlichen Verantwortlichkeit (s. dazu unten Rn. 276 ff.) andererseits dar.[197]

185 Vgl. auch *Götz* Allgemeines Polizei- und Ordnungsrecht § 5 Rn. 5.
186 Vgl. *BVerwGE* 64, 280.
187 Vgl. *BVerwGE* 64, 274; 84, 314.
188 Vgl. *VGH Bayern* NVwZ 1984, 254.
189 Vgl. *VGH BW* VBlBW 1984, 178.
190 Vgl. *BayVGH* NVwZ 1999, 560.
191 Vgl. *VGH BW* VBlBW 1999, 101.
192 Vgl. *VGH BW* NVwZ-RR 1992, 246 unter Hinweis auf hygienische Missstände.
193 Vgl. *OVG NRW* NJW 1994, 2909; *VGH BW* NJW 2006, 635.
194 Vgl. hierzu *OVG NRW* NWVBl. 1995, 473; 2001, 94 (bestätigt durch *BVerwG* GewArch. 2007, 247).
195 Vgl. *VG Neustadt/Wstr.* NVwZ 1993, 98.
196 Vgl. *Götz* Allgemeines Polizei- und Ordnungsrecht § 5 Rn. 25 ff.
197 Vgl. *Wehr* Examens-Repetitorium Polizeirecht Rn. 75.

aa) Begriff der Gefahr

Gefahr meint eine Sachlage, die im Einzelfall bei ungehindertem Ablauf in absehbarer Zeit 243 mit hinreichender Wahrscheinlichkeit zu einem Schaden am Schutzgut der öffentlichen Sicherheit oder Ordnung führen wird.

Ob eine Gefahr in diesem Sinne vorliegt, ermitteln Sie im konkreten Einzelfall anhand einer **Gefahrenprognose**. Hierbei setzen Sie die Wahrscheinlichkeit des Schadenseintritts einerseits und den zu erwartenden Schaden am Schutzgut der öffentlichen Sicherheit oder Ordnung andererseits in Bezug zueinander.[198] Je größer der drohende Schaden ist, desto geringere Anforderungen sind an die Wahrscheinlichkeit des Schadenseintritts zu stellen. Gleiches gilt im umgekehrten Fall: Je kleiner der drohende Schaden ist, desto höhere Anforderungen sind an die Wahrscheinlichkeit des Schadenseintritts zu stellen.[199]

Beispiel 1 In der Stadt H droht ein Felsschlag eine komplette Häuserreihe zu zerstören. – Aufgrund des massiven zu erwartenden Schadens müssen die Anforderungen an die Wahrscheinlichkeit des Schadenseintritts nicht hoch angesetzt werden. ■

Beispiel 2 Anders als in *Beispiel 1* bröckeln kleine Steine aus der Felswand. – Das Ausmaß des drohenden Schadens ist hier gering. Daher müssen die Anforderungen an die Wahrscheinlichkeit eines Schadenseintritts hoch angesetzt werden. ■

Eine Gefahr im polizei- und ordnungsrechtlichen Sinne setzt eine **Objektivierbarkeit** 244 und eine **Beeinträchtigung** von Schutzgütern, die eine **gewisse Intensität** aufweisen muss, voraus. Rein **subjektive Befindlichkeiten** oder **Belästigungen** stellen daher **keine Gefahr** dar.

Beispiel L spaziert im Sommer gerne durch den Stadtwald. Bei jedem Spaziergang fühlt sie sich wegen der vielen Menschen, die auf den Wiesen grillen, genervt. – L mag das Verhalten ihrer Mitmenschen unangenehm und unerfreulich finden; eine Gefahr im polizei- und ordnungsrechtlichen Sinne liegt jedoch nicht vor. ■

Keine Gefahr stellt auch die bloße **Gefahrenvorsorge** dar. Im Rahmen der Gefahrenvorsorge 245 bereiten sich die Polizei und die Ordnungsverwaltung auf zukünftige Gefahren vor und treffen Vorsorge, um im Falle einer Gefahr einsatzbereit zu sein (z.B. Beschaffung, Pflege und Bereithaltung von Schutzkleidung und -ausrüstung; Erstellung von Listen mit Kontaktdaten z.B. von Abschleppunternehmen, Tierheimen etc., die im Falle einer Gefahr ggf. benachrichtigt werden können).

bb) Maßgeblicher Zeitpunkt für die Rechtmäßigkeit der Gefahrenprognose

Für die Rechtmäßigkeit der Gefahrenprognose ist der Zeitpunkt des **Einsatzes** der Polizei bzw. 246 der Ordnungsverwaltung maßgeblich. Es gilt also eine **ex-ante-Betrachtung**. Liegt aus der Sicht eines **fähigen, sachkundigen und besonnenen Beamten** der Polizei bzw. der Ordnungsverwaltung zum Zeitpunkt des Einsatzes eine Gefahr vor, ist diese Annahme dem weiteren Handeln zugrundezulegen. Stellt sich erst im Nachhinein heraus, dass in Wirklichkeit keine Gefahr vorlag, handelt es sich um eine sog. **Anscheinsgefahr**. Eine Anscheinsgefahr ist eine

198 Vgl. ähnlich *Dietlein*, in: Dietlein/Hellermann Öffentliches Recht in Nordrhein-Westfalen § 3 Rn. 61.
199 Vgl. zum Ganzen *Pieroth/Schlink/Kniesel* Polizei- und Ordnungsrecht § 4 Rn. 7.

Gefahr, zu deren Abwehr die Polizei und die Ordnungsverwaltung auf der Grundlage einschlägiger gefahrenabwehrrechtlicher Ermächtigungsgrundlagen tätig werden können.[200]

Beispiel Z geht auffällig lange und rastlos vor dem Haupteingang des Amts- und Landgerichts auf und ab; immer wieder schaut er ständig auf die Uhr und telefoniert auf seinem Handy. Eine vom Justizpersonal herbeigerufene Polizeistreife bittet Z um Vorlage seines Personalausweises. Das Personal fürchtet einen möglichen Anschlag auf das Gebäude, der angedroht wurde. Bei dem Gespräch mit Z stellt die Polizei aber fest, dass er ein geladener Zeuge und vor seinem Auftritt sehr nervös ist. – Die von der Polizeistreife durchgeführte Identitätsfeststellung des Z war rechtmäßig. Es lag eine Anscheinsgefahr vor. Unter den gegebenen Umständen konnte die Polizeistreife annehmen, dass eine Gefahr besteht. Dass sich im Nachhinein herausstellt, dass in Wirklichkeit keine Gefahr vorlag, ändert daran nichts. ■

247 War jedoch schon aus der ex-ante-Betrachtung für einen fähigen, sachkundigen und besonnenen Beamten der Polizei bzw. der Ordnungsverwaltung erkennbar, dass keine Gefahr besteht, liegt eine sog. **Scheingefahr** vor. Ein polizei- und ordnungsbehördliches Handeln auf der Grundlage gefahrenabwehrrechtlicher Ermächtigungsgrundlagen ist in diesem Falle rechtswidrig.[201]

Beispiel Wie *Beispiel* oben (Rn. 246) mit dem Unterschied, dass nicht der geladene Zeuge Z, sondern der in der Stadt allgemein bekannte Rechtsanwalt R mit unter den Arm geklemmter Akte und Robe vor dem Haupteingang hin- und herläuft und eine Zigarette raucht. – Für einen fähigen, sachkundigen und besonnenen Beamten war erkennbar, dass keine Gefahr vorlag. Die von Polizeistreife dennoch durchgeführte Identitätsfeststellung war daher rechtswidrig. ■

248 Ist eine Sachlage gegeben, die nur den Verdacht einer Gefahr begründet, ohne dass die Polizei bzw. die Ordnungsverwaltung zum Zeitpunkt des möglichen Einsatzes klären kann, ob tatsächlich eine Gefahr besteht, liegt ein sog. **Gefahrenverdacht** vor.

Beispiel Bei Hubarbeiten glaubt der Baggerführer G, eine Bombe aus dem Zweiten Weltkrieg entdeckt zu haben, und ruft die Polizei. Diese sieht einen kleinen Teil eines freigeschaufelten Behältnisses im Erdreich und ist sich nicht sicher, ob es wirklich um eine Bombe handelt. ■

249 Umstritten ist, ob der Gefahrenverdacht mit einer Gefahr im polizei- und ordnungsrechtlichen Sinne gleichgesetzt werden kann. Eine Ansicht setzt den Gefahrenverdacht immer mit einer Gefahr gleich. Sie erstellt eine Prognose nicht nur hinsichtlich der Frage der Schadenswahrscheinlichkeit, sondern auch hinsichtlich der Frage, ob eine Sachlage gegeben ist, die im Falle ihres tatsächlichen Vorliegens eine Gefahr im polizei- und ordnungsrechtlichen Sinne darstellen würde.[202] Nach dieser Ansicht liegt in unserem *Beispiel* oben (Rn. 248) eine Gefahr vor, denn würde es sich bei dem im Erdreich gefundenen Behältnis tatsächlich um eine Bombe handeln, wäre eine Sachlage gegeben, bei deren ungehindertem Ablauf in absehbarer Zeit mit hinreichender Wahrscheinlichkeit ein Schaden am Schutzgut der öffentlichen Sicherheit eintreten würde.

---

200 Vgl. zum Ganzen *Dietlein*, in: Dietlein/Hellermann Öffentliches Recht in Nordrhein-Westfalen § 3 Rn. 62.
201 Vgl. zum Ganzen *Dietlein*, in: Dietlein/Hellermann Öffentliches Recht in Nordrhein-Westfalen § 3 Rn. 63.
202 Vgl. frühere Rechtsprechung des *Bundesverwaltungsgerichts* (DÖV 1982, 521).

Eine andere Ansicht nimmt dagegen eine Gefahr dann an, wenn eine ernsthafte Bedrohung wichtiger Schutzgüter nach der gegebenen Sachlage nicht ausgeschlossen werden kann.[203] Nach dieser Ansicht liegt in unserem *Beispiel* oben (Rn. 248) ebenfalls eine Gefahr vor, weil eine ernsthafte Bedrohung wichtiger Schutzgüter nach den gegebenen Umständen nicht ausgeschlossen werden kann.

Eine dritte Ansicht lehnt eine Gleichsetzung des Gefahrenverdachts mit einer Gefahr prinzipiell ab. Diese Ansicht steht auf dem Standpunkt, dass bei einem Gefahrenverdacht keine Gefahr vorliegen könne, weil der Beamte der Polizei bzw. der Ordnungsverwaltung – anders als bei der Anscheinsgefahr – nicht annehme, dass eine Gefahr vorliege.[204] Auch das Bundesverwaltungsgericht geht in seiner jüngeren Rechtsprechung davon aus, dass im Falle des Gefahrenverdachts keine Gefahr vorliege; unter einem Gefahrenverdacht versteht es eine Sachlage, in denen es aus polizeilicher Sicht trotz Anhaltspunkten für das Vorliegen einer Gefahr noch an der hinreichenden Wahrscheinlichkeit eines Schadenseintritts mangelt.[205] Nach dieser Ansicht handelt es sich bei dem Gefahrenverdacht demnach um ein Aliud gegenüber der Gefahr im polizei- und ordnungsrechtlichen Sinne. Für unser *Beispiel* oben (Rn. 248) bedeutet dies, dass nach dieser Ansicht mangels hinreichender Wahrscheinlichkeit eines Schadenseintritts lediglich ein Gefahrenverdacht gegeben ist.

Hinweis

Wie umstritten bereits die Einordnung einer Situation als Gefahr oder Gefahrenverdacht sein kann, wird am besonderen *Beispiel* des Glasverbots im Kölner Karneval deutlich. Das OVG NRW[206] verneinte einen Gefahrenverdacht in diesem speziellen Fall und begründete seine Entscheidung u.a. damit, dass das durch ordnungswidrig entsorgte Glasflaschen und Scherben entstehende „Scherbenmeer" „unter den besonderen Umständen des Kölner Karnevals bei der gebotenen wertenden Betrachtung bereits als unmittelbare Folge des Mitführens von Getränkeflaschen aus Glas angesehen werden" könne, und bejahte daher eine ordnungsrechtlich relevante Störung. Die Vorinstanz[207] hatte das Vorliegen einer Gefahr dagegen verneint und sich für einen Gefahrenverdacht ausgesprochen.

Im Falle eines Gefahrenverdachts sind die Polizei und die Ordnungsverwaltung nur zur Vornahme sog. **Gefahrerforschungseingriffe** befugt. Dabei handelt es sich um **vorläufige Maßnahmen**, die nicht unmittelbar der Gefahrenbeseitigung, sondern der **weiteren Erforschung des Sachverhalts** und der **Vorbereitung endgültiger Gefahrenabwehrmaßnahmen** dienen,[208] falls sich der Verdacht einer Gefahr im Zuge der vorläufigen Maßnahmen erhärten sollte. Bejaht man in unserem *Beispiel* oben (Rn. 248) das Vorliegen eines Gefahrenverdachts, kann die Polizei Maßnahmen durchführen, die vor allem auf eine Identifizierung des gefundenen Behältnisses gerichtet sind, um die Sachlage weiter aufzuklären und letztlich zu beurteilen, ob eine Gefahr im polizei- und ordnungsrechtlichen Sinne vorliegt oder nicht.

203 Vgl. *BayVGH* NVwZ-RR 2004, 490.
204 Vgl. *Pieroth/Schlink/Kniesel* Polizei- und Ordnungsrecht § 4 Rn. 59.
205 Vgl. *BVerwGE* 116, 347.
206 Vgl. NWVBl. 2012, 431; 2011, 108; 2010, 360.
207 Vgl. *VG Köln* Beschl. vom 4.11.2010 – 20 L 1606/10 – juris; Urt. v. 16.9.2010 – 20 K 525/10 – juris; Beschl. v. 3.2.2010 – 20 L 88/10 – juris.
208 Vgl. *Schenke* Polizei- und Ordnungsrecht Rn. 86.

250 Die Gefahrerforschungseingriffe können – wie die Gefahrenabwehrmaßnahmen – nur auf gesetzlicher Grundlage durchgeführt werden. Als Ermächtigungsnorm für Gefahrerforschungseingriffe dient grundsätzlich die **sinngemäße Anwendung der polizei- und ordnungsrechtlichen Generalklausel**,[209] ungeachtet der Tatsache, dass auf der Tatbestandsseite eine Gefahr gerade nicht vorliegt. Einige Gefahrerforschungseingriffe sind auch **besonders gesetzlich geregelt** (z.B. § 16 Abs. 1 S. 1 Alt. 2 IfSG:[210] „wenn anzunehmen ist, dass solche Tatsachen vorliegen";[211] § 39 Abs. 1 Nr. 2, § 40 Abs. 1 Nrn. 2 und 3, § 41 Abs. 3 Nr. 1 PolG NRW: „... bestimmte Tatsachen die Annahme rechtfertigen, dass ...").

Hinweis

Zur streitigen Frage, ob der Verdachtsverantwortliche selbst zu Gefahrerforschungsmaßnahmen oder nur zur Duldung solcher Maßnahmen verpflichtet werden kann, s.u. Rn. 306.

cc) Konkrete Gefahr

(1) Begriff

251 Die polizei- und ordnungsrechtliche Generalklausel setzt eine konkrete Gefahr voraus (vgl. ausdrücklich sogar § 8 Abs. 1 PolG NRW).

Eine **konkrete Gefahr** meint eine nach Ort und Zeit bestimmbare oder bestimmte Sachlage, die Anlass zum Einschreiten gibt.

Die konkrete Gefahr bezieht sich auf einen **konkreten Lebenssachverhalt**.

(2) Exkurs: Abgrenzung der konkreten Gefahr von anderen Erscheinungsformen der Gefahr

252 Die in der polizei- und ordnungsrechtlichen Generalklausel vorausgesetzte konkrete Gefahr ist nicht die einzige Erscheinungsform einer Gefahr im Polizei- und Ordnungsrecht. Das Polizei- und Ordnungsrecht, insbesondere die polizei- und ordnungsrechtlichen Ermächtigungsgrundlagen, kennen vielmehr eine Reihe weiterer Erscheinungsformen der Gefahr, die zu einer von der polizei- und ordnungsrechtlichen Generalklausel abweichenden Eingriffsschwelle führen.

253 Den Gegenbegriff zur konkreten Gefahr bildet die abstrakte Gefahr.

Eine **abstrakte Gefahr** liegt vor, wenn eine generell-abstrakte Betrachtung für bestimmte Arten von Verhaltensweisen oder Zuständen zu dem Ergebnis führt, dass mit hinreichender Wahrscheinlichkeit ein Schaden im Einzelfall einzutreten pflegt, und daher Anlass besteht, diese Gefahr mit generell-abstrakten Mitteln, also mit einem Rechtssatz, zu bekämpfen.

---

209 Vgl. *Götz* Allgemeines Polizei- und Ordnungsrecht § 6 Rn. 29 (str.).
210 Infektionsschutzgesetz (*Sartorius* I Ergänzungsband Nr. 285).
211 Vgl. hierzu *OVG NRW* WuM 2008, 740.

Diese Definition stammt vom Bundesverwaltungsgericht.[212] Die abstrakte Gefahr bezieht sich auf einen **allgemeinen, typischen Lebenssachverhalt**. Der Begriff der abstrakten Gefahr dient allein als Grundlage von Gefahrenabwehrverordnungen,[213] die abstrakt-generelle Ge- und Verbote enthalten (z.B. § 25 S. 1 OBG; s. dazu näher unten Rn. 425 ff.).

> **Gegenwärtige Gefahr** meint eine Sachlage, bei der die Einwirkung des schädigenden Ereignisses bereits begonnen hat oder bei der diese Einwirkung mit an Sicherheit grenzender Wahrscheinlichkeit umgehend bevorsteht. **254**

Die gegenwärtige Gefahr setzt eine **besondere zeitliche Nähe** und eine **erhöhte Wahrscheinlichkeit des Schadenseintritts** voraus. Sie wird z.B. in § 43 Nr. 1 PolG NRW erwähnt.

> Eine **erhebliche Gefahr** meint eine Gefahr für ein bedeutsames Rechtsgut wie den Bestand des Staates, das Leben, die Gesundheit, die Freiheit oder nicht unwesentliche Vermögenswerte. **255**

Die erhebliche Gefahr setzt voraus, dass der drohende Schaden für die Schutzgüter **nach Art oder Ausmaß besonders gravierend** ist.[214] Sie findet sich z.B. in § 6 Abs. 1 Nr. 1 PolG NRW.

> Eine **Gefahr für Leib oder Leben** meint eine Sachlage, bei der eine nicht nur leichte Körperverletzung oder der Tod einzutreten drohen. **256**

Eine Gefahr für Leib oder Leben wird z.B. in § 35 Abs. 1 Nr. 1 PolG NRW genannt.

Die **dringende Gefahr** wird z.B. in § 41 Abs. 3 PolG NRW erwähnt. **257**

Umstritten ist, ob die dringende Gefahr mit einer erheblichen Gefahr oder einer gegenwärtigen Gefahr oder mit einer gegenwärtigen erheblichen Gefahr gleichzusetzen ist. Eine Ansicht steht auf dem Standpunkt, dass die dringende Gefahr mit einer *erheblichen Gefahr* gleichzusetzen sei. Sie stellt auf die Erheblichkeit des Schadens ab. Zur Begründung weist diese Ansicht auf die Regelbeispiele in Art. 13 Abs. 4 GG (gemeine Gefahr, Lebensgefahr) und Art. 13 Abs. 7 GG (Raumnot, Seuchengefahr, Schutz gefährdeter Jugendlicher) hin.[215]

Eine andere Ansicht setzt die dringende Gefahr mit einer *gegenwärtigen Gefahr* gleich. Sie stellt auf die zeitliche Nähe des möglichen Schadenseintritts ab und beruft sich zur Begründung ihres Standpunktes auf die herkömmliche Bedeutung des Begriffs „gegenwärtig" im allgemeinen Sprachgebrauch sowie auf die Tatsache, dass der Begriff der dringenden Gefahr nicht isoliert in Art. 13 Abs. 4 und Abs. 7 GG enthalten sei (wie etwa in § 41 Abs. 3 PolG NRW), sondern in Verbindung mit der Formulierung „Verhütung von dringenden Gefahren" verwendet werde und daher nicht für eine Auslegung des polizei- und ordnungsrechtlichen Gefahrenbegriffs herangezogen werden könne.[216]

---

212 Vgl. *BVerwGE* 116, 347.
213 Vgl. *Götz* Allgemeines Polizei- und Ordnungsrecht § 6 Rn. 20.
214 Vgl. *Dietlein*, in: Dietlein/Hellermann Öffentliches Recht in Nordrhein-Westfalen § 3 Rn. 67.
215 Vgl. *Mann*, in: Erbguth/Mann/Schubert Besonderes Verwaltungsrecht Rn. 469.
216 Vgl. *Schenke* Polizei- und Ordnungsrecht Rn. 78 mit Nachw. in Fn. 143.

Eine dritte Ansicht kombiniert die Argumente der beiden zuvor genannten Auffassungen und nimmt an, dass eine dringende Gefahr mit einer *gegenwärtigen erheblichen Gefahr* gleichzusetzen sei.[217]

258 Eine **Gefahr im Verzug** liegt vor, wenn ein regulärer Verfahrensweg oder eine Zuständigkeit ausnahmsweise nicht eingehalten werden kann, weil andernfalls eine effektive Gefahrenabwehr nicht möglich wäre.

Bei der Gefahr im Verzug steht ein **zeitliches Moment** im Vordergrund. Eine Gefahr im Verzug wird z.B. in § 42 Abs. 1 PolG NRW erwähnt.

259 Eine **gemeine Gefahr** liegt vor, wenn ein Schaden für eine unbestimmte Zahl von Personen oder erhebliche Sachwerte droht und ein unüberschaubares Gefahrenpotential gegeben ist.

Der Begriff der gemeinen Gefahr findet sich nicht im Polizei- und Ordnungsrecht, wohl aber in Art. 13 Abs. 7 GG (s. dazu auch Skript „Grundrechte" Rn. 618), der im Rahmen des § 41 PolG NRW von Bedeutung ist. Die gemeine Gefahr kann als **allgemeine Gefahr** verstanden werden.

260 Eine **latente Gefahr** liegt vor, wenn zu der Beschaffenheit einer Sache selbst oder ihrer Lage im Raum noch weitere Umstände hinzutreten müssen, damit sie zur Gefahrenquelle wird.

Der Begriff der latenten Gefahr wurde im öffentlichen Baurecht entwickelt.[218] Der Sache nach handelt es sich bei den Fallkonstellationen, die mit dem Begriff der latenten Gefahr beschrieben werden, mangels hinreichender Schädigungswahrscheinlichkeit gerade **nicht** um eine **Gefahr im polizei- und ordnungsrechtlichen Sinne**.[219] Sie gilt heute als **obsolet**.[220]

Beispiel[221] Eine Schweinemästerei kann erst dann zukünftige Schäden hervorrufen, wenn auf den benachbarten Grundstücken bauliche Veränderungen durchgeführt werden dürfen, z.B. eine Wohnbebauung zugelassen wird. ■

261 **Für das Polizeirecht** hat die latente Gefahr **keine Bedeutung**, denn bis zum Hinzutreten der weiteren Umstände vergeht **in der Regel** so viel Zeit, dass die **Gefahrenabwehr durch die Ordnungsverwaltung möglich** ist und damit die Voraussetzungen des § 1 Abs. 1 S. 3 PolG NRW nicht gegeben sind.

d) Exkurs: Begriff der Störung

262 Einen Unterfall der polizei- und ordnungsrechtlichen Gefahr bildet die Störung.[222] Der Begriff der Störung wird wie folgt definiert:

---

217 Vgl. *Denninger*, in: Lisken/Denninger (Hrsg.) Handbuch des Polizeirechts D Rn. 63; abl. *Dietlein*, in: Dietlein/Hellermann Öffentliches Recht in Nordrhein-Westfalen § 3 Rn. 68.
218 Vgl. *Dietlein*, in: Dietlein/Hellermann Öffentliches Recht in Nordrhein-Westfalen § 3 Rn. 72.
219 Kritisch deshalb auch *Schenke* Polizei- und Ordnungsrecht Rn. 79.
220 Vgl. näher *Dietlein*, in: Dietlein/Hellermann Öffentliches Recht in Nordrhein-Westfalen § 3 Rn. 72.
221 Vgl. *Schenke* Polizei- und Ordnungsrecht Rn. 79.
222 Vgl. *Schenke* Polizei- und Ordnungsrecht Rn. 92.

> Eine **Störung** liegt vor, wenn das Schutzgut der öffentlichen Sicherheit oder Ordnung verletzt ist und diese Verletzung fortdauert.

Bei einer Störung hat sich die **Gefahr im polizei- und ordnungsrechtlichen Sinne bereits realisiert**. Um von der polizei- und ordnungsrechtlichen Generalklausel erfasst zu werden, muss von der realisierten Gefahr eine **in die Zukunft wirkende Gefährdung** ausgehen. Dies ergibt sich auch aus der Begründung zu § 8 Abs. 1 MEPolG (allgemeine Befugnisklausel), nach der zur Abwehr einer Gefahr in diesem Sinne auch die Beseitigung einer bereits eingetretenen Störung gehört. Eine Störung sei nämlich unter dem Gesichtspunkt präventiven Handelns der Polizei nur dann relevant, wenn von ihr eine in die Zukunft wirkende Gefährdung ausgehe. Dann aber liege eine Gefahr vor, so dass die Beseitigung einer bereits eingetretenen Störung nicht besonders erwähnt zu werden brauche. 263

Beispiel[223] In der T.-Straße darf nur auf einer Straßenseite geparkt werden. Verbotswidrig wurden mehrere Pkw auf der Straßenseite abgestellt, auf der das Parken verboten ist. Als F abends nach Hause kommt und keinen Parkplatz findet, stellt sie ihren Pkw in Kenntnis der Verkehrssituation auf der gegenüberliegenden Straßenseite ab, auf der das Parken erlaubt ist. Durch ihr Parken wird die Fahrbahn der Straße nicht unerheblich verengt. Einsatzfahrzeuge der Feuerwehr oder andere größere Fahrzeuge können die Straße nun nicht mehr passieren. – Obwohl F ihren Pkw nach der StVO nicht verbotswidrig abgestellt hat, hat sie dennoch eine Störung der öffentlichen Sicherheit verursacht. Von dieser Störung geht eine in die Zukunft wirkende Gefährdung aus, die insbesondere darin besteht, dass Einsatzfahrzeuge der Feuerwehr nicht durch die Straße fahren können. Daher kann F aufgefordert werden, ihren Pkw umzusetzen. ■

II. Ermessen

1. Ausübung pflichtgemäßen Ermessens

Liegen die Tatbestandsvoraussetzungen einer polizei- und ordnungsrechtlichen Ermächtigungsgrundlage vor, hat die Polizei bzw. die Ordnungsverwaltung die Maßnahme regelmäßig nach **pflichtgemäßem Ermessen** durchzuführen (vgl. **§ 3 Abs. 1 PolG NRW** bzw. **§ 16 OBG**). Die Polizei bzw. die Ordnungsverwaltung hat das Ermessen entsprechend dem Zweck der Ermächtigung auszuüben und die gesetzlichen Grenzen des Ermessens einzuhalten (vgl. **§ 40 VwVfG NRW**). Die Einräumung von Ermessen entspricht dem im Polizei- und Ordnungsrecht prinzipiell geltenden sog. **Opportunitätsprinzip**, nach dem die Polizei bzw. die Ordnungsverwaltung Gefahrenabwehrmaßnahmen durchführen *kann*, hierzu aber grundsätzlich nicht verpflichtet ist.[224] Der Sinn und Zweck der Einräumung von Ermessen liegen darin, dass die Polizei bzw. die Ordnungsverwaltung angesichts der vielfältigen Lebenssachverhalte selbst entscheiden kann, ob und ggf. wie sie im konkreten Einzelfall gefahrenabwehrrechtlich vorgeht. 264

> **JURIQ-Klausurtipp**
>
> Gerichtlich nachprüfbar ist die Ausübung des Ermessens jedoch nur nach Maßgabe des § 114 VwGO.

223 In Anlehnung an *VG Arnsberg* Urt. vom 8.3.2004 – 7 K 4920/02 – juris.
224 Vgl. *Dietlein*, in: Dietlein/Hellermann Öffentliches Recht in Nordrhein-Westfalen § 3 Rn. 118.

» Wiederholen Sie ggf. zunächst die Ermessensfehlerlehre im Skript „Allgemeines Verwaltungsrecht"! «

265 Aus § 40 VwVfG NRW ergeben sich indirekt **drei mögliche Ermessensfehler**, die die Polizei bzw. die Ordnungsverwaltung begehen kann (s. allgemein Skript „Allgemeines Verwaltungsrecht"): die Nichtausübung von Ermessen (sog. **Ermessensnichtgebrauch**), die Ausübung von Ermessen auf der Grundlage gesetzesfremder Zwecke (sog. **Ermessensfehlgebrauch**) und die Überschreitung des Ermessensgrenzen (sog. **Ermessensüberschreitung**).

2. Ebenen der Ermessensausübung

266 Bei der **Ermessensausübung** sind folgende **drei verschiedene Ebenen** zu unterscheiden, die Sie in der angegebenen Reihenfolge untersuchen:[225]

Ermessen		
Entschließungsermessen („Ob")	Handlungsermessen („Wie")	Auswahlermessen („Gegen wen")

a) Entschließungsermessen

267 Das Entschließungsermessen ist das **Kernstück des Opportunitätsprinzips**. Selbst wenn die Tatbestandsvoraussetzungen einer polizei- bzw. ordnungsrechtlichen Ermächtigungsgrundlage vorliegen, besteht **grundsätzlich keine Handlungsverpflichtung**. Sachgerechte Gründe (z.B. fehlende personelle Kapazitäten bei der zuständigen Behörde) können zu einem Absehen von gefahrenabwehrrechtlichen Maßnahmen führen. Nimmt die Polizei bzw. die Ordnungsverwaltung aber z.B. irrtümlich an, bei Vorliegen der Tatbestandsvoraussetzungen einer polizei- bzw. ordnungsrechtlichen Ermächtigungsgrundlage immer einschreiten zu müssen, übt sie das ihr eingeräumte Ermessen nicht aus mit der Folge, dass die betreffende Maßnahme wegen Ermessensnichtgebrauchs rechtswidrig ist.

Hinweis

Merken Sie sich: Das Entschließungsermessen betrifft das „Ob" des hoheitlichen Handelns.

» Wiederholen Sie ggf. die Rechtsfigur der Ermessensreduzierung auf Null im Skript „Allgemeines Verwaltungsrecht"! «

268 **Ausnahmsweise** kann jedoch eine **Verpflichtung** zur Vornahme einer gefahrenabwehrrechtlichen Maßnahme bestehen. Diese Ausnahme wird in den Fällen der sog. **Ermessensreduzierung auf Null** relevant (s. dazu Skript „Allgemeines Verwaltungsrecht"). Eine Ermessensreduzierung auf Null liegt vor, wenn „jede andere Entscheidung, als diejenige einzuschreiten, rechtswidrig wäre".[226] Eine solche Ermessensreduzierung auf Null ist z.B. bei **schweren Gefahren für Leib oder Leben** sowie bei einer **Gefahr erheblicher Vermögensschäden** anzunehmen.[227]

JURIQ-Klausurtipp

Im Falle der Ermessensreduzierung auf Null besteht ausnahmsweise ein Anspruch auf Einschreiten der Polizei bzw. der Ordnungsverwaltung. Dieser Anspruch ist gerichtlich mittels Verpflichtungsklage nach § 113 Abs. 5 S. 1 VwGO geltend zu machen.

225 Vgl. *Dietlein*, in: Dietlein/Hellermann Öffentliches Recht in Nordrhein-Westfalen § 3 Rn. 119.
226 Vgl. *Dietlein*, in: Dietlein/Hellermann Öffentliches Recht in Nordrhein-Westfalen § 3 Rn. 121 (zugleich kritisch zu dieser klassischen Definition).
227 Vgl. *Götz* Allgemeines Polizei- und Ordnungsrecht § 11 Rn. 6 m.w.N. aus der Rechtsprechung.

b) Handlungsermessen

Das Handlungsermessen bezieht sich auf **die zur Gefahrenabwehr einzusetzenden Mittel**.[228] **269**

aa) Verhältnismäßigkeitsgrundsatz

Dabei muss insbesondere der **Verhältnismäßigkeitsgrundsatz** beachtet werden, nach dem **270**
die in Betracht kommende Maßnahme

- einem **legitimen Zweck**, d.h. einem Zweck dienen muss, der als solcher verfolgt werden darf,
- **geeignet** sein muss, um den angestrebten Erfolg zu erreichen bzw. ihm jedenfalls näherzukommen,
- **erforderlich** sein muss, um den angestrebten Erfolg zu erreichen, d.h. es darf keine mildere, aber ebenso effektive Maßnahme zur Erreichung des Zwecks geben, und
- **angemessen** sein muss, um den angestrebten Erfolg zu erreichen, d.h. die mit der Maßnahme verfolgten Ziele und die mit ihrer Durchführung verbundenen Nachteile dürfen nicht außer Verhältnis zueinander stehen.[229]

Verstößt die Polizei bzw. die Ordnungsverwaltung gegen den Verhältnismäßigkeitsgrundsatz, **271**
indem sie z.B. übersieht, dass die Gefahr durch eine mildere, aber ebenso effektive Maßnahme abgewehrt werden kann, ist die Maßnahme wegen Ermessensfehlgebrauchs rechtswidrig.

Bei der Wahl der erforderlichen Maßnahme ist **§ 3 Abs. 2 PolG NRW** bzw. **§ 21 OBG** zu **272**
beachten. Kommen für die Abwehr einer Gefahr mehrere Mittel in Betracht, genügt es, wenn eines davon bestimmt wird (vgl. § 3 Abs. 2 S. 1 PolG NRW; § 21 S. 1 OBG). Auf Antrag kann gestattet werden, dass ein anderes, ebenso wirksames Mittel angewendet wird, sofern die Allgemeinheit dadurch nicht stärker beeinträchtigt wird (vgl. § 3 Abs. 2 S. 2 PolG NRW; § 21 S. 2 OBG). Der Betroffene kann demnach ein sog. **Austauschmittel** anbieten.

» **Lesen Sie § 3 Abs. 2 PolG NRW und § 21 OBG!** «

Beispiel Familie E bewohnt ein marodes Haus. Sie wird von der zuständigen Bauaufsichtsbehörde aufgefordert, ihr Haus instand zu setzen. An einer Instandsetzung ist der Familie E nicht gelegen; sie möchte das Haus lieber abreißen und ein neues Haus errichten. Dies bietet sie der Behörde an. – Mit einer Neuerrichtung eines Wohnhauses kann die Behörde dasselbe Ziel der Gefahrenabwehr verfolgen wie mit der Instandsetzung des maroden Hauses. Die Allgemeinheit wird durch die Neuerrichtung nicht stärker beeinträchtigt. Das Angebot, anstelle der Instandsetzung des alten Hauses ein neues Haus zu errichten, ist daher ein wirksames Austauschmittel. Dass die Neuerrichtung u.U. teurer als die Instandsetzung des alten Hauses sein wird, ist unerheblich. Falls die Behörde das Angebot der Familie E ohne sachlichen Grund ablehnen würde, wäre die Ablehnung wegen Verstoßes gegen § 21 S. 2 OBG rechtswidrig. ■

Der Verhältnismäßigkeitsgrundsatz ist **verfassungsrechtlich garantiert**; daneben wurde er **273**
vor allem in **§ 2 PolG NRW** und **§ 15 OBG** einfachgesetzlich normiert.

» **Lesen Sie § 2 PolG NRW und § 15 OBG!** «

---

228 Vgl. *Dietlein*, in: Dietlein/Hellermann Öffentliches Recht in Nordrhein-Westfalen § 3 Rn. 127.
229 Vgl. *Dietlein*, in: Dietlein/Hellermann Öffentliches Recht in Nordrhein-Westfalen § 3 Rn. 128.

bb) Bestimmtheitsgrundsatz

274 Neben dem Verhältnismäßigkeitsgrundsatz müssen die Polizei und die Ordnungsverwaltung den **Bestimmtheitsgrundsatz** beachten (vgl. § 37 Abs. 1 VwVfG NRW). Danach muss die gefahrenabwehrrechtliche Verfügung inhaltlich hinreichend bestimmt sein. Dies ist der Fall, wenn erkennbar ist, **welche Behörde** die Verfügung erlassen hat, **an wen** sie gerichtet ist und **welchen Inhalt** sie hat.[230]

> **Hinweis**
>
> Merken Sie sich: Das Handlungsermessen betrifft das „Wie" des hoheitlichen Handelns.

c) Auswahlermessen

275 Das Auswahlermessen wird relevant, wenn **mehrere Personen als polizei- bzw. ordnungsrechtlich Verantwortliche** in Betracht kommen. In diesem Falle müssen die Polizei und die Ordnungsverwaltung den oder die **richtigen Adressaten** für die Gefahrenabwehrmaßnahme auswählen. Wer als polizei- und ordnungsrechtlich Verantwortlicher und damit als richtiger Adressat für die Gefahrenabwehrmaßnahme in Betracht kommen kann, werden wir im Folgenden näher betrachten.

> **JURIQ-Klausurtipp**
>
> Kommt nur eine einzige Person als polizei- bzw. ordnungsrechtlich Verantwortlicher in Betracht, stellt sich die Frage des Auswahlermessens von vornherein nicht. Sollte die Polizei bzw. die Ordnungsverwaltung gleichwohl annehmen, eine Auswahl treffen zu müssen, handelt sie ermessensfehlerhaft und damit rechtswidrig.
> Dass nur eine einzige Person polizei- bzw. ordnungsrechtlich verantwortlich sein kann, kann sich aus den konkreten Umständen des Falls oder aus der einschlägigen Ermächtigungsgrundlage ergeben. Legt die Ermächtigungsgrundlage fest, wer Adressat der Gefahrenabwehrverfügung ist (z.B. § 39 Abs. 1, Abs. 2, § 40, § 43 Nr. 3 PolG NRW), kann auch nur diese betreffende Person zur Abwehr der Gefahr herangezogen werden. In diesem Falle können Sie in Ihrer Fallbearbeitung bei der Prüfung der pflichtgemäßen Ermessensausübung darlegen, dass die Ermächtigungsgrundlage den polizei- und ordnungsrechtlich Verantwortlichen festlegt, somit kein Auswahlermessen eröffnet ist und die handelnde Behörde beim Auswahlermessen pflichtgemäß gehandelt hat, indem sie den in der Ermächtigungsgrundlage vorgesehenen Adressaten der Gefahrenabwehrverfügung auch in Anspruch genommen hat.

aa) Polizei- und ordnungsrechtliche Verantwortlichkeit

276 Entschließt sich die Polizei bzw. die Ordnungsverwaltung bei Vorliegen der Tatbestandsvoraussetzungen einer polizei- bzw. ordnungsrechtlichen Ermächtigungsgrundlage dazu, eine gefahrenabwehrrechtliche Maßnahme zu erlassen, muss diese Maßnahme grundsätzlich an diejenige Person bzw. diejenigen Personen gerichtet werden, die für die Gefahr polizei- bzw. ordnungsrechtlich verantwortlich ist/sind, d.h. den bzw. die **Verantwortlichen**.

---

230 Vgl. *Schenke* Polizei- und Ordnungsrecht Rn. 500.

Hinweis

Oftmals werden Sie anstelle des Terminus „Verantwortlicher" den Begriff des „Störers" finden. Von „Störer" sprachen alte Gesetzesfassungen des PolG NRW und des OBG. Da das PolG NRW und das OBG heute den Begriff der „Verantwortlichkeit" verwenden, sollte Sie dementsprechend von „Verantwortlicher" sprechen, obgleich die Bezeichnung „Störer" nicht falsch ist.

Das PolG NRW und das OBG kennt folgende Verantwortliche: 277

» Werfen Sie einen Blick in §§ 4–6 PolG NRW und §§ 17–19 OBG! «

Polizei- und ordnungsrechtlich Verantwortliche

Verhaltensverantwortlicher (§ 4 PolG NRW, § 17 OBG NRW)	Zustandsverantwortlicher (§ 5 PolG NRW, § 18 OBG NRW)	Nichtverantwortlicher (§ 6 PolG NRW, § 19 OBG NRW)	Anscheinsverantwortlicher	Verdachtsverantwortlicher

(1) Verhaltensverantwortlicher

Verhaltensverantwortlich ist eine Person, die durch ihr Verhalten eine Gefahr für die öffentliche Sicherheit oder Ordnung verursacht. 278

» Lesen Sie § 4 PolG NRW und § 17 OBG! «

Die Verhaltensverantwortlichkeit ist in **§ 4 PolG NRW** und in **§ 17 OBG** geregelt. Danach sind die gefahrenabwehrrechtlichen Maßnahmen gegen die Person zu richten, die eine Gefahr verursacht. Maßgeblich für die Verhaltensverantwortlichkeit ist hiernach die **Verursachung** einer Gefahr. Der Verursacher liefert einen **besonderen Zurechnungsgrund**, um zur Abwehr der Gefahr in Anspruch genommen zu werden.[231]

Regelmäßig wird die Gefahr für die öffentliche Sicherheit oder Ordnung durch ein **aktives** 279
Tun verursacht.

Beispiel A leitet Abwasser aus seiner Fabrik in den angrenzenden Fluss. ■

Die Gefahr kann aber **ausnahmsweise** auch durch ein **Unterlassen** der betreffenden Person 280
verursacht werden, vorausgesetzt, diese Person ist **zu einem entsprechenden Handeln rechtlich verpflichtet**.

Beispiel Die Stadt K hat eine Satzung erlassen, nach der die Eigentümer von Grundstücken, die an den öffentlichen Straßenraum grenzen, die Bürgersteige von Schnee und Eis befreien müssen. W schert sich nicht um diese Satzung. Nach dem ersten Schneefall des Jahres lässt sie die „weiße Pracht" auf dem Bürgersteig liegen. ■

Unstreitig ergibt sich eine rechtliche Handlungspflicht aus **öffentlich-rechtlichen Vorschrif-** 281
ten (s. unser *Beispiel* oben Rn. 280). **Teilweise** wird angenommen, dass die rechtliche Handlungspflicht auch auf einer **privatrechtlichen Vorschrift** beruhen kann (z.B. zivilrechtliche Verkehrssicherungspflichten).[232]

231 Vgl. *Dietlein*, in: Dietlein/Hellermann Öffentliches Recht in Nordrhein-Westfalen § 3 Rn. 77.
232 Vgl. *Schenke* Polizei- und Ordnungsrecht Rn. 239.

282 Als Verhaltensverantwortliche kommen zunächst **natürliche Personen** in Betracht. Unerheblich ist insoweit z.B., wie alt sie sind, ob sie die Gefahr schuldhaft verursacht haben und ob sie einsichtsfähig sind. Des Weiteren können **juristische Personen des Privatrechts** (z.B. AG, GmbH) und **nichtrechtsfähige privatrechtliche Vereinigungen**, deren Bestehen zumindest auf eine gewissen Dauer angelegt ist und die ein Mindestmaß an Organisation aufweisen (z.B. OHG, KG, GbR, nicht eingetragener Verein), sein.[233]

Beispiel Hundert Personen demonstrieren ein einzelnes Mal vor dem Deutschen Bundestag gegen die Sozialgesetzgebung des Bundes. Als die Demonstranten den Bundestag stürmen wollen, werden sie von der Polizei eingekesselt. – Bei der Demonstration handelt es sich bereits deshalb nicht um nichtrechtsfähige privatrechtliche Vereinigung, weil sie nicht auf Dauer angelegt ist. Die Maßnahmen der Polizei richten sich daher nicht gegen die Demonstration als solche, sondern gegen die einzelnen Mitglieder der Demonstration. ■

Hinweis

Zur Frage der Verhaltensverantwortlichkeit juristischer Personen des öffentlichen Rechts s.u. Rn. 313 f.

283 Wie soeben bereits erwähnt, ist der Verursacher der Gefahr verhaltensverantwortlich. Wer ist aber als Verursacher der Gefahr anzusehen? Diese Frage stellt sich insbesondere in den Fällen, in denen **mehrere Ursachen für das Entstehen der Gefahr** in Betracht kommen.

Beispiel[234] O hat seinen Pkw auf dem Seitenstreifen einer Straße ordnungsgemäß geparkt. Einige Zeit später stellt S seinen Pkw ganz dicht hinter den Pkw des O. Schließlich parkt B ihren Pkw ganz dicht vor dem Pkw des O. Als O mit seinem Pkw wegfahren will, ist er eingeklemmt und kommt nicht mehr aus seiner Parklücke heraus. ■

284 Die h.M. folgt der sog. **Theorie der unmittelbaren Verursachung**. Danach ist diejenige Person verhaltensverantwortlich, die durch ihr Verhalten die konkrete Gefahr selbst *unmittelbar* verursacht und damit in eigener Person die Gefahrenschwelle überschritten hat. Verhaltensverantwortlich ist damit diejenige Person, die die **letzte steuerbare Ursache in der Kausalkette** gesetzt hat.[235] Nur mittelbare oder entfernte Ursachen scheiden daher aus. In unserem *Beispiel* oben (Rn. 283) hat B die letzte steuerbare Ursache für das Einklemmen des Pkw von O gesetzt; sie ist daher verhaltensverantwortlich.

JURIQ-Klausurtipp

Unterscheiden Sie zwischen der zuerst zu prüfenden Frage, wer Verhaltensverantwortlicher ist, und der ggf. später zu prüfenden Frage, wer von mehreren Verhaltensverantwortlichen als Adressat einer Gefahrenabwehrmaßnahme in Betracht kommt. Die Theorie der unmittelbaren Verursachung schließt nicht aus, dass mehrere Personen nebeneinander verantwortlich sind.

233 Vgl. zum Ganzen *Schenke* Polizei- und Ordnungsrecht Rn. 231 ff.
234 Nach *OVG NRW* NJW 1993, 2698.
235 Vgl. zum Ganzen *Dietlein*, in: Dietlein/Hellermann Öffentliches Recht in Nordrhein-Westfalen § 3 Rn. 79.

Die Theorie der unmittelbaren Verursachung gilt allerdings nicht ausnahmslos. Vielmehr sind **zwei Ausnahmen** anerkannt: 285

Die erste Ausnahme betrifft den Fall des – heute obsoleten – sog. **latenten Verantwortlichen** (vgl. zur obsoleten latenten Gefahr bereits oben Rn. 260 f.). 286

Beispiel[236] Außerhalb einer Dorfbebauung wird eine Schweinemästerei betrieben. Der Betrieb bildet einen idealen Nährboden für vielfältiges Ungeziefer. Eines Tages wird unweit des Betriebes eine Wohnbebauung zugelassen. ■

Nach der Theorie der unmittelbaren Verursachung sind in unserem *Beispiel* an sich diejenigen Personen, die dem Betrieb durch die zugelassene Wohnbebauung nahekommen, verhaltensverantwortlich, weil sie die letzte steuerbare Ursache für die Gefahr setzen. Mit der Figur des latenten Verantwortlichen soll diese Verantwortlichkeit aber gerade ausgeschlossen werden. Verantwortlich soll in dieser Fallkonstellation nicht diejenige Person sein, die die letzte steuerbare Ursache für die Gefahr setzt, sondern diejenige Person sein, die für die latente Gefahr verantwortlich ist, und damit die **vorletzte Person in der Kausalkette**. In unserem *Beispiel* ist dies der Schweinemäster.

Die zweite Ausnahme betrifft den sog. **Zweckveranlasser**. 287

Beispiel 1[237] In Kenntnis der Umstände stimmt eine Musikkappelle die Melodie eines antisemitischen Liedes an. ■

Nach der Theorie der unmittelbaren Verursachung wären in unserem *Beispiel* an sich diejenigen Personen, die in das antisemitische Lied einstimmen und es singen, für die Gefahr für die öffentliche Sicherheit verhaltensverantwortlich, weil sie die letzte steuerbare Ursache für die Gefahr setzen, während die Musikkappelle die Gefahr eigentlich nur mittelbar verursacht. Da der mittelbare Verursacher durch sein Verhalten jedoch die Verwirklichung der Gefahr zweckgerichtet beabsichtigt (sog. **subjektive Theorie**) bzw. die Gefahr sich bei objektiver Betrachtung als eine zwangsläufige bzw. typische Folge der Veranlassung darstellt (sog. **objektive Theorie**), wird der mittelbare Verursacher als Verhaltensverantwortlicher qualifiziert. In unserem *Beispiel* ist/sind dies die Musikkappelle bzw. die Musiker.

Beispiel 2[238] Ein Kioskbesitzer, der im Straßenkarneval Alkohol in Glasflaschen verkauft, ist hinsichtlich der Gefahren, die durch das spätere Herumliegen von Glasscherben im öffentlichen Straßenraum bedingt sind, (objektiv) Zweckveranlasser, weil er eine vorhersehbare Entwicklung in Gang gesetzt hat. ■

236 Vgl. *OVG NRW* OVGE 11, 250.
237 Vgl. *PrOVGE* 80, 176 – Borkumlied.
238 Vgl. *OVG NRW* NWVBl. 2012, 431.

Hinweis

Die subjektive Theorie stellt also auf die Intention des Veranlassers ab, während bei der objektiven Theorie zu fragen ist, ob die Gefahr aus der Sicht eines unbeteiligten Dritten eine zwangsläufige bzw. typische Folge der Veranlassung ist.

288 Neben die Verhaltensverantwortlichkeit des Verursachers kann die Haftung eines Dritten treten. Der Dritte haftet **zusätzlich neben dem eigentlichen Verhaltensverantwortlichen**. Eine solche personelle Erweiterung der Verhaltensverantwortlichkeit gibt es zunächst gemäß **§ 4 Abs. 2 PolG NRW** und **§ 17 Abs. 2 OBG** bei **verhaltensverantwortlichen Personen unter vierzehn Jahre** und bei **Personen, die unter Betreuung** stehen (vgl. Wortlaut „… Maßnahmen auch gegen …"). Bei diesen Personen kann die **aufsichtspflichtige Person** Adressat einer Gefahrenabwehrmaßnahme werden, soweit deren Inanspruchnahme geeignet, die Gefahr abzuwehren.

Beispiel Der zehnjährige J verteilt regelmäßig flüssige Schmierseife auf dem Bürgersteig vor dem Haus seiner Eltern in der Hoffnung, dass Passanten zu seiner Belustigung ausrutschen. Nachbarn verständigen die zuständige Behörde, damit sie einschreitet. – J ist ohne Weiteres Verhaltensstörer. Da er noch unter vierzehn Jahre ist, kann die Behörde neben J auch gegen die aufsichtspflichtigen Eltern des J vorgehen. Sofern die Eltern eine faktische Zugriffsmöglichkeit auf die Schmierseife, die J verwendet, haben, ist die Inanspruchnahme der Eltern ermessensfehlerfrei. ■

289 Nach **§ 4 Abs. 3 PolG NRW** und **§ 17 Abs. 3 OBG** kann eine gefahrenabwehrrechtliche Maßnahme außerdem gegen die **Person** gerichtet werden, die **eine andere Person zur Verrichtung bestellt** hat, wenn die **zur Verrichtung bestellte Person in Ausführung der Verrichtung** eine Gefahr verursacht hat (vgl. Wortlaut „… Maßnahmen auch gegen …").

Beispiel P arbeitet als Lkw-Fahrer in der Getränkefirma xy OHG und liefert die Getränkekisten an die Kunden. Bei einer Lieferfahrt schert sein Lkw in einer scharfen Kurve aus und kippt um. Alle Getränkekisten stürzen auf die Straße und verwandeln die Straße in ein Scherbenmeer. – P ist ohne Weiteres verhaltensverantwortlich. Da er die Gefahr bei einer Lieferfahrt und damit in Ausführung der Verrichtung, für die er bestellt ist, verursacht hat, kann auch der Geschäftsherr (hier die Getränkefirma xy OHG) in Anspruch genommen werden. ■

290 Sofern **Organe juristischer Personen des Privatrechts** oder **vertretungsberechtigte Personen nicht rechtsfähiger Personenvereinigungen** verhaltensverantwortlich sind, ist anerkannt, dass eine gefahrenabwehrrechtliche Maßnahme auch gegen die **juristische Person des Privatrechts** bzw. die **nicht rechtsfähige Personenvereinigung** gerichtet werden kann.[239]

291 Nach **§ 4 Abs. 4 PolG NRW** und **§ 17 Abs. 4 OBG** sind § 4 Abs. 1 bis 3 PolG NRW und § 17 Abs. 1 bis 3 OBG nicht anzuwenden, soweit andere Vorschriften dieses Gesetzes oder andere Rechtsvorschriften bestimmen, gegen wen eine Maßnahme zu richten ist. Die in den jeweiligen Absätzen 1 bis 3 enthaltenen Regelungen über die Verhaltensverantwortlichkeit gelten danach lediglich **subsidiär**. Sie werden von speziellen Vorschriften verdrängt (z.B. §§ 56 ff. BauO NRW; § 34 Abs. 2, §§ 39 Abs. 1 und Abs. 2, 40, 43 Nr. 3 PolG NRW; s. auch oben Rn. 275).

239 Vgl. *Dietlein*, in: Dietlein/Hellermann Öffentliches Recht in Nordrhein-Westfalen § 3 Rn. 89.

(2) Zustandsverantwortlicher

Zustandsverantwortlich ist der Eigentümer einer Sache oder deren Inhaber der tatsächlichen Gewalt, wenn die Gefahr von einer Sache oder einem Tier ausgeht. 292

Die Zustandsverantwortlichkeit ist in **§ 5 PolG NRW** und in **§ 18 OBG** geregelt. Im Gegensatz zur Verhaltensverantwortlichkeit knüpft die Zustandsverantwortlichkeit an den **Zustand einer Sache** an. **Zurechnungsgrund** für die Zustandsverantwortlichkeit des Eigentümers oder des Inhabers der tatsächlichen Gewalt ist der Gedanke der **Risikosphäre** und der **Nutzen-Lasten-Relation**.[240]

» Lesen Sie § 5 PolG NRW und § 18 OBG! «

Die Zustandsverantwortlichkeit setzt voraus, dass eine Gefahr von einer **Sache** oder von einem **Tier** ausgeht (vgl. **§ 5 Abs. 1 S. 1 PolG NRW**; **§ 18 Abs. 1 S. 1 OBG**). Unter den Begriff der **„Sache"** fallen **bewegliche und unbewegliche Gegenstände**. Auch **Tiere** werden **grundsätzlich wie Sachen** behandelt (vgl. **§ 5 Abs. 1 S. 2 PolG NRW**; **§ 18 Abs. 1 S. 2 OBG**). Als **Zustand** der Sache oder des Tieres kommen sowohl die **Beschaffenheit der Sache oder des Tieres** (z.B. kontaminiertes Grundstück; bissiger Hund) als auch **deren Lage im Raum** (z.B. Verkehrshindernis auf der Straße) in Betracht.[241] 293

Zustandsverantwortlicher ist gemäß **§ 5 Abs. 1 S. 1, Abs. 2 PolG NRW** und **§ 18 Abs. 1 S. 1, Abs. 2 OBG** der Eigentümer oder der Inhaber der tatsächlichen Gewalt; darüber hinaus kann nach **§ 5 Abs. 2 S. 1 PolG NRW** auch ein **anderer Berechtigter** in Anspruch genommen werden. **Eigentümer** ist diejenige Person, die nach den einschlägigen **zivilrechtlichen Bestimmungen** die Rechtsstellung eines Eigentümers innehat.[242] **Inhaber der tatsächlichen Gewalt** ist diejenige Person, die **die tatsächliche Sachherrschaft** über die Sache oder das Tier ausübt. Der Besitz darf **nicht aufgedrängt** sein. Aufgedrängt wäre der Besitz z.B. dann, wenn infolge Hochwasser Müll auf ein umzäuntes Ufergrundstück angeschwemmt wird.[243] **Unerheblich** ist grundsätzlich, ob die Person die tatsächliche Sachherrschaft **berechtigt oder unberechtigt** innehat. 294

Die Zustandsverantwortlichkeit besteht grundsätzlich, **solange** die Person Eigentümer der Sache oder des Tieres oder dessen Inhaber der tatsächlichen Gewalt ist. 295

Trotz fehlender Rechtsstellung als Eigentümer kann eine Zustandshaftung im Falle einer sog. **Dereliktion** nach §§ 959, 928 BGB bestehen. Falls die Dereliktion zur **Herrenlosigkeit** der Sache oder des Tieres führt, kann die Polizei bzw. die Ordnungsverwaltung ihre Gefahrenabwehrmaßnahme gegen diejenige **Person** richten, die das **Eigentum aufgegeben** hat (vgl. **§ 5 Abs. 3 PolG NRW**; **§ 18 Abs. 3 OBG**).

» Wiederholen Sie ggf. die zivilrechtliche Dereliktion im Skript „Sachenrecht"! «

Beispiel R ist ihrer Hauskatze überdrüssig und setzt sie kurzerhand auf einer Landstraße aus. Dort streunt die Katze umher und gefährdet den Straßenverkehr. – R hat das Eigentum an der Katze durch deren Aussetzen aufgegeben. Die Katze ist seit dem Aussetzen herrenlos. Da die Katze aufgrund ihrer „Lage im Raum" als zeitweises Verkehrshindernis auf der Straße eine Gefahr darstellt, kann R aufgrund ihrer fortbestehenden Zustandsverantwortlichkeit in Anspruch genommen werden. ■

240 Vgl. *Dietlein*, in: Dietlein/Hellermann Öffentliches Recht in Nordrhein-Westfalen § 3 Rn. 90.
241 Vgl. zum Ganzen *Schenke* Polizei- und Ordnungsrecht Rn. 268.
242 Vgl. näher *Dietlein*, in: Dietlein/Hellermann Öffentliches Recht in Nordrhein-Westfalen § 3 Rn. 93.
243 Vgl. *BVerwGE* 106, 43.

296 Ein **Eigentümer** oder ein **anderer Berechtigter** ist gemäß **§ 5 Abs. 2 S. 2 PolG NRW** und **§ 18 Abs. 2 S. 2 OBG nicht zustandsverantwortlich**, wenn der Inhaber der tatsächlichen Gewalt diese **ohne oder gegen den Willen** des Eigentümers oder des anderen Berechtigten ausübt. Der **Eigentümer** ist nach **§ 18 Abs. 2 S. 2 OBG** auch dann **nicht zustandsverantwortlich**, wenn der **Inhaber der tatsächlichen Gewalt** unter bestimmten Umständen **von der zuständigen Ordnungsbehörde als allein verantwortlich anerkannt** ist.

297 Nach **§ 5 Abs. 4 PolG NRW** und **§ 18 Abs. 4 OBG** gelten § 5 Abs. 1 bis 3 PolG NRW und § 18 Abs. 1 bis 3 OBG im Rahmen der Zustandsverantwortlichkeit nur **subsidiär**. Spezialgesetzliche Regelungen hinsichtlich der Zustandsverantwortlichkeit finden sich z.B. in § 42 Abs. 1 WaffG;[244] § 4 Abs. 2 BBodSchG;[245] vorrangig anwendbare Regelungen enthalten auch die Standardermächtigungen z.B. in §§ 40 Abs. 1 Nr. 1, 41, 43 Nr. 3 PolG NRW.

298 Eine Gefahr geht nicht mehr von einer Sache aus, wenn die Gefahr durch einen hinzutretenden, freiverantwortlichen **Kausalbeitrag Dritter** verursacht wird.[246]

Beispiel Anhänger einer radikalen Gruppe bereiten einen Bombenanschlag auf einen Bahnhof in NRW vor. – Eine gefahrenabwehrrechtliche Gefahr geht hier nicht vom Betreiber des Bahnhofs, sondern vom hinzutretenden, freiverantwortlichen Handeln der Anhänger der radikalen Gruppe aus. ■

(3) Nichtverantwortlicher

» Lesen Sie § 6 PolG NRW und § 19 OBG! «

299 Auf der Grundlage des § 6 PolG NRW und des § 19 OBG kann zur Gefahrenabwehr ausnahmsweise eine Person herangezogen werden, die weder verhaltens- noch zustandspflichtig ist (sog. **Nichtverantwortlicher**). Tritt dieser Ausnahmefall ein, liegt ein sog. **polizeilicher Notstand** vor.[247]

Beispiel Die zuständige Behörde will den altersschwachen Obdachlosen L in die leer stehende Wohnung des C einweisen. Dieser weigert sich, seine Wohnung hierfür herzugeben. ■

300 Die Inanspruchnahme eines Nichtverantwortlichen ist gemäß § 6 Abs. 1 PolG NRW und § 19 Abs. 1 OBG zulässig, wenn

- eine **gegenwärtige Gefahr** abzuwehren ist (Nr. 1),
- Maßnahmen gegen einen Verhaltens- oder Zustandsverantwortlichen **nicht oder nicht rechtzeitig möglich** sind oder **keinen Erfolg** versprechen (Nr. 2),
- die Polizei bzw. die Ordnungsverwaltung die **Gefahr nicht oder nicht rechtzeitig selbst durch Beauftragte abwehren** kann (Nr. 3) *und*
- die Personen **ohne erhebliche eigene Gefährdung** und **ohne Verletzung höherwertiger Pflichten** in Anspruch genommen werden können (Nr. 4).

Hinweis

Beachten Sie, dass diese Voraussetzungen kumulativ vorliegen müssen (vgl. Wortlaut „und" am Ende der Nr. 3)!

---

244 Waffengesetz (*Sartorius* I Nr. 820).

245 Bundesbodenschutzgesetz (*Sartorius* I Nr. 299).

246 Vgl. *Dietlein*, in: Dietlein/Hellermann Öffentliches Recht in Nordrhein-Westfalen § 3 Rn. 92, auch zur insoweit nicht konsequenten Rechtsprechung.

247 Vgl. *Schenke* Polizei- und Ordnungsrecht Rn. 312.

In unserem *Beispiel* oben (Rn. 299) kommt eine zwangsweise Einweisung des L in die leer stehende Wohnung des C in Betracht. Wegen der Altersschwäche des L besteht für ihn eine erhebliche Gefahr für seine Gesundheit und sein Leben. Sofern die zuständige Behörde nicht selbst Abhilfe schaffen kann, kann sie C als Nichtverantwortlichen in Anspruch nehmen. Gemäß **§ 6 Abs. 2 PolG NRW** bzw. **§ 19 Abs. 2 OBG** darf die Maßnahme aber nur aufrechterhalten werden, **solange** die **Abwehr der Gefahr nicht auf andere Weise möglich** ist. Für unser *Beispiel* bedeutet dies, dass die Behörde L anderweitig unterbringen muss, sobald sich eine entsprechende Möglichkeit bietet. **301**

(4) Anscheins- und Verdachtsverantwortlicher

(a) Anscheinsverantwortlicher **302**

> **Anscheinsverantwortlicher** ist diejenige Person, die durch ihr Verhalten die berechtigte Annahme einer Anscheinsgefahr verursacht hat oder die Eigentümerin oder Inhaberin der tatsächlichen Gewalt einer Sache oder eines Tieres ist, von der/dem eine Anscheinsgefahr ausgeht.

Die Existenz einer Anscheinsverantwortlichkeit ist die Folge davon, dass die Anscheinsgefahr in den polizei- und ordnungsrechtlichen Gefahrenbegriff einbezogen wurde (s.o. Rn. 246).

Nach **ganz h.M.** können die Polizei und die Ordnungsverwaltung im Falle einer Anscheinsgefahr gegen diejenige Person einschreiten, die nach dem Kenntnisstand der Polizei bzw. der Ordnungsverwaltung dem Anschein nach Verantwortlicher ist.[248] **303**

(b) Verdachtsverantwortlicher Auch die Existenz einer Verdachtsverantwortlichkeit ist die Folge der Einbeziehung eines qualifizierten Gefahrenverdachts in den polizei- und ordnungsrechtlichen Gefahrenbegriff (s.o. Rn. 248 f.). **304**

> **Verdachtsverantwortlicher** ist diejenige Person, die verdächtigt wird, für eine Gefahrenlage verantwortlich zu sein.

Nach **ganz h.M.** kann ein Verdachtsverantwortlicher Adressat von Gefahrerforschungsmaßnahmen sein. Mit dem Verdachtsverantwortlichen wird diejenige Person, die im Falle einer tatsächlichen Gefahr verhaltens- oder zustandsverantwortlich ist, **vorläufig als Verantwortlicher in Anspruch genommen.**[249] **305**

Beispiel Das Grundstück des H steht in Verdacht, mit giftigen Schadstoffen kontaminiert zu sein. Die zuständige Behörde vermutet dies allerdings nur; Konkretes weiß sie im Moment noch nicht. Daher können zur Feststellung, ob wirklich eine Gefahr besteht, Gefahrerforschungseingriffe vorgenommen werden. Adressat solcher Maßnahmen kann H sein, weil er als Grundstückseigentümer bei tatsächlichem Vorliegen einer Gefahr Zustandsverantwortlicher wäre. ■

---

248 Vgl. *OVG NRW* DVBl. 2013, 931; *Mann*, in: Erbguth/Mann/Schubert Besonderes Verwaltungsrecht Rn. 475 f. mit Beispiel; a.A. *Schenke* Polizei- und Ordnungsrecht Rn. 259 ff. Zur hiervon zu trennenden Frage, ob der Anscheinsverantwortliche kostentragungspflichtig oder entschädigungsberechtigt ist, s.u. Rn. 398, 468.

249 Vgl. zum Ganzen *Götz* Allgemeines Polizei- und Ordnungsrecht § 6 Rn. 29; *Pieroth/Schlink/Kniesel* Polizei- und Ordnungsrecht § 9 Rn. 24 f.

306 Dabei ist jedoch **fraglich**, ob der Verdachtsverantwortliche selbst zur Vornahme der Gefahrerforschungseingriffe oder nur zur Duldung solcher Eingriffe verpflichtet werden kann. Eigentlich handelt es sich bei den **Gefahrerforschungseingriffen** gemäß **§ 24 VwVfG NRW** um eine **behördliche Aufgabe**, bei deren Wahrnehmung den Betroffenen grundsätzlich lediglich **Mitwirkungslasten** (vgl. Wortlaut des **§ 26 Abs. 2 Sätze 1 und 2 VwVfG NRW**: „sollen … mitwirken", „sollen … angeben") und keine Mitwirkungspflichten treffen (vgl. auch § 26 Abs. 2 S. 3 VwVfG NRW). Daher kann von dem Verdachtsverantwortlichen regelmäßig nicht verlangt werden, dass er die Gefahrerforschungseingriffe selbst durchführt; er kann lediglich zur **Duldung solcher Eingriffe** durch die zuständige Behörde verpflichtet werden.[250] In unserem *Beispiel* oben (Rn. 305) braucht H deshalb nur die von der zuständigen Behörde durchzuführenden Bodenuntersuchungen zu dulden.

(5) Rechtsnachfolge in die polizei- und ordnungsrechtliche Verantwortlichkeit

307 Schließlich wollen wir uns in diesem Abschnitt mit der Rechtsnachfolge in die polizei- und ordnungsrechtliche Verantwortlichkeit befassen. Häufig stellt sich die Frage, ob auch ein Gesamtrechtsnachfolger (z.B. ein Erbe, vgl. § 1922 BGB) oder ein Einzelrechtsnachfolger (z.B. der Erwerber einer Sache oder eines Grundstücks) eines polizei- und ordnungsrechtlich Verantwortlichen durch die Rechtsnachfolge selbst zum Verantwortlichen wird. Dabei sind folgende **drei Ebenen** zu unterscheiden:[251]

Rechtsnachfolge in die polizei- und ordnungsrechtliche Verantwortlichkeit

Verantwortlichkeit als individuelle Pflichtenposition

Nachfolgefähigkeit

Nachfolgetatbestand

308 Die Frage der Rechtnachfolge hat demnach drei Voraussetzungen, die kumulativ vorliegen müssen, um eine Rechtsnachfolge in die polizei- und ordnungsrechtliche Verantwortlichkeit zu bejahen. Dementsprechend prüfen Sie die polizei- und ordnungsrechtliche Verantwortlichkeit in drei Schritten.

309 **(a) Verantwortlichkeit als individuelle Pflichtenposition** Im ersten Schritt untersuchen Sie, ob die Verantwortlichkeit überhaupt eine **individuell zuzuordnende Pflicht** bildet. Eine solche ist gegeben, wenn die Verantwortlichkeit **durch Verwaltungsakt konkretisiert** wurde.

250 Vgl. zum Ganzen *Mann*, in: Erbguth/Mann/Schubert Besonderes Verwaltungsrecht Rn. 480. Zur hiervon zu trennenden Frage, ob der Verdachtsverantwortliche kostentragungspflichtig oder entschädigungsberechtigt ist, s.u. Rn. 398, 468.

251 Vgl. zum Folgenden im Ganzen (ohne Beispiele) *Dietlein*, in: Dietlein/Hellermann Öffentliches Recht in Nordrhein-Westfalen § 3 Rn. 109 ff. m.w.N.

Beispiel K nutzt die Doppelgarage seines in einem reinen Wohngebiet stehenden Wohnhauses als Kiosk, das täglich 24 Stunden geöffnet ist. Die zuständige Bauaufsichtsbehörde hat noch keine Nutzungsuntersagung gegenüber K erlassen. Vor ihrem Erlass veräußert K sein Grundstück an L. – Im Zeitpunkt der Veräußerung des Grundstücks an L existierte noch keine Nutzungsuntersagung gegenüber K. Daher bestand lediglich eine „abstrakte" Verantwortlichkeit des K; die Frage einer Pflichtennachfolge stellt sich hier nicht. Anders sähe es jedoch aus, wenn die zuständige Bauaufsichtsbehörde bereits eine Nutzungsuntersagung erlassen hätte. Dann hätte im Zeitpunkt der Veräußerung des Grundstücks eine „konkrete", nämlich eine durch den Erlass der Nutzungsuntersagung konkretisierte Verantwortlichkeit des K bestanden. ■

(b) Nachfolgefähigkeit Liegt eine durch Verwaltungsakt konkretisierte Verantwortlichkeit vor, prüfen Sie im zweiten Schritt, ob die hierdurch begründete **Pflichtenstellung nachfolgefähig** ist. In der Rechtsprechung und im Schrifttum wird angenommen, dass die Verpflichtung zur Vornahme **vertretbarer Handlungen nachfolgefähig** und die Verpflichtung zur Vornahme **nicht vertretbarer Handlungen** (d.h. höchstpersönlicher Pflichten wie z.B. Impfpflichten, körperliche Untersuchungen) **nicht nachfolgefähig** seien. Aus rechtsstaatlichen Gründen wird jedoch einschrankend verlangt, dass sich jedwede Inanspruchnahme einer Peron durch **„Zurechnungsgründe"** legitimieren lassen müsse. Eine Pflichtennachfolge sei daher nur dort legitim, wo sich der vom Gesetzgeber gewählte Zurechnungsgrund der Inanspruchnahme des Rechtsvorgängers **in der Person des Nachfolgers fortsetze**. Dies bedeutet: Eine **Verhaltensverantwortlichkeit** ist wegen der Anknüpfung an ein individuelles Verhalten einer Person **grundsätzlich nicht nachfolgefähig**, wohingegen die **Zustandsverantwortlichkeit nachfolgefähig** ist, **soweit** ein **Nachfolgetatbestand** (s.u. Rn. 311) gegeben ist. 310

Beispiel Im *Beispiel* oben (Rn. 309) hat die zuständige Bauaufsichtsbehörde die Nutzungsuntersagung bereits vor der Veräußerung des Grundstücks erlassen. – Bei der Verpflichtung des K, die Doppelgarage nicht als Ladenlokal zu nutzen, handelt es sich um eine vertretbare Handlung, die als solche nachfolgefähig sein könnte. Allerdings resultiert die Nutzungsuntersagung aus einer bauordnungswidrigen Nutzung der Doppelgarage durch K, d.h. aus einem bestimmten individuellen Verhalten des K, das durch den Erlass der Nutzungsuntersagung sanktioniert wird. Diese Verhaltensverantwortlichkeit des K ist nicht nachfolgefähig. ■

(c) Nachfolgetatbestand Ist in Ihrer Fallbearbeitung eine prinzipiell nachfolgefähige Zustandsverantwortlichkeit gegeben, gehen Sie im dritten Schritt der Frage nach, ob es hierfür einen Nachfolgetatbestand gibt, denn – wie die Inpflichtnahme des (ursprünglich) Verantwortlichen – unterliegt auch die Inanspruchnahme des Rechtsnachfolgers dem rechtsstaatlichen Vorbehalt des Gesetzes, d.h. ein Eintritt des Rechtsnachfolgers in die polizei- und ordnungsrechtliche Verantwortlichkeit des Rechtsvorgängers kann es nur im Falle einer einschlägigen formell-gesetzlichen Regelung geben. Eine solche Regelung existiert im nordrhein-westfälischen Polizei- und Ordnungsrecht nicht. Daher gibt es in Nordrhein-Westfalen **de lege lata keine Pflichtennachfolge in die polizei- und ordnungsrechtliche Verantwortlichkeit** (str.). Das bedeutet: Die Polizei und die Ordnungsverwaltung müssen **gegen den Rechtsnachfolger** eine **neue Gefahrenabwehrmaßnahme** erlassen. 311

JURIQ-Klausurtipp

Wenn Sie der hier vertretenen Auffassung folgen, steht das Ergebnis der Frage einer Rechtsnachfolge in die polizei- und ordnungsrechtliche Verantwortlichkeit von vornherein fest. In einem Gutachten ist die Frage gleichwohl – wie dargelegt – näher zu erörtern.

(6) Exkurs: Juristische Personen des öffentlichen Rechts als Adressaten von Gefahrenabwehrmaßnahmen

312 Besonderheiten weisen Fallkonstellationen auf, in denen eine juristische Person des öffentlichen Rechts (z.B. Bund, Länder, Gemeinden, Körperschaften des öffentlichen Rechts) als polizei- bzw. ordnungsrechtlich Verantwortliche in Betracht kommt. Gefahren für die öffentliche Sicherheit oder Ordnung können nicht nur durch Private, sondern auch durch das Verhalten von Verwaltungsorganen und durch den Zustand von Sachen oder Tieren, die der Ausübung von Hoheitsbefugnissen dienen, entstehen.[252] Hier stellt sich die Frage, ob die juristische Person des öffentlichen Rechts von der Polizei bzw. der Ordnungsverwaltung zur Gefahrenabwehr wie ein sonstiger Verantwortlicher in Anspruch genommen werden kann. Für die Inanspruchnahme spricht Art. 20 Abs. 3 GG. Alle Hoheitsträger sind danach an das Polizei- und Ordnungsrecht gebunden. Allerdings besitzen die Polizei und die Ordnungsverwaltung nach h.M.[253] aus kompetenzrechtlichen Gründen **keine Anordnungsbefugnis** gegenüber einer juristischen Person des öffentlichen Rechts, **soweit** sie dadurch **in deren öffentlich-rechtlichen oder verwaltungsprivatrechtlichen Handlungskreis eingreifen** würden. Gleiches gilt für Maßnahmen der **Verwaltungsvollstreckung** (vgl. § 76 VwVG NRW). Die Polizei und die Ordnungsverwaltung bleiben insoweit auf **„Anregungen"** gegenüber dem verantwortlichen Hoheitsträger beschränkt. Für die Beachtung des Polizei- und Ordnungsrechts sind die juristischen Personen selbst verantwortlich; **ggf.** ist ein Einschreiten der zuständigen **Aufsichtsbehörde** erforderlich.[254]

313 Der Polizei und der Ordnungsverwaltung ist eine Inanspruchnahme juristischer Personen des öffentlichen Rechts damit nur versagt, soweit diese öffentlich-rechtlich oder verwaltungsprivatrechtlich handeln. Jenseits dieses Handlungsspektrums, also insbesondere im Bereich des rein fiskalischen Handelns oder im Bereich sonderordnungsrechtlicher Befugnisse (z.B. § 24 S. 1 BImSchG[255]), können die juristischen Personen des öffentlichen Rechts daher durchaus Adressat von Gefahrenabwehrmaßnahmen werden.[256]

Beispiel 1[257] Das Land beseitigt im Wege der Ersatzvornahme eine Ölverschmutzung in einer Bundeswasserstraße. Der Bund muss dem Land die Kosten für die Beseitigung erstatten. Die Erstattungspflicht des Bundes resultiert aus dessen Zustandsverantwortlichkeit im fiskalischen Bereich. ■

---

252 Vgl. *Götz* Allgemeines Polizei- und Ordnungsrecht § 9 Rn. 76.

253 Vgl. *Dietlein*, in: Dietlein/Hellermann Öffentliches Recht in Nordrhein-Westfalen § 3 Rn. 114; zweifelnd *Götz* Allgemeines Polizei- und Ordnungsrecht § 9 Rn. 78.

254 Vgl. zum Ganzen *Dietlein*, in: Dietlein/Hellermann Öffentliches Recht in Nordrhein-Westfalen § 3 Rn. 114.

255 Bundesimmissionsschutzgesetz (*Sartorius* I Nr. 296).

256 Vgl. *Götz* Allgemeines Polizei- und Ordnungsrecht § 9 Rn. 78.

257 Nach *Götz* Allgemeines Polizei- und Ordnungsrecht § 9 Rn. 78.

Beispiel 2[258] Die Immissionsschutzbehörde ist befugt, gegenüber einer Gemeinde den beim Betrieb eines kommunalen Hallenbades einzuhaltenden Immissionsrichtwert festzusetzen. ■

bb) Auswahlermessen bei mehreren Verantwortlichen

Ergibt die Untersuchung der polizei- bzw. ordnungsrechtlichen Verantwortlichkeit, dass meh- **314**
rere Personen polizei- und ordnungsrechtlich verantwortlich sind, müssen die Polizei und die Ordnungsverwaltung in Ausübung pflichtgemäßen Ermessens den/die **„richtigen" Verantwortlichen** für die Abwehr der Gefahr auswählen. Eine **bestimmte Reihenfolge**, in denen mehrere Verantwortliche in Anspruch genommen werden müssen, existiert **nicht**.[259] Die Polizei und die Ordnungsverwaltung sind grundsätzlich befugt, alle oder einen einzelnen Verantwortlichen zur Gefahrenabwehr heranzuziehen.[260] Maßgeblich ist stets allein die **Effektivität der Gefahrenabwehr**, d.h. die möglichst wirksame und schnelle Beseitigung einer Gefahr.[261] Entscheidend sind hier daher die **konkreten Umstände des Einzelfalls**.

Hinweis

Merken Sie sich: Das Auswahlermessen betrifft die Frage, „gegen wen" eine Maßnahme zu treffen ist.

Online-Wissens-Check

Wann liegt eine Anscheinsgefahr vor?

Überprüfen Sie jetzt online Ihr Wissen zu den in diesem Abschnitt erarbeiteten Themen. Unter **www.juracademy.de/skripte/login** steht Ihnen ein Online-Wissens-Check speziell zu diesem Skript zur Verfügung, den Sie kostenlos nutzen können. Den Zugangscode hierzu finden Sie auf der Codeseite.

258 Vgl. *BVerwGE* 117, 1.
259 Vgl. *Mann*, in: Erbguth/Mann/Schubert Besonderes Verwaltungsrecht Rn. 534.
260 Vgl. *OVG NRW* NWVBl. 2000, 306.
261 Vgl. näher *Mann*; in: Erbguth/Mann/Schubert Besonderes Verwaltungsrecht Rn. 534 ff.

E. Übungsfall Nr. 1

315 „Radarfalle"

F ist wieder einmal „geblitzt" worden, weil er – entgegen den innerorts vorgeschriebenen 50 km/h – 88 km/h gefahren ist. Dafür wurde ihm ein Bußgeld in Höhe von 160 € auferlegt; außerdem hat er drei Punkte in Flensburg bekommen (vgl. Anh. BKatV Tab. 1 lit. c lfd. Nr. 11.3.6[262]).

F beschließt daraufhin, sich bei der Polizei der großen kreisangehörigen Stadt Unna zu rächen. Er bastelt ein wetterfestes Schild mit der Aufschrift „Vorsicht! Radarkontrolle!" und legt es in den Kofferraum seines Pkw. Als er eines morgens im Radio hört, dass die Polizei Unna auf der Bundesstraße 1 von Unna nach Dortmund verdeckte Geschwindigkeitsmessungen durchführt, fährt er die Strecke ab und parkt seinen Wagen ca. 200 Meter vor der polizeilichen Kontrollstelle. Gut sichtbar positioniert er sich in Fahrtrichtung und stellt das Schild so vor sich auf, dass jeder entgegenkommende Fahrer ihn ohne Weiteres sehen kann. Anschließend macht F ein ausgiebiges Picknick und direkt danach ein Mittagsschläfchen auf dem Standstreifen.

Rüde geweckt wird er einige Zeit später von zwei Polizeibeamten, die sich gewundert hatten, dass ihnen heute kein Raser „ins Netz" gegangen war. Sie verbieten F, das Schild jetzt und auch in Zukunft an der Straße aufzustellen. F entgegnet, er mache doch nur das, was die Behörden über den Rundfunk täten, wenn sie auf verdeckte Geschwindigkeitskontrollen hinwiesen. Er sei nicht bereit, sich an das Verbot zu halten. Daraufhin verlangen die Polizisten von F die Herausgabe des Schildes, woraufhin F ihnen das Schild gibt und nach Hause fährt.

Nachdem er noch eine Nacht darüber geschlafen hat, geht F zum Rechtsanwalt. Er möchte sich nur gegen die Maßnahmen der Polizei Unna zur Wehr setzen, die sich noch nicht erledigt haben. Er ist der Ansicht, dass er ansonsten die Gerichte unnötig belasten würde.

Der Rechtsanwalt wird beauftragt zu prüfen, wie er sich gegen die noch nicht erledigten polizeilichen Maßnahmen mit einer Klage im Hauptsacheverfahren zur Wehr setzen kann. Erstellen Sie das Gutachten des Rechtsanwaltes unter Berücksichtigung der Wünsche des F! Sollte eine polizeiliche Maßnahme aus einem Grund rechtswidrig sein, bedarf es der Prüfung, ob die Maßnahme aus weiteren Gründen rechtswidrig ist, nicht.

316 Lösung

Der Rechtsanwalt wird ihm raten, Klage in der Hauptsache vor dem zuständigen Verwaltungsgericht zu erheben, wenn und soweit die Klage Aussicht auf Erfolg hat. Die Klage hat Erfolg, wenn und soweit sie zulässig und begründet ist.

I. Zulässigkeit der Klage

Die Klage müsste zulässig sein.

262 Bußgeldkatalog-Verordnung (*Schönfelder* Ergänzungsband Nr. 94a).

1. Eröffnung des Verwaltungsrechtswegs

Zunächst müsste der Verwaltungsrechtsweg eröffnet sein. Der Verwaltungsrechtsweg ist eröffnet, wenn eine aufdrängende Sonderzuweisung vorliegt oder der Verwaltungsrechtsweg über die Generalklausel des § 40 Abs. 1 S. 1 VwGO eröffnet ist. Da eine aufdrängende Sonderzuweisung nicht einschlägig ist, kann der Verwaltungsrechtsweg allein über die Generalklausel des § 40 Abs. 1 S. 1 VwGO eröffnet sein. Über § 40 Abs. 1 S. 1 VwGO ist der Verwaltungsrechtsweg eröffnet, wenn eine öffentlich-rechtliche Streitigkeit nichtverfassungsrechtlicher Art vorliegt. Eine öffentlich-rechtliche Streitigkeit liegt vor, wenn die streitentscheidenden Normen dem öffentlichen Recht entstammen. Wann dies der Fall ist, bestimmt sich z.B. nach der modifizierten Subjektstheorie. Danach ist eine Streitigkeit öffentlich-rechtlicher Natur, wenn durch die streitentscheidenden Normen allein ein Träger öffentlicher Gewalt berechtigt oder verpflichtet wird. Im vorliegenden Fall sind die streitentscheidenden Normen solche des Polizeigesetzes NRW, auf deren Grundlage das Verbot, das Schild jetzt und in Zukunft aufzustellen, und die Anordnung, das Schild herauszugeben, erlassen wurden. Durch die Normen des Polizeigesetzes NRW wird ausschließlich der Staat als Hoheitsträger zu Eingriffen in Freiheit und Eigentum des Bürgers berechtigt. Somit liegt eine öffentlich-rechtliche Streitigkeit vor, die mangels doppelter Verfassungsunmittelbarkeit auch nichtverfassungsrechtlicher Art ist.

Demnach ist der Verwaltungsrechtsweg nach § 40 Abs. 1 S. 1 VwGO eröffnet, es sei denn, es würde eine abdrängende Sonderzuweisung eingreifen. Als eine solche käme § 23 Abs. 1 S. 1 EGGVG in Betracht. § 23 Abs. 1 S. 1 EGGVG enthält eine abdrängende Zuweisung an die ordentlichen Gerichte für sog. Justizverwaltungsakte der Strafverfolgungsbehörden. Die Polizei ist hier jedoch nicht als Strafverfolgungsbehörde tätig geworden, sondern als Gefahrenabwehrbehörde. Für die Begehung einer Straftat durch F ist nichts ersichtlich und davon sind auch die Polizisten bei ihrem Einsatz gegenüber F ersichtlich nicht ausgegangen. Somit greift § 23 Abs. 1 S. 1 EGGVG nicht ein. Folglich ist der Verwaltungsrechtsweg nach § 40 Abs. 1 S. 1 VwGO eröffnet.

2. Statthafte Klageart

Statthafte Klageart könnte die Anfechtungsklage nach § 42 Abs. 1 Alt. 1 VwGO sein. Die Anfechtungsklage ist statthaft, wenn der Betroffene die Aufhebung eines ihn belastenden Verwaltungsaktes i.S.d. § 35 VwVfG NRW begehrt.

a) Rechtsnatur der polizeilichen Maßnahmen

Im vorliegenden Fall gibt es zwei belastende polizeiliche Maßnahmen: F wurde zum einen untersagt, das Schild jetzt und in Zukunft aufzustellen, und zum anderen aufgefordert, das Schild an die Polizei herauszugeben. Beide Maßnahmen sind dahingehend zu überprüfen, ob sie Verwaltungsakte i.S.d. § 35 VwVfG NRW darstellen.

aa) Rechtsnatur der polizeilichen Untersagung, das Schild jetzt und in Zukunft aufzustellen

Die polizeiliche Untersagung, das Schild jetzt und in Zukunft aufzustellen, enthält zum einen die gegenwartsbezogene Untersagung, die laufende Aktion am Straßenrand weiter zu betreiben, und zum anderen die zukunftsbezogene Untersagung, die Radarwarnungen an einem anderen Tag fortzusetzen. Dabei handelt es sich um zwei Verfügungen zur Regelung eines Einzelfalls auf dem Gebiet des öffentlichen Rechts und somit um Verwaltungsakte i.S.d. § 35 S. 1 VwVfG NRW.

bb) Rechtsnatur der polizeilichen Anordnung, das Schild an die Polizei herauszugeben

Die polizeiliche Anordnung, das Schild herauszugeben, und die anschließende Entgegennahme des Schildes durch die Polizei stellen eine Sicherstellung i.S.d. § 43 Nr. 1 PolG NRW dar.

Die Rechtsnatur der Sicherstellung – wie auch die Rechtsnatur der sonstigen polizeilichen Standardmaßnahmen – ist allerdings umstritten. Maßgeblich für die Qualifikation einer polizeilichen Sicherstellung als Verwaltungsakt ist die Frage, ob die Sicherstellung eine Regelung i.S.d. § 35 S. 1 VwVfG NRW beinhaltet. Eine Regelung i.S.d. § 35 S. 1 VwVfG NRW liegt vor, wenn die Maßnahme nach ihrem objektiven Sinngehalt auf eine unmittelbare, für die Betroffenen verbindliche Festlegung von Rechten und Pflichten oder eines Rechtsstatus gerichtet ist.[263] Nach ihrem äußeren Erscheinungsbild ist die Sicherstellung in erster Linie auf den tatsächlichen Erfolg gerichtet, nämlich auf die Begründung des Gewahrsams der Polizei an dem herausverlangten Gegenstand. Daher spricht sich eine Ansicht dafür aus, die

263 Vgl. *Ramsauer*, in: Kopp/Ramsauer VwVfG § 35 Rn. 88.

Sicherstellung als bloßen Realakt ohne Regelungscharakter anzusehen. Unter Zugrundelegung dieser Ansicht bestünde jedoch die Gefahr, dass der Adressat einer solchen Maßnahme zum bloßen Objekt hoheitlicher Realakte degradiert würde. Daher sieht eine andere Ansicht zu Recht auch in einer polizeilichen Sicherstellung einen Verwaltungsakt in Form einer konkludenten Duldungsverfügung. Auf der Grundlage dieser Ansicht ist die polizeiliche Anordnung, das Schild herauszugeben, demnach als Verwaltungsakt i.S.d. § 35 S. 1 VwVfG NRW zu qualifizieren.

cc) Ergebnis zu a)

Beide polizeilichen Maßnahmen stellen Verwaltungsakte i.S.d. § 35 S. 1 VwVfG NRW dar.

b) Erledigung der polizeilichen Maßnahmen?

Die polizeilichen Maßnahmen könnten sich jedoch erledigt, d.h. ihre regelnde Wirkung verloren haben.[264] Im Falle ihrer Erledigung wäre die Anfechtungsklage nicht statthaft, weil sie als Gestaltungsklage nur bei noch nicht erledigten Verwaltungsakten in Betracht kommt. Zu prüfen ist somit, ob sich die polizeilichen Maßnahmen erledigt haben.

aa) Polizeiliche Untersagung, das Schild jetzt und in Zukunft aufzustellen

Bei der Beantwortung der Frage, ob sich die polizeiliche Untersagung, das Schild jetzt und in Zukunft aufzustellen, erledigt hat, ist zu differenzieren: Soweit die Polizei F untersagt hat, das Schild auch in Zukunft nicht mehr aufzustellen, ist F nach wie vor belastet. Die polizeiliche Untersagung, das Schild jetzt aufzustellen, könnte sich demgegenüber erledigt haben. Ein Verwaltungsakt kann sich durch Aufhebung, Zeitablauf oder auf andere Weise erledigen (vgl. § 43 Abs. 2 VwVfG NRW), indem er seine regelnde Wirkung verliert. Im vorliegenden Fall läge eine Erledigung vor, wenn die von der gegenwartsbezogenen Untersagung ausgehende belastende Wirkung nachträglich weggefallen wäre. Nach der Aufforderung der Polizei, das Schild herauszugeben, hat F das Schild der Polizei übergeben und ist nach Hause gefahren. Die gegenwartsbezogene Untersagung, das Schild aufzustellen, entfaltet demnach keine belastenden Wirkungen mehr und hat sich somit erledigt. Da F ausdrücklich nur gegen die Maßnahmen vorgehen möchte, die sich noch nicht erledigt haben, wird der Rechtsanwalt ihm raten, die gegenwartsbezogene Untersagung, das Schild aufzustellen, nicht klageweise anzugreifen.

bb) Polizeiliche Sicherstellung des Schildes

Auch die polizeiliche Sicherstellung des Schildes könnte sich infolge ihrer Vollziehung erledigt haben. Durch den Vollzug einer Maßnahme tritt jedoch keine Erledigung ein, wenn und solange eine Rückgängigmachung der Vollziehung noch in Betracht kommt (arg. e contr. §§ 80 Abs. 5 S. 3, 113 Abs. 1 S. 2 VwGO) oder der Adressat durch sonstige unmittelbare rechtliche Auswirkungen des Verwaltungsaktes weiterhin beschwert ist, etwa wenn noch eine Kostenforderung der Behörde in Betracht kommt.[265] Eine Rückgängigmachung der Vollziehung durch die Rückgabe des Schildes ist noch möglich (vgl. § 46 Abs. 1 S. 1 PolG NRW) und auch nicht von vornherein ausgeschlossen. Zudem kann die Polizeibehörde gemäß § 46 Abs. 3 PolG NRW die Kosten der Sicherstellung von F ersetzt verlangen. Somit hat der Vollzug der Sicherstellung noch nicht zu ihrer Erledigung geführt.

cc) Ergebnis zu b)

Mit Ausnahme der gegenwartsbezogenen Untersagung, das Schild an der B 1 aufzustellen, haben sich die polizeilichen Maßnahmen gegenüber F nicht erledigt.

c) Ergebnis zu 2

Gegen die nicht erledigten polizeilichen Maßnahmen, die klageweise angegriffen werden sollen, ist die Anfechtungsklage nach § 42 Abs. 1 Alt. 1 VwGO statthaft.

264 Vgl. zum Begriff der Erledigung *Sachs*, in: Stelkens/Bonk/Sachs VwVfG § 43 Rn. 204.

265 Vgl. *W.-R. Schenke/R. P. Schenke*, in: Kopp/Schenke VwGO § 113 Rn. 104.

3. Klagebefugnis

F müsste gemäß § 42 Abs. 2 VwGO klagebefugt sein. Als Adressat der belastenden polizeilichen Gefahrenabwehrverfügungen ist F möglicherweise zumindest in seinem Grundrecht aus Art. 2 Abs. 1 GG betroffen (sog. Adressatentheorie). F ist somit klagebefugt.

4. Form

Die Klage muss unter Beachtung der Formerfordernisse der §§ 81, 82 VwGO eingelegt werden.

5. Frist

Gemäß § 74 Abs. 1 S. 2 VwGO muss die Anfechtungsklage innerhalb eines Monats nach Bekanntgabe des Verwaltungsaktes erhoben werden. Diese Monatsfrist läuft gemäß § 58 Abs. 1 VwGO allerdings nur, wenn F über die Möglichkeit, Klage zu erheben, ordnungsgemäß nach Maßgabe des § 58 Abs. 1 VwGO belehrt wurde. Da dies nach den Angaben im Sachverhalt offensichtlich nicht geschehen ist, läuft die Jahresfrist des § 58 Abs. 2 VwGO. Diese Frist kann F ohne Weiteres einhalten.

6. Beteiligten- und Prozessfähigkeit

F ist gemäß §§ 61 Nr. 1, 62 Abs. 1 Nr. 1 VwGO und das Land NRW gemäß §§ 61 Nr. 1, 62 Abs. 3 VwGO beteiligten- und prozessfähig.

7. Richtiger Klagegegner

Das Land NRW ist gemäß § 78 Abs. 1 Nr. 1 VwGO richtiger Klagegegner.

8. Ergebnis zu I.

Die Klage des F ist zulässig.

II. Begründetheit der Klage

Die Klage des F ist begründet, wenn und soweit die polizeiliche Untersagung, das Schild auch in Zukunft aufzustellen, und die polizeiliche Sicherstellung des Schildes rechtswidrig sind und F dadurch in seinen Rechten verletzt ist (vgl. § 113 Abs. 1 S. 1 VwGO).

1. Polizeiliche Untersagung, das Schild auch in Zukunft aufzustellen

a) Ermächtigungsgrundlage für die polizeiliche Untersagung

Zu prüfen ist, auf welcher Ermächtigungsgrundlage das polizeiliche Verbot, das Schild auch in Zukunft aufzustellen, beruht.

aa) § 44 Abs. 2 S. 2 StVO

Als nach § 8 Abs. 2 S. 1 PolG NRW vorrangig anwendbare, spezialgesetzliche Ermächtigungsgrundlage kommt § 44 Abs. 2 S. 2 StVO in Betracht. Fraglich ist allerdings, ob es der Polizei bei ihrer Untersagung, das Schild auch in Zukunft aufzustellen, um die Aufrechterhaltung der Sicherheit oder Ordnung des Straßenverkehrs ging. Die Untersagung soll dem Zweck dienen, dass Geschwindigkeitskontrollen zukünftig ohne die störende Einwirkung des F durchgeführt werden können. Solche Kontrollen dienen zwar mittelbar der Verkehrssicherheit, indem durch die Kontrollen auf das Verhalten der Kraftfahrer eingewirkt wird; sie setzen aber zunächst einmal ein verkehrswidriges Verhalten, nämlich einen Geschwindigkeitsverstoß der Kraftfahrer nach § 3 StVO, voraus, das durch die Kontrollen festgestellt werden soll. Demnach dienten die Maßnahmen gegenüber F nicht unmittelbar der Verkehrssicherheit. Folglich kommt § 44 Abs. 2 S. 2 StVO als Ermächtigungsgrundlage nicht in Betracht.

bb) § 8 Abs. 1 PolG NRW

Ermächtigungsgrundlage könnte die polizeiliche Generalklausel des § 8 Abs. 1 PolG NRW sein. Einem Rückgriff auf diese Generalklausel könnte jedoch der Vorrang des § 44 Abs. 2 S. 2 StVO entgegenstehen. Allerdings normiert § 44 Abs. 2 S. 2 StVO nicht abschließend die Eingriffsbefugnisse der Polizei im Straßenverkehr. Es handelt sich lediglich um eine zusätzliche verkehrsrechtliche Befugnis der Polizei. Daher ist nach § 8 Abs. 2 S. 2 PolG NRW der Rückgriff auf die polizeiliche Generalklausel zulässig.

cc) Ergebnis zu a)

Ermächtigungsgrundlage für die polizeiliche Untersagung, das Schild auch in Zukunft aufzustellen, ist demnach § 8 Abs. 1 PolG NRW.

b) Formelle Rechtmäßigkeit des polizeilichen Verbots

Zu prüfen ist die formelle Rechtmäßigkeit des polizeilichen Verbots.

aa) Zuständigkeit

Die Kreispolizeibehörde Unna müsste für die Untersagung, das Schild auch in Zukunft aufzustellen, sachlich und örtlich zuständig gewesen sein.

(1) Sachliche Zuständigkeit

(a) Allgemeine Eilzuständigkeit der Polizei

Für die allgemeine Gefahrenabwehr sind sowohl die Polizei als auch die allgemeine Ordnungsverwaltung zuständig (vgl. § 1 Abs. 1 S. 1 PolG NRW, § 1 Abs. 1 OBG). Die Abgrenzung zwischen der Zuständigkeit der Polizei und der allgemeinen Ordnungsverwaltung erfolgt gemäß § 1 Abs. 1 S. 3 PolG NRW danach, ob ein sog. Eilfall vorliegt. Nur in einem Eilfall darf die Polizei die allgemeine Aufgabe der Gefahrenabwehr übernehmen. Ein Eilfall liegt vor, wenn ein Eingreifen der örtlichen Ordnungsbehörde nicht oder nicht rechtzeitig möglich ist. Dies erscheint in Bezug auf die Untersagung, das Schild auch in Zukunft nicht mehr aufzustellen, zweifelhaft. Insoweit hätte noch ausreichend Zeit bestanden, die örtliche Ordnungsbehörde gem. § 1 Abs. 1 S. 4 PolG NRW zu informieren, und diese hätte dann eine entsprechende Untersagung gegenüber F erlassen können. Es mag zwar zweckmäßig gewesen sein, beide Untersagungen gleichzeitig gegenüber F auszusprechen. Bloße Zweckmäßigkeitserwägungen sind aber nicht ausreichend, um einen Eilfall zu begründen. Folglich kann die Zuständigkeit der Polizei nicht aus § 1 Abs. 1 Sätze 1 und 3 PolG NRW hergeleitet werden.

(b) Zuständigkeit nach § 1 Abs. 4 PolG NRW i.V.m. § 11 Abs. 1 Nr. 3 POG NRW

Die Zuständigkeit der Polizei erstreckt sich jedoch gemäß § 1 Abs. 4 PolG NRW i.V.m. § 11 Abs. 1 Nr. 3 POG NRW generell auf die Verkehrsüberwachung. Fraglich ist jedoch, ob die Untersagungsverfügung der Verkehrsüberwachung diente. Damit sind in erster Linie Maßnahmen wie Weisungen nach § 36 Abs. 1 S. 1 StVO oder allgemeine Verkehrskontrollen nach § 36 Abs. 5 S. 1 StVO gemeint, die der Aufrechterhaltung der Sicherheit des Straßenverkehrs dienen. F hat jedoch nicht aktiv am Straßenverkehr teilgenommen; zudem hat er durch sein Verhalten gerade darauf hingewirkt, dass es nicht zu Verkehrsverstößen kommt. Somit kann das Einschreiten gegen ihn nicht als Maßnahme der Verkehrsüberwachung angesehen werden.

JURIQ-Klausurtipp

An dieser Stelle ist eine andere Ansicht vertretbar, indem man den Begriff der Verkehrsüberwachung in § 11 Abs. 1 Nr. 3 POG NRW weit auslegt. Dagegen spricht aber die Systematik des § 1 Abs. 1 Sätze 1 und 3 PolG NRW sowie der §§ 1 Abs. 1, 3 Abs. 1 OBG, wonach Gefahrenabwehr grundsätzlich Aufgabe der örtlichen Ordnungsbehörden ist.

Folglich fehlt der Polizeibehörde die sachliche Zuständigkeit für den Erlass der Untersagung, das Schild auch in Zukunft aufzustellen.

Fraglich ist, ob dieser Verstoß gegen die Zuständigkeitsvorschrift zur Aufhebung der Untersagungsverfügung führt. Wie sich aus einem Umkehrschluss zu § 44 Abs. 2 Nr. 3 VwVfG NRW ergibt, ist die polizeiliche Untersagung nicht nichtig, da es nicht um die örtliche Zuständigkeit geht und auch kein Fall der Zuständigkeit kraft Belegenheit der Sache nach § 3 Abs. 1 Nr. 1 VwVfG NRW vorliegt. Vielmehr ist das Verbot lediglich formell rechtswidrig. Dies führt zur Aufhebung des Verbots, es sei denn, § 46 VwVfG NRW würde eingreifen. § 46 VwVfG NRW greift jedoch nicht ein, da er ausweislich seines Wortlauts nur für die örtliche Zuständigkeit, nicht aber für die sachliche Zuständigkeit gilt. Die polizeiliche Untersagung, das Schild auch in Zukunft aufzustellen, ist demnach wegen fehlender sachlicher Zuständigkeit rechtswidrig.

(2) Örtliche Zuständigkeit

Die örtliche Zuständigkeit der Kreispolizeibehörde Unna folgt aus § 7 Abs. 1 S. 1 POG NRW.

bb) Ergebnis zu b)

Die polizeiliche Untersagung, das Schild auch in Zukunft aufzustellen, ist formell rechtswidrig.

c) Ergebnis zu 1.

Die polizeiliche Untersagung, das Schild auch in Zukunft aufzustellen, ist rechtswidrig.

2. Polizeiliche Sicherstellung des Schildes

a) Ermächtigungsgrundlage für die polizeiliche Sicherstellung

Ermächtigungsgrundlage für die polizeiliche Sicherstellung des Schildes ist § 43 Nr. 1 PolG NRW.

b) Formelle Rechtmäßigkeit der polizeilichen Sicherstellung

Zu prüfen ist die formelle Rechtmäßigkeit der polizeilichen Sicherstellung des Schildes.

aa) Zuständigkeit

Die Kreispolizeibehörde Unna müsste sachlich und örtlich zuständig gewesen sein.

(1) Sachliche Zuständigkeit

Die Kreispolizeibehörde Unna könnte gemäß § 1 Abs. 1 Sätze 1 und 3 PolG NRW sachlich zuständig gewesen sein. Dann müsste ein Eilfall hinsichtlich der Sicherstellung des Schildes vorgelegen haben. Die generellen Voraussetzungen eines Eilfalls i.S.d. § 1 Abs. 1 S. 3 PolG NRW wurden oben bereits genannt. F hat durch seine Äußerungen gegenüber den Polizeibeamten gezeigt, dass er sich nicht an die polizeiliche Untersagung halten würde. Hiergegen hätte die örtliche Ordnungsbehörde nicht rechtzeitig einschreiten können. Somit liegt ein Eilfall i.S.d. § 1 Abs. 1 S. 3 PolG NRW vor. Die Polizei war demnach sachlich zuständig.

(2) Örtliche Zuständigkeit

Die örtliche Zuständigkeit der Kreispolizeibehörde Unna folgt aus § 7 Abs. 1 S. 1 POG NRW.

(3) Ergebnis zu aa)

Die Kreispolizeibehörde Unna ist für die Sicherstellung des Schildes sachlich und örtlich zuständig gewesen.

bb) Verfahren

Die Kreispolizeibehörde Unna müsste das auf die Sicherstellung des Schildes zielende Verwaltungsverfahren i.S.d. § 9 VwVfG NRW ordnungsgemäß durchgeführt haben. Dazu würde vor allem gehören, dass F gemäß § 28 Abs. 1 VwVfG NRW angehört wurde. Die Polizisten haben zunächst nur die Untersagung, das Schild jetzt und auch in Zukunft aufzustellen, gegen ihn ausgesprochen. Daraufhin konnte er sich zur Sache äußern und hat dies auch getan. Eine weitergehende Gelegenheit zur Stellungnahme kann bei mündlich erlassenen Verwaltungsakten vernünftigerweise nicht verlangt werden, zumal die Sicherstellung unter den gegebenen Umständen lediglich eine Folgemaßnahme der Untersagung war. Demnach ist das Anhörungserfordernis gewahrt worden.

JURIQ-Klausurtipp

Hier ist eine andere Ansicht vertretbar.

cc) Form und Begründung

Zu prüfen ist, ob die Kreispolizeibehörde Unna eine bestimmte Form beim Erlass der Sicherstellung beachten musste. Dies wäre der Fall, wenn es gesetzliche Vorgaben gäbe, die eine bestimmte Form für den Erlass einer Sicherstellung vorsehen. Solche gesetzlichen Vorgaben existieren für polizeiliche Maßnahmen jedoch nicht. Insbesondere gilt das für Ordnungsverfügungen vorgesehene Schriftformerfordernis des § 20 Abs. 1 S. 1 OBG für Polizeimaßnahmen nicht, denn die Polizei ist nach dem in Nordrhein-Westfalen geltenden Trennsystem gerade keine Ordnungsbehörde i.S.d. § 20 Abs. 1 S. 1 OBG. Mangels bestimmten Formerfordernisses gilt die allgemeine Formfreiheit von Verwaltungsakten gem. § 37 Abs. 2 S. 1 VwVfG NRW. Die Polizei kann somit mündliche Verwaltungsakte erlassen. Auch eine Begründung war daher gemäß § 39 Abs. 1 S. 1 VwVfG NRW entbehrlich.

dd) Ergebnis zu b)

Die polizeiliche Sicherstellung ist formell rechtmäßig.

c) Materielle Rechtmäßigkeit der polizeilichen Sicherstellung

Die polizeiliche Sicherstellung ist materiell rechtmäßig, wenn und soweit sie inhaltlich mit den gesetzlichen Vorgaben übereinstimmt.

aa) Vorliegen der Tatbestandsvoraussetzungen des § 43 Nr. 1 PolG NRW

§ 43 Nr. 1 PolG NRW setzt das Vorliegen einer gegenwärtigen Gefahr voraus.

(1) Vorliegen einer Gefahr

Eine Gefahr liegt bei einer Sachlage vor, bei der im Einzelfall bei ungehindertem Ablauf in absehbarer Zeit mit hinreichender Wahrscheinlichkeit ein Schaden am Schutzgut der öffentlichen Sicherheit oder Ordnung eintreten wird.

Fraglich ist zunächst, welches Schutzgut im vorliegenden Fall betroffen ist. Betroffen sein könnte das Schutzgut der öffentlichen Sicherheit. Das Schutzgut der öffentlichen Sicherheit umfasst den Schutz der Unverletzlichkeit der objektiven Rechtsordnung, der Individualrechtsgüter des Einzelnen sowie u.a. des Bestandes des Staates und seiner Veranstaltungen.

Vorrangig zu prüfen ist, ob die objektive Rechtsordnung verletzt sein könnte. F könnte durch die Warnung vor der Geschwindigkeitskontrolle gegen § 23 Abs. 1b S. 1 StVO verstoßen haben. Danach darf der Führer eines Kfz keine technischen Geräte betreiben, die dafür bestimmt sind, Verkehrsüberwachungsmaßnahmen anzuzeigen oder zu stören, insbesondere keine Radarwarngeräte (vgl. § 23 Abs. 1b S. 2 StVO). F fällt jedoch bereits deshalb nicht unter diese Bestimmung, weil es sich bei dem Schild nicht um ein technisches Gerät i.S.d. § 23 Abs. 1b S. 1 StVO handelt. § 23 Abs. 1b S. 1 StVO greift somit nicht ein.

Auch gegen andere Vorschriften hat F nicht verstoßen. Insbesondere ist sein Verhalten kein strafbarer Widerstand gegen Vollstreckungsbeamte i.S.d. § 113 Abs. 1 StGB oder Anstiftung dazu. F hat nämlich nicht zur Anwendung von Gewalt aufgerufen, sondern die anderen Fahrer nur zur Beachtung der Verkehrsregeln angehalten.

Folglich ist die objektive Rechtsordnung nicht verletzt.

Das Verhalten des F verletzt auch keine Rechtsgüter anderer Menschen. Auch insofern ist somit ein Schutzgut der öffentlichen Sicherheit nicht betroffen.

Das Verhalten des F könnte jedoch eine staatliche Veranstaltung verletzen. Dies wäre der Fall, wenn verdeckte Geschwindigkeitsmessungen eine staatliche Veranstaltung darstellen würden. Ob eine staatliche Veranstaltung vorliegt, hängt von ihrem Schutzzweck ab. Verdeckte Geschwindigkeitsmessungen dienen primär der Verkehrsüberwachung. Sie sollen diejenigen Kraftfahrer feststellen und künftig abschrecken, die Geschwindigkeitsbeschränkungen nicht hinreichend beachten, wenn sie sich unkontrolliert glauben, und auf diese Weise über den örtlichen und zeitlichen Bereich der Kontrolle hinauswirken.[266]

Zweifelhaft ist aber, ob diese staatliche Veranstaltung durch die Warnung des F überhaupt beeinträchtigt wird. Letztlich werden die betroffenen Autofahrer durch das Verhalten des F dazu angehalten, die Geschwindigkeitsvorschriften zu beachten. Dieser Umstand könnte gegen die Annahme einer Gefahr für die Funktionsfähigkeit der verdeckten Geschwindigkeitsmessungen sprechen. Allerdings besteht der Zweck der Messungen nicht in erster Linie darin zu verhindern, dass an der konkreten Stelle keine Geschwindigkeitsüberschreitungen begangen werden. Vielmehr soll vor allem auf das zukünftige Verhalten der „Verkehrssünder" eingewirkt werden. Diesen Zweck verfehlen solche Kontrollen aber, wenn es immer jemanden gibt, der auf eine verdeckte Geschwindigkeitsmessung hinweist. Dies wird manchen Kraftfahrer – im Gegenteil – dazu verleiten, nur an diesen Stellen vorschriftsmäßig zu fahren. Somit ist das Verhalten des F geeignet, den Zweck der Radarkontrolle zu beeinträchtigen.

Fraglich ist schließlich, ob dem nicht entgegensteht, dass auch im Rundfunk auf verdeckte Geschwindigkeitsmessungen hingewiesen wird. Nach Ansicht der Rechtsprechung ergänzen solche behördlichen Hinweise im Rundfunk die verdeckten Geschwindigkeitskontrollen. Welche Zielsetzung oder Kombination von Zielsetzungen die zuständigen Behörden jeweils verfolgen und welche Art der Verkehrsüberwachung sie dementsprechend im Einzelfall anwenden, stehe in ihrem Ermessen und unterliege nicht der Dispositionsbefugnis einer Privatperson. Eine Privatperson sei nicht befugt, die mit einer verdeckten Geschwindigkeitskontrolle beabsichtigte Wirkung dadurch zu unterlaufen, dass sie vor ihr warne.[267]

---

266 Vgl. *OVG NRW* NJW 1997, 1596.

267 Vgl. zum Ganzen *OVG NRW* NJW 1997, 1596.

Folglich liegt eine Gefahr für die öffentliche Sicherheit vor.

(2) Gegenwärtigkeit der Gefahr

Eine Gefahr ist gegenwärtig, wenn die Einwirkung des schädigenden Ereignisses bereits begonnen hat (sog. Störung) oder unmittelbar bzw. in allernächster Zeit bevorsteht. Infolge der Warnungen durch F ist es bereits zu einer Vereitelung des Zwecks der verdeckten Geschwindigkeitsmessungen gekommen, so dass eine Störung der öffentlichen Sicherheit vorliegt. Mithin liegt eine gegenwärtige Gefahr vor.

(3) Ergebnis zu aa)

Die Tatbestandsvoraussetzungen des § 43 Nr. 1 PolG NRW liegen vor.

bb) Ermessen

Auf der Rechtsfolgenseite räumt § 43 Nr. 1 PolG NRW der Polizei Ermessen ein. Die Polizei müsste ihr Ermessen im Einklang mit § 40 VwVfG NRW ausgeübt haben. Ein Gericht überprüft Ermessensfehler nach Maßgabe des § 114 VwGO.

(1) Entschließungsermessen

Hinsichtlich der pflichtgemäßen Ausübung des Entschließungsermessens bestehen keine Bedenken. Dass die Polizei überhaupt gegen F eingeschritten ist, ist nicht zu beanstanden, weil von ihm eine Gefahr für die verdeckten Geschwindigkeitsmessungen ausging.

(2) Handlungsermessen

Die Polizei müsste ihr Handlungsermessen pflichtgemäß ausgeübt haben. Dazu gehört, dass die Sicherstellung des Schildes verhältnismäßig gewesen sein müsste. Von mehreren möglichen Maßnahmen muss die Polizei gem. § 2 Abs. 1 PolG NRW diejenige Maßnahme anwenden, die den Einzelnen und die Allgemeinheit am wenigsten beeinträchtigt. Ein solches milderes Mittel wäre die Untersagung, das Schild auch in Zukunft aufzustellen. Dieses hatte jedoch – wie die Reaktion des F nach Ergehen der Untersagungsverfügung zeigte – nicht gefruchtet, war also nicht genauso geeignet wie die anschließende Sicherstellung des Schildes.

Die Sicherstellung dürfte zudem gem. § 2 Abs. 2 PolG NRW nicht zu einem Nachteil führen, der erkennbar außer Verhältnis zum angestrebten Erfolg der Sicherstellung steht. Solche Nachteile sind auf Seiten des F aber nicht erkennbar. Das Schild hat keinen erheblichen Wert. Eine anderweitige Nutzungsmöglichkeit als für die Warnung vor Radarkontrollen ist nicht ersichtlich. Sollte es eine solche geben, so ist F darauf zu verweisen, dass er gemäß § 3 Abs. 2 S. 2 PolG NRW ein Austauschmittel anbieten kann. Folglich ist die Sicherstellung insgesamt verhältnismäßig.

Andere Anhaltspunkte für das Vorliegen von Fehlern bei der Ausübung des Handlungsermessens sind nicht ersichtlich.

(3) Auswahlermessen

Die Polizei müssten ihr Auswahlermessen pflichtgemäß ausgeübt haben. Die Inanspruchnahme des F ist nicht ermessensfehlerhaft, denn F ist als Verhaltensverantwortlicher nach § 4 Abs. 1 PolG NRW für die Gefahr verantwortlich, da er sie unmittelbar verursacht hat, und andere Personen, die auch noch in Anspruch hätten genommen werden können, sind nicht ersichtlich.

(4) Ergebnis zu bb)

Die polizeiliche Sicherstellung ist ermessensfehlerfrei ergangen.

cc) Ergebnis zu c)

Die polizeiliche Sicherstellung des Schildes ist materiell rechtmäßig.

d) Ergebnis zu 2.

Die polizeiliche Sicherstellung des Schildes ist rechtmäßig.

3. Rechtsverletzung

Hinsichtlich der polizeilichen Untersagung, das Schild auch in Zukunft aufzustellen, ist F zumindest in seinem Grundrecht aus Art. 2 Abs. 1 GG verletzt.

4. Ergebnis zu II.

Die Anfechtungsklage des F ist hinsichtlich der polizeilichen Untersagung, das Schild auch in

Zukunft aufzustellen, begründet, hinsichtlich der polizeilichen Sicherstellung jedoch unbegründet.

III. Ergebnis

Die Anfechtungsklage des F ist zulässig, aber nur hinsichtlich der polizeilichen Untersagung, das Schild auch in Zukunft aufzustellen, begründet. Da F nur gegen nicht erledigte polizeiliche Maßnahmen gerichtlich vorgehen will, wird der Rechtsanwalt F empfehlen, von einer Klage gegen die erledigte Untersagung, das Schild jetzt aufzustellen, abzusehen. Der Rechtsanwalt wird F außerdem empfehlen, von einer Klage gegen die polizeiliche Sicherstellung abzusehen, weil die Klage nicht erfolgreich sein wird. Die Klage wird allein hinsichtlich der polizeilichen Untersagung, das Schild auch in Zukunft aufzustellen, Erfolg haben.

4. Teil
Polizei- und ordnungsrechtliches Zwangsverfahren

A. Überblick

In Teil 3 dieses Skripts haben Sie einen Überblick über die vielfältigen Eingriffsermächtigungen der Polizei und der Ordnungsverwaltung im allgemeinen Gefahrenabwehrrecht erhalten. Den auf der Grundlage dieser Ermächtigungsnormen ergangenen Gefahrenabwehrverfügungen ist gemeinsam, dass sie auf die Vornahme, die Duldung oder die Unterlassung einer Handlung gerichtet sind. Solche Gefahrenabwehrverfügungen können dadurch erfüllt werden, dass die in der Verfügung auferlegte Pflicht durch den Adressaten der Verfügung erfüllt wird. In den Fällen, in denen der Adressat die ihm auferlegte Pflicht nicht freiwillig erfüllt oder in denen die Polizei bzw. die Ordnungsverwaltung ohne zeitliches Zuwarten der Erfüllung der Verfügung durch den Adressaten umgehend zur Abwehr einer Gefahr handeln muss, können die Polizei und die Ordnungsverwaltung sog. **Verwaltungszwang** anwenden. Das Verfahren, in dem die Polizei und die Ordnungsverwaltung den Verwaltungszwang ausüben, nennt man **Zwangsverfahren**. 317

Hinweis

Die Beitreibung öffentlich-rechtlicher Geldforderungen wird dagegen Beitreibungsverfahren genannt.

Anhand der vorstehenden Erwägungen können Sie erkennen, dass das Polizei- und Ordnungsrecht **zweistufig** aufgebaut ist: 318

Aufbau des Polizei- und Ordnungsrechts
2. Stufe: Zwangsmaßnahmen
1. Stufe: Grundverfügung

Auf der ersten Stufe steht die sog. **Grundverfügung**, d.h. die **Gefahrenabwehrverfügung der Polizei bzw. der Ordnungsverwaltung**, die **auf die Vornahme, die Duldung oder die Unterlassung einer Handlung gerichtet** ist. Auf der zweiten Stufe stehen die sog. **Zwangsmaßnahmen**, die der **zwangsweisen Durchsetzung der Grundverfügung** dienen. 319

Beispiel Die Stadt E beabsichtigt, nach Maßgabe des KAG NRW[1] einen neue kommunale Abgabe von Gewerbetreibenden einzuführen, und fordert zu diesem Zwecke zunächst mittels Auskunftsverfügung alle im Stadtgebiet von E ansässigen Gewerbetreibenden (u.a. auch P) auf, bestimmte Auskünfte über ihren Umsatz zu machen. Auf der Grundlage dieser Auskünfte will die Stadt E die neue Abgabe kalkulieren. P ist nicht bereit, die angeforderten Auskünfte zu erteilen. – Die Auskunftsverfügung der Stadt E ist eine Grundverfügung, mit der die Stadt E den P zu einem bestimmten Handeln, nämlich der Erteilung bestimmter Auskünfte, verpflichtet. Da P die ihm auferlegte Pflicht nicht freiwillig erfüllt, kann die Stadt E ein Zwangsverfahren gegen P betreiben, um die Auskunftsverfügung durchzusetzen. ■

320 Die Zwangsmaßnahmen stellen **Beugemittel** dar,[2] mit dem ein entgegenstehender Wille des Adressaten einer Gefahrenabwehrverfügung gebrochen werden soll. Als Beugemittel können sie **unbegrenzt wiederholt** werden (vgl. § 51 Abs. 3 PolG NRW; §§ 57 Abs. 3, 60 Abs. 1 S. 3 VwVG NRW). In unserem *Beispiel* oben (Rn. 319) kann die Stadt E daher beliebig oft z.B. ein Zwangsgeld in Höhe von 100 € gegen P verfügen, um P zu der angeforderten Auskunft zu bewegen. Die Stadt E ist dabei nicht unbedingt verpflichtet, zunächst ein nicht gezahltes Zwangsgeld beizutreiben, bevor sie ein weiteres Zwangsgeld androht oder, wenn bereits eine Androhung erfolgt ist, festsetzt. Die Entscheidung steht vielmehr in ihrem Ermessen, das im Regelfall aber dahin zu betätigen ist, dass eine Festsetzung erfolgt.[3]

B. Rechtsgrundlagen des Zwangsverfahrens

321 Nicht nur für die polizei- und ordnungsrechtlichen Grundverfügungen, sondern auch für das Zwangsverfahren gilt der rechtsstaatliche **Vorbehalt des Gesetzes**, d.h. sowohl eine Grundverfügung als auch eine Zwangsmaßnahme müssen auf einer jeweils **eigenständigen parlamentsgesetzlichen Ermächtigungsgrundlage** beruhen.[4]

» Werfen Sie einen ersten Blick in §§ 50 ff. PolG NRW und §§ 55 ff. VwVG NRW! «

322 Für **Zwangsmaßnahmen der Polizei** bilden **§§ 50 ff. PolG NRW** und für **Zwangsmaßnahmen der Ordnungsverwaltung** bilden **grundsätzlich §§ 55 ff. VwVG NRW** die einschlägigen Rechtsgrundlagen. Die für die Polizei und die Ordnungsverwaltung vorgesehenen Zwangsverfahren weisen in vielen Punkten Gemeinsamkeiten, aber vereinzelt auch nicht unwesentliche Unterschiede auf, auf die wir im Einzelnen noch zu sprechen kommen werden.

Hinweis

Sie sehen: Da das OBG – im Gegensatz zum PolG NRW – keine eigenen Vorschriften über das Zwangsverfahren enthält, ist grundsätzlich auf §§ 55 ff. VwVG NRW zurückzugreifen. Etwas anderes gilt ausnahmsweise z.B. dann, wenn das Zwangsverfahren unmittelbar durch Bundesrecht (z.B. §§ 57 ff. AufenthG[5]) geregelt ist.[6]

1 Kommunalabgabengesetz (*v. Hippel/Rehborn* Nr. 130).
2 Vgl. *Dietlein*, in: Dietlein/Hellermann Öffentliches Recht in Nordrhein-Westfalen § 3 Rn. 240.
3 Vgl. allgemein *OVG NRW* GewArch. 2015, 399.
4 Vgl. *Dietlein*, in: Dietlein/Hellermann Öffentliches Recht in Nordrhein-Westfalen § 3 Rn. 239.
5 Aufenthaltsgesetz (*Sartorius* I Nr. 565).
6 Vgl. hierzu auch *Pieroth/Schlink/Kniesel* Polizei- und Ordnungsrecht § 24 Rn. 4.

C. Zwangsmittel

Das Polizei- und Ordnungsrecht kennt abschließend[7] folgende **drei Zwangsmittel**: 323

» Lesen Sie § 57 Abs. 1 VwVG NRW und § 51 Abs. 1 PolG NRW! «

I. Ersatzvornahme (§ 59 VwVG NRW, § 52 PolG NRW)

Die Ersatzvornahme ist die **Vornahme einer vertretbaren Handlung anstelle und auf Kosten des Handlungspflichtigen durch einen Dritten**.[8] „Vertretbar" ist eine Handlung nach der Legaldefinition des **§ 59 Abs. 1 S. 1 VwVG NRW** bzw. des **§ 52 Abs. 1 S. 1 PolG NRW** dann, wenn die **Vornahme der Handlung durch einen Dritten möglich** ist (z.B. die bauaufsichtliche Verpflichtung zum Abriss eines baurechtswidrigen Hauses). „Dritter" kann die Polizei bzw. die Ordnungsverwaltung selbst (sog. **Selbstvornahme**) oder ein von der Polizei bzw. der Ordnungsverwaltung beauftragter Dritter (sog. **Fremdvornahme**) sein, vgl. Wortlaut des § 59 Abs. 1 VwVG NRW bzw. des § 52 Abs. 1 S. 1 PolG NRW („...die Handlung selbst ausführen oder einen anderen mit der Ausführung beauftragen"). Die Kostenanforderungen durch die Ordnungsverwaltung sind sofort vollziehbar (vgl. § 59 Abs. 1 S. 2 VwVG NRW). Diese gesetzliche Anordnung der sofortigen Vollziehbarkeit bezweckt eine Verfahrenserleichterung und eine Verbesserung des Gesetzesvollzuges.[9] 324

» Lesen Sie § 59 VwVG NRW und § 52 PolG NRW! «

Beispiel Die Stadt A hegt den Verdacht, dass das Grundstück der Familie W kontaminiert ist und fordert sie daher auf, Bodenuntersuchungen durchzuführen. Die Familie W teilt die Ansicht der Stadt A nicht und sieht sich zudem außerstande, ihr Grundstück selbst umzugraben; sie hält die Verpflichtung daher für eine unvertretbare Handlung. Zu Recht? – Nein, auch wenn die Familie W die Bodenuntersuchungen nicht selbst vornehmen, sie aber statt dessen eine Firma mit den Arbeiten beauftragen kann, liegt eine vertretbare Handlung vor.[10] ■

JURIQ-Klausurtipp

Da allein eine *vertretbare Handlung* mittels Ersatzvornahme durchgesetzt werden kann, kommt die Ersatzvornahme nicht in Betracht, wenn eine unvertretbare Handlung (z.B. eine Impfpflicht) oder eine Duldung (z.B. einer körperlichen Untersuchung) oder Unterlassung (z.B. einer Ruhestörung) in Rede steht, weil es sich insoweit um höchstpersönliche Verpflichtungen handelt.[11]

Charakteristisch für eine Ersatzvornahme ist eine **vollständige Deckungsgleichheit zwischen der auferlegten und der durchgesetzten Handlung**.[12] 325

Beispiel Wie oben (Rn. 324) mit dem Unterschied, dass Familie W die Bodenuntersuchungen auch nicht durch eine Firma vornehmen lässt, woraufhin die Stadt A nach Androhung und Festsetzung eine Ersatzvornahme durchführt. – Der Familie W war auferlegt, Bodenuntersuchungen durchzuführen; eben solche Handlungen wurden von der Stadt A

7 Vgl. *Pieroth/Schlink/Kniesel* Polizei- und Ordnungsrecht § 24 Rn. 8.
8 Vgl. *Pieroth/Schlink/Kniesel* Polizei- und Ordnungsrecht § 24 Rn. 10.
9 Vgl. LT-Drs. 16/11845, S. 34.
10 Vgl. allgemein *Dietlein*, in: Dietlein/Hellermann Öffentliches Recht in Nordrhein-Westfalen § 3 Rn. 243.
11 Vgl. *Pieroth/Schlink/Kniesel* Polizei- und Ordnungsrecht § 24 Rn. 10.
12 Vgl. *Dietlein*, in: Dietlein/Hellermann Öffentliches Recht in Nordrhein-Westfalen § 3 Rn. 243; str.

auch durchgesetzt, so dass die auferlegte Handlung und die durchgesetzte Handlung vollständig deckungsgleich waren. ■

326 Gemäß **§ 59 Abs. 2 S. 1 VwVG NRW** und **§ 52 Abs. 2 S. 1 PolG NRW** kann bestimmt werden, dass der Betroffene die **voraussichtlichen Kosten der Ersatzvornahme im Voraus zu zahlen** hat. Diese Kosten können im Falle der Nichtzahlung **beigetrieben** werden (vgl. **§ 59 Abs. 2 S. 2 VwVG NRW, § 52 Abs. 2 S. 2 PolG NRW**). Die Beitreibung unterbleibt jedoch, sobald der Betroffene die gebotene Handlung ausführt (vgl. **§ 59 Abs. 2 S. 3 VwVG NRW, § 52 Abs. 2 S. 3 PolG NRW**). Nicht fristgerecht gezahlte Kosten der Ersatzvornahme sind ggf. nach Maßgabe des § 59 Abs. 3 S. 1 bis 2 VwVG NRW zu **verzinsen**. Die Zinsforderung kann im Verwaltungszwangsverfahren **beigetrieben** werden (vgl. § 59 Abs. 3 S. 3 VwVG NRW). Grundstücksbezogene Kosten der Ersatzvornahme ruhen als **öffentliche Last** auf dem Grundstück bzw. auf den grundstücksgleichen Rechten (vgl. § 59 Abs. 4 VwVG NRW). Dadurch haben die entsprechenden Forderungen dinglichen Charakter und für einen bestimmten Zeitraum Vorrang vor den eingetragenen Grundpfandrechten.[13]

II. Zwangsgeld (§ 60 VwVG NRW, § 53 PolG NRW)

» Lesen Sie § 60 VwVG NRW und § 53 PolG NRW! «

327 Das Zwangsgeld ist ein typisches Beugemittel, mit dem **sowohl unvertretbare als auch vertretbare Handlungen** durchgesetzt werden können.[14] Anders als bei der Ersatzvornahme wird der mit der Grundverfügung angestrebte Erfolg nicht selbst herbeigeführt, sondern der Adressat der Grundverfügung mit dem **psychologischen Druckmittel** des Zwangsgeldes angehalten, die in der Grundverfügung auferlegte Verpflichtung zu erfüllen. Das Zwangsgeld zielt damit auf die **Herbeiführung eines rechtmäßigen Verhaltens in der Zukunft**.[15]

Hinweis

Mit dieser Zielsetzung unterscheidet sich das Zwangsgeld grundlegend von einer Geldstrafe oder einem Bußgeld, mit dem gesetzeswidriges Verhalten in der Vergangenheit bestraft werden soll.

328 Die **Höhe des Zwangsgeldes** wird unter Berücksichtigung seines **Zwecks** bestimmt;[16] gemäß **§ 60 Abs. 1 S. 2 VwVG NRW** ist bei der Bemessung des Zwangsgeldes auch das **wirtschaftliche Interesse des Betroffenen an der Nichtverfolgung des Verwaltungsaktes** zu berücksichtigen. Hinsichtlich der Höhe des Zwangsgeldes enthalten **§ 60 Abs. 1 S. 1 VwVG NRW** und **§ 53 PolG NRW** jeweils eine Unter- und Obergrenze: Die **Ordnungsverwaltung** kann ein **Zwangsgeld zwischen 10 € und 100 000 €** festsetzen, während die **Polizei** das Zwangsgeld lediglich **zwischen 5 € und 2500 €** festlegen kann.[17] In unserem *Beispiel* oben (Rn. 319) kann die Stadt E gegen P ein Zwangsgeld z.B. in Höhe von 100 € festsetzen, wenn er seiner gesetzlichen Auskunftspflicht nicht nachkommt. Mit der Festsetzung des Zwangsgeldes will die Stadt E erreichen, dass P die auferlegte Auskunft doch erteilt.

13 Vgl. LT-Drs. 16/11845, S. 34.
14 Vgl. *Wolffgang/Hendricks/Merz* Polizei- und Ordnungsrecht in Nordrhein-Westfalen Rn. 508.
15 Vgl. *Wolffgang/Hendricks/Merz* Polizei- und Ordnungsrecht in Nordrhein-Westfalen Rn. 508.
16 Vgl. *Wolffgang/Hendricks/Merz* Polizei- und Ordnungsrecht in Nordrhein-Westfalen Rn. 510.
17 Vgl. zu diesem Unterschied näher *Dietlein*, in: Dietlein/Hellermann Öffentliches Recht in Nordrhein-Westfalen § 3 Rn. 242.

329 Gemäß **§ 60 Abs. 2 VwVG NRW** und **§ 53 Abs. 2 PolG NRW** ist dem Betroffenen mit der Festsetzung des Zwangsgeldes eine angemessene Zahlungsfrist einzuräumen. Im Falle der nicht fristgerechten Zahlung des Zwangsgeldes sehen **§ 60 Abs. 3 S. 1 VwVG NRW** und **§ 53 Abs. 3 S. 1 PolG NRW** die Beitreibung des Zwangsgeldes vor. Die Beitreibung unterbleibt, sobald der Betroffene die gebotene Handlung ausführt oder die zu duldende Maßnahme gestattet; ein Zwangsgeld ist jedoch beizutreiben, wenn der Duldungs- oder Unterlassungspflicht zuwidergehandelt worden ist, deren Erfüllung durch die Androhung des Zwangsgeldes erreicht werden sollte (vgl. **§ 60 Abs. 3 S. 2 Hs. 1 bis 2 VwVG NRW, § 53 Abs. 3 Sätze 2 und 3 Hs. 1 PolG NRW**), wobei **§ 53 Abs. 3 S. 3 Hs. 2 PolG NRW** einschränkend bestimmt, dass von der Beitreibung abgesehen werden kann, wenn **weitere Zuwiderhandlungen nicht mehr zu befürchten** sind und die Beitreibung eine **besondere Härte** darstellen würde.

330 Ist das **Zwangsgeld uneinbringlich**, d.h. blieb die Beibringung des Zwangsgeldes erfolglos oder steht die Erfolglosigkeit der Beibringung von Zwangsgeld von vornherein fest (z.B. bei mittellosen Pflichtigen),[18] kann das **Verwaltungsgericht** auf Antrag der Polizei bzw. der Vollzugsbehörde eine **Ersatzzwangshaft** zwischen einem Tag und zwei Wochen anordnen, wenn der Betroffene bei der Androhung des Zwangsgeldes oder ggf. nachträglich hierauf hingewiesen worden ist (vgl. **§ 61 Abs. 1 VwVG NRW, § 54 PolG NRW**). Die Ersatzzwangshaft ist wie das Zwangsgeld – ein **Beugemittel**. Da die Ersatzzwangshaft ein uneinbringliches Zwangsgeld voraussetzt und damit an die erfolglose Zwangsgeldfestsetzung anknüpft, stellt sie **kein eigenständiges Zwangsmittel** dar (vgl. auch die abschließende Aufzählung in § 57 Abs. 1 VwVG NRW und § 51 Abs. 1 PolG NRW, in der die Ersatzzwangshaft nicht erwähnt wird), sondern tritt nach überwiegender Ansicht lediglich **an die Stelle des Zwangsgeldes**.[19]

» Lesen Sie § 61 VwVG NRW und § 54 PolG NRW! «

331 Durch Gesetz vom 8.7.2016[20] wurde **§ 61a** neu in das VwVG NRW eingefügt. § 61a VwVG NRW erfasst den Fall, dass jemand durch Verwaltungsakt verpflichtet ist, eine Erklärung bestimmten Inhaltes abzugeben. **§ 61a Abs. 1 S. 1 VwVG NRW** sieht vor, dass die Erklärung als abgegeben **gilt**, sobald der Verwaltungsakt, der die Verpflichtung begründet, **unanfechtbar** geworden ist. Voraussetzung dafür ist, dass der Pflichtige auf diese Rechtsfolge **hingewiesen** worden ist und die Erklärung im Zeitpunkt des Eintritts der Unanfechtbarkeit des Verwaltungsaktes **rechtswirksam abgeben** konnte (vgl. **§ 61a Abs. 1 S. 2 VwVG NRW**). Die Vollzugsbehörde ist verpflichtet, den Beteiligten mitzuteilen, zu welchem Zeitpunkt der Verwaltungsakt unanfechtbar geworden ist (vgl. **§ 61a Abs. 2 S. 1 VwVG NRW**). Sie ist gemäß **§ 61a Abs. 2 S. 2 VwVG NRW** berechtigt, die zur Wirksamkeit der abzugebenden Erklärung notwendigen Genehmigungen einzuholen sowie Anträge auf Eintragungen in öffentliche Bücher und Register zu stellen. Bedarf die Vollzugsbehörde eines Erbscheins oder einer anderen Urkunde, die dem Betroffenen auf Antrag von einer Behörde, einem Gericht oder einer Notarin oder einem Notar zu erteilen ist, so kann sie die Erteilung an Stelle des Betroffenen verlangen (vgl. **§ 61a Abs. 2 S. 3 VwVG NRW**).

» Lesen Sie § 61a VwVG NRW! «

332 Nach der Gesetzesbegründung[21] soll § 61a VwVG NRW, der sich an entsprechende Regelungen in Gesetzen anderer Länder und an § 894 ZPO anlehnt, bewirken, dass der Vollstreckungsschuldner, der aus dem zu vollstreckenden Verwaltungsakt zur Abgabe einer Erklärung verpflichtet ist und diese verweigert, im Wege der Fiktion so behandelt wird, als hätte er die

18 Vgl. *Wolffgang/Hendricks/Merz* Polizei- und Ordnungsrecht in Nordrhein-Westfalen Rn. 511.
19 Vgl. *Pieroth/Schlink/Kniesel* Polizei- und Ordnungsrecht § 24 Rn. 13.
20 Vgl. GV. NRW, S. 557.
21 Vgl. zum Ganzen LT-Drs. 16/11845, S. 34.

Erklärung abgegeben, **ohne** dass ein **Gebrauchmachen vom Mittel des Zwangsgeldes erforderlich** wird. Hierdurch wird der Ordnungsverwaltung also die Möglichkeit eröffnet, den mit der Durchführung der Vollstreckung angestrebten Erfolg, nämlich die Abgabe einer bestimmten Erklärung, zügiger zu realisieren.

III. Unmittelbarer Zwang (§ 62 VwVG NRW, § 55 PolG NRW)

» Lesen Sie zunächst § 62 VwVG NRW und § 55 PolG NRW! «

333 **§ 62 Abs. 1 S. 1 VwVG NRW** und **§ 55 Abs. 1 S. 1 PolG NRW** ermächtigen die Polizei und die Ordnungsverwaltung zur Anwendung unmittelbaren Zwangs, wenn andere Zwangsmittel nicht in Betracht kommen oder keinen Erfolg versprechen oder unzweckmäßig sind. Im Vergleich zur Ersatzvornahme und zum Zwangsgeld ist der unmittelbare Zwang nach dem Willen des Gesetzgebers **ultima ratio**.

» Lesen Sie diese Vorschriften aufmerksam durch! «

Wegen der Grundrechtsrelevanz des unmittelbaren Zwangs ist die **Art und Weise der Anwendung unmittelbaren Zwangs** in **§ 62 Abs. 1 S. 2 i.V.m. §§ 66 ff. VwVG NRW** und **§ 55 Abs. 1 S. 2 i.V.m. §§ 57 ff. PolG NRW** näher geregelt.

334 Der **unmittelbare Zwang** wird in **§ 67 Abs. 1 VwVG NRW** und **§ 58 Abs. 1 PolG NRW** legaldefiniert als **„Einwirkung auf Personen oder Sachen durch körperliche Gewalt, ihre Hilfsmittel und durch Waffen"**.

» Lesen Sie diese Definitionen im Gesetzestext nach! «

Die Begriffe der **„körperlichen Gewalt"**, der **„Hilfsmittel"** und der **„Waffen"** werden ihrerseits in **§ 67 Abs. 2 bis 4 VwVG NRW** und **§ 58 Abs. 2 bis 4 PolG NRW** legaldefiniert.

335 In **§ 74 S. 2 VwVG NRW i.V.m. §§ 61, 63 ff. PolG NRW** bzw. **§§ 63 ff. PolG NRW** ist auch **der Schusswaffengebrauch gegen Personen** näher geregelt. Der sog. **finale Rettungsschuss**, d.h. der gezielte Schuss zur Tötung eines Pflichtigen, ist mittlerweile in **§ 63 Abs. 2 S. 2 PolG NRW** geregelt. Danach ist ein Schuss, der mit an Sicherheit grenzender Wahrscheinlichkeit tödlich wirken wird, nur zulässig, wenn er das einzige Mittel zur Abwehr einer gegenwärtigen Lebensgefahr oder der gegenwärtigen Gefahr einer schwerwiegenden Verletzung der körperlichen Unversehrtheit ist.[22]

336 Unmittelbarer Zwang zur **Abgabe einer Erklärung** ist **ausgeschlossen** (vgl. **§ 62 Abs. 2 VwVG NRW, § 55 Abs. 2 PolG NRW**). Es besteht danach ein **Folterverbot**.[23]

Beispiel Der Sohn eines Frankfurter Bankiers ist entführt worden. Die Polizei verhaftet den Entführer. Dieser weigert sich beharrlich, den Aufenthaltsort des Kindes mitzuteilen. – Die Anwendung unmittelbaren Zwanges zur Abgabe einer Erklärung des Kindesentführers ist nach § 62 Abs. 2 VwVG NRW bzw. § 55 Abs. 2 PolG NRW ausdrücklich verboten. Verboten ist hiernach aber auch schon die Androhung einer körperlichen Einwirkung, die darauf gerichtet ist, den Kindesentführer zur Mitteilung des Aufenthaltsortes zu drängen. Damit ist auch eine präventiv-polizeiliche „Rettungsfolter" rechtlich unzulässig.[24] ■

---

22 Vgl. hierzu *Wolffgang/Hendricks/Merz* Polizei- und Ordnungsrecht Nordrhein-Westfalen Rn. 518a; zur grundsätzlichen verfassungsrechtlichen Zulässigkeit des finalen Rettungsschusses *Dietlein*, in: Dietlein/Hellermann Öffentliches Recht in Nordrhein-Westfalen § 3 Rn. 244.

23 Vgl. *Dietlein*, in: Dietlein/Hellermann Öffentliches Recht in Nordrhein-Westfalen § 3 Rn. 244.

24 Vgl. *LG Frankfurt/Main* NJW 2005, 692; *EGMR* NJW 2010, 3145; *OLG Frankfurt/Main* NJW 2013, 75; *Dietlein*, in: Dietlein/Hellermann Öffentliches Recht in Nordrhein-Westfalen § 3 Rn. 244; str.

IV. Exkurs: Qualifizierung des Abschleppens eines verbotswidrig abgestellten Pkw

Zu den Klausurklassikern im Polizei- und Ordnungsrecht gehören Abschleppfälle (s. Näheres 337
dazu in Übungsfall 2 [unten Rn. 399 f.]). An dieser Stelle wollen wir uns vorab bereits kurz mit der umstrittenen Frage befassen, wie das Abschleppen eines verbotswidrig abgestellten Pkw zu qualifizieren ist.

Bereits oben (Rn. 222) wurde erwähnt, dass das Abschleppen eines Pkw teilweise als Sicherstellung nach § 43 PolG NRW (i.V.m. § 24 Nr. 13 OBG) angesehen wird. Dagegen wird jedoch vorgebracht, dass die Sicherstellung auf eine Ingewahrsamnahme des Pkw abziele, die bei einer Abschleppmaßnahme regelmäßig nicht beabsichtigt sei.[25]

Unter den Vertretern einer vollstreckungsrechtlichen Qualifizierung des Abschleppens besteht wiederum Streit darüber, ob das Abschleppen eine Ersatzvornahme oder einen unmittelbaren Zwang darstellt. Die Befürworter der Ersatzvornahme stehen auf dem Standpunkt, dass ein Halteverbotsschild ein abstraktes „Räumungsgebot" enthalte, das sowohl durch ein Wegfahren als auch durch ein Wegziehen des Pkw erfüllt werden könne. Unter Zugrundelegung dieser Sichtweise bestehe die für die Ersatzvornahme erforderliche Deckungsgleichheit zwischen der abverlangten und durchgesetzten Handlung (s.o. Rn. 325).[26]

Dagegen berufen sich die Befürworter des unmittelbaren Zwangs darauf, dass ein Halteverbotsschild lediglich ein Wegfahrgebot enthalte. Im Zwangsverfahren werde aber nicht ein Wegfahren, sondern ein Wegschleppen des Pkw durchgesetzt. Die für eine Ersatzvornahme erforderliche Deckungsgleichheit zwischen der abverlangten und der durchgesetzten Handlung fehle daher.[27]

JURIQ-Klausurtipp

In der Fallbearbeitung müssen Sie die verschiedenen Lösungsansätze fallbezogen argumentativ darstellen und den Meinungsstreit entscheiden.

D. Zwangsverfahren

I. Überblick

Wie im allgemeinen Verwaltungsvollstreckungsrecht (s. dazu Skript „Allgemeines Verwal- 338
tungsrecht") sind beim polizei- und ordnungsrechtlichen Verwaltungszwang **zwei Verfahrensarten** zu unterscheiden: zum einen das sog. **gestufte bzw. gestreckte Zwangsverfahren** und zum anderen der sog. **Sofortvollzug**.

» Wiederholen Sie zunächst das Zwangsverfahren im allgemeinen Verwaltungsvollstreckungsrecht! «

In polizei- und ordnungsrechtlichen Fallbearbeitungen ist oft die Rechtmäßigkeit einer 339
Zwangsmaßnahme in einem der beiden Zwangsverfahren gutachterlich zu prüfen. Daher wollen wir uns mit der Rechtmäßigkeit von Zwangsmaßnahmen sowohl im gestreckten Zwangsverfahren als auch im Sofortvollzug im Folgenden näher beschäftigen.

25 Vgl. *Dietlein*, in: Dietlein/Hellermann Öffentliches Recht in Nordrhein-Westfalen § 3 Rn. 245.
26 Vgl. zum Ganzen *Dietlein*, in: Dietlein/Hellermann Öffentliches Recht in Nordrhein-Westfalen § 3 Rn. 245.
27 Vgl. zum Ganzen *Klenke* NWVBl. 1994, 288.

II. Rechtmäßigkeit einer Zwangsmaßnahme im gestreckten Zwangsverfahren

340 Die Rechtmäßigkeit einer Zwangsmaßnahme im gestreckten Zwangsverfahren prüfen Sie wie folgt:

PRÜFUNGSSCHEMA

Rechtmäßigkeit einer Zwangsmaßnahme im gestreckten Zwangsverfahren

I. Ermächtigungsgrundlage für die Zwangsmaßnahme

II. Formelle Rechtmäßigkeit der Zwangsmaßnahme
1. Zuständigkeit der Vollstreckungsbehörde
2. Verfahren

III. Materielle Rechtmäßigkeit der Zwangsmaßnahme
1. Zulässigkeit des Verwaltungszwangs im gestreckten Verfahren
   a) Materiell vollstreckbarer, wirksamer Grundverwaltungsakt
   b) Unanfechtbarkeit des Grundverwaltungsaktes oder fehlende aufschiebende Wirkung eines Rechtsmittels
   c) Rechtmäßigkeit des Grundverwaltungsaktes (str.)
      Zulässigkeitsvoraussetzung? Rn. 354
2. Vollstreckungsvoraussetzungen des konkreten Zwangsmittels
3. Ordnungsgemäße Art und Weise der Anwendung des Verwaltungszwangs
   a) Androhung des Zwangsmittels
   b) Festsetzung des Zwangsmittels
      Entbehrlichkeit der Festsetzung des Zwangsmittels im Falle des Verzichts des Betroffenen? Rn. 360
   c) Anwendung des Zwangsmittels
4. Ermessen
   a) Entschließungsermessen
   b) Handlungsermessen
   c) Auswahlermessen

JURIQ-Klausurtipp

Das Prüfungsschema dient Ihrer Orientierung. Arbeiten Sie es in Gedanken vollständig ab, erörtern Sie in Ihrer Falllösung aber nur diejenigen Prüfungspunkte, die nach dem Sachverhalt Ihres Falles problematisch sind. Unproblematische Punkte können Sie kurz – und dann auch ruhig im Urteilsstil – abhandeln.

341 Den richtigen Einstieg in Ihre Fallbearbeitung finden Sie mit Hilfe eines möglichst präzise formulierten **Obersatzes**. Wie der Obersatz zu formulieren ist, hängt von der konkreten Fallkonstellation ab. Bei Vollstreckungsfällen kommt es häufig vor, dass sich die Maßnahmen der Polizei bzw. der Ordnungsverwaltung bereits erledigt haben. In diesem Falle will der Betroffene nachträglich wissen, ob die polizei- und ordnungsrechtlichen Maßnahmen rechtmäßig waren. Wenn eine solche Fallkonstellation prozessual eingekleidet ist, können die Erfolgsaussichten einer Fortsetzungsfeststellungsklage nach § 113 Abs. 1 S. 4 VwGO (ggf. analog) zu prüfen sein.

Die Rechtmäßigkeit einer Zwangsmaßnahme im gestreckten Zwangsverfahren prüfen Sie jedenfalls in drei Schritten: **342**

1. Ermächtigungsgrundlage für die Zwangsmaßnahme

Im ersten Schritt benennen Sie die einschlägige Ermächtigungsgrundlage. Wegen des rechtsstaatlichen Vorbehalts des Gesetzes bedarf auch die Vollstreckung gefahrenabwehrrechtlicher Verfügungen einer **formell-gesetzlichen Ermächtigungsrundlage**. Ermächtigungsgrundlagen sind für die **Ordnungsverwaltung § 55 Abs. 1 VwVG NRW in Verbindung mit den Vorschriften über das jeweils einschlägige Zwangsmittel** bzw. für die **Polizei § 50 Abs. 1 PolG NRW in Verbindung mit den Vorschriften über das jeweils einschlägige Zwangsmittel**. **343**

> **JURIQ-Klausurtipp**
>
> Die Ermächtigungsgrundlage z.B. einer ordnungsrechtlichen Ersatzvornahme ist daher § 55 Abs. 1 i.V.m. §§ 57 Abs. 1 Nr. 1, 59 VwVG NRW. Sie nennen also zuerst die einschlägige Norm, die zum gestreckten Verwaltungszwang ermächtigt, danach das einschlägige Zwangsmittel aus der abschließenden Aufzählung in § 57 Abs. 1 VwVG NRW und schließlich die einschlägige Vorschrift, die das betreffende Zwangsmittel näher regelt.

2. Formelle Rechtmäßigkeit der Zwangsmaßnahme

Im zweiten Schritt gehen Sie der Frage nach, ob die Zwangsmaßnahme formell rechtmäßig ist. Die formelle Rechtmäßigkeit der Zwangsmaßnahme untersuchen Sie ihrerseits regelmäßig in zwei Schritten: **344**

a) Zuständigkeit der Vollstreckungsbehörde

Zuerst prüfen Sie die Zuständigkeit der Vollstreckungsbehörde. **345**

» Lesen Sie § 56 VwVG NRW! «

Bei einer **ordnungsrechtlichen Zwangsmaßnahme** ist grundsätzlich die **Behörde** zuständig, die **die Grundverfügung erlassen** hat (vgl. **§ 56 Abs. 1 VwVG NRW**). Im Gegensatz zum VwVG NRW enthält der Vierte Abschnitt des PolG NRW, in dem der polizeiliche Zwang geregelt ist, keine Bestimmungen in Bezug auf die zuständige Vollstreckungsbehörde. Daher sind die allgemeinen Vorschriften des **POG NRW** heranzuziehen.

b) Verfahren

Danach untersuchen Sie die Einhaltung des Verfahrens. Von besonderer Relevanz ist dabei, dass eine Anhörung des Betroffenen **grundsätzlich entbehrlich** ist (vgl. **§ 28 Abs. 2 Nr. 5 VwVfG NRW**). **346**

3. Materielle Rechtmäßigkeit der Zwangsmaßnahme

Im dritten Schritt gehen Sie der Frage nach, ob die Zwangsmaßnahme materiell rechtmäßig ist. Im Rahmen der materiellen Rechtmäßigkeit untersuchen Sie, ob die Zwangsmaßnahme **inhaltlich mit den gesetzlichen Vorgaben in Einklang** steht. Die materielle Rechtmäßigkeit der Zwangsmaßnahme prüfen Sie in vier Schritten: **347**

a) Zulässigkeit des Verwaltungszwangs im gestreckten Verfahren

348 Im ersten Schritt untersuchen Sie, ob der Verwaltungszwang im gestreckten Verfahren überhaupt zulässig ist.

» Lesen Sie zunächst noch einmal § 55 Abs. 1 VwVG NRW und § 50 Abs. 1 PolG NRW! «

Die **Zulässigkeit des Verwaltungszwangs im gestreckten Verfahren** ist in **§ 55 Abs. 1 VwVG NRW** und in **§ 50 Abs. 1 PolG NRW** geregelt. Danach kann ein Verwaltungsakt, der auf die Vornahme einer Handlung oder auf Duldung oder Unterlassung gerichtet ist, mit Zwangsmitteln durchgesetzt werden, wenn er unanfechtbar ist oder wenn ein Rechtsmittel keine aufschiebende Wirkung hat.

aa) Materiell vollstreckbarer, wirksamer Grundverwaltungsakt

349 Nach dem Wortlaut des § 55 Abs. 1 VwVG NRW bzw. des § 50 Abs. 1 PolG NRW muss ein Verwaltungsakt vorliegen, der auf die Vornahme einer Handlung oder auf Duldung oder Unterlassung gerichtet ist, d.h. es muss ein **Verwaltungsakt mit verfügender Regelung** gegeben sein. Feststellende oder rechtsgestaltende Verwaltungsakte sind demgegenüber nicht materiell vollstreckbar.[28]

350 Außerdem muss die durchzusetzende Grundverfügung **wirksam** sein, d.h. Rechtswirkungen entfalten. Ein nichtiger Verwaltungsakt ist unbeachtlich (vgl. § 43 Abs. 3 VwVfG NRW) und kann nicht durchgesetzt werden.[29]

» Wiederholen Sie ggf. zunächst die Bestandskraft eines Verwaltungsaktes im Skript „Allgemeines Verwaltungsrecht"! «

bb) Unanfechtbarkeit des Grundverwaltungsaktes oder fehlende aufschiebende Wirkung eines Rechtsmittels

351 Die durchzusetzende Grundverfügung muss **unanfechtbar**, d.h. formell bestandskräftig, sein. **Formelle Bestandskraft** bedeutet, dass in der durch den Verwaltungsakt geregelten Angelegenheit nach den einschlägigen Vorschriften **keine ordentlichen Rechtsbehelfe mehr gegeben** sind, sei es, weil alle möglichen Rechtsbehelfe ausgeschöpft sind, sei es, weil die Rechtsbehelfsfristen abgelaufen sind.[30]

» Wiederholen Sie ggf. zunächst den Suspensiveffekt nach § 80 Abs. 1 VwGO im Skript „Verwaltungsprozessrecht"! «

352 Ist die durchzusetzende Grundverfügung noch nicht unanfechtbar, kommt eine zwangsweise Durchsetzung der Grundverfügung nur in Betracht, wenn ein **Rechtsmittel gegen die Grundverfügung keine aufschiebende Wirkung** hat, d.h. die **Grundverfügung sofort vollziehbar** ist. Widerspruch und Anfechtungsklage haben grundsätzlich aufschiebende Wirkung (vgl. § 80 Abs. 1 VwGO). Ihre aufschiebende Wirkung entfällt nur in den in § 80 Abs. 2 VwGO genannten Fällen. Im Polizei- und Ordnungsrecht sind insoweit vor allem **§ 80 Abs. 2 S. 1 Nrn. 2 und 4 VwGO** relevant.[31]

353 Die Unanfechtbarkeit oder die fehlende aufschiebende Wirkung eines Rechtsmittels muss in dem Zeitpunkt vorliegen, in dem der Adressat der Grundverfügung die geforderte Handlung, Duldung oder Unterlassung vornehmen soll. Andernfalls erweist sich die Zwangsmittelfestsetzung als rechtswidrig. Das gilt auch dann, wenn die Zwangsmittelandrohung zum Zeitpunkt der Festsetzung bereits bestandskräftig ist. Insoweit kommt der Androhung keine „abschichtende" Wirkung zu, weil die allgemeinen Voraussetzungen für die Zulässigkeit des Verwaltungszwangs auch für die Festsetzung erfüllt sein müssen.[32]

---

28 Vgl. *Dietlein*, in: Dietlein/Hellermann Öffentliches Recht in Nordrhein-Westfalen § 3 Rn. 252.
29 Vgl. *Wolffgang/Hendricks/Merz* Polizei- und Ordnungsrecht in Nordrhein-Westfalen Rn. 527.
30 Vgl. dazu *Sachs*, in: Stelkens/Bonk/Sachs VwVfG § 43 Rn. 20, 23 ff.
31 Vgl. *Wolffgang/Hendricks/Merz* Polizei- und Ordnungsrecht in Nordrhein-Westfalen Rn. 529 f.
32 Vgl. *OVG NRW* NVwZ-RR 2013, 172.

cc) Rechtmäßigkeit des Grundverwaltungsaktes (str.)

Ob die Rechtmäßigkeit des Grundverwaltungsaktes Zulässigkeitsvoraussetzung für ein **354**
Zwangsverfahren ist, ist umstritten. Die h.M., zu der auch das Bundesverwaltungsgericht gehört, steht auf dem Standpunkt, dass es niemals auf die Rechtmäßigkeit der Grundverfügung ankomme; sie beruft sich vor allem auf den Wortlaut des § 55 Abs. 1 VwVG NRW bzw. § 50 Abs. 1 PolG NRW.[33] Die Gegenansicht fordert stets die Rechtmäßigkeit der Grundverfügung und begründet ihre Auffassung damit, dass andernfalls das Unrecht aus der Grundverfügung durch ihre Vollstreckung „vertieft" werde.[34] Nach einer vermittelnden Ansicht ist die Rechtmäßigkeit der Grundverfügung nur erforderlich, solange die Grundverfügung noch nicht unanfechtbar ist, weil in diesem Falle ein „Rechtswidrigkeitszusammenhang" zwischen der Grundverfügung und deren Durchsetzung bestehe.[35]

JURIQ-Klausurtipp

Um festzustellen, ob der Meinungsstreit in Ihrer Fallbearbeitung relevant ist, müssen Sie die Rechtmäßigkeit der Grundverfügung prüfen. Erweist sich die Grundverfügung als rechtmäßig, brauchen Sie den Meinungsstreit nicht zu entscheiden. Anders sieht es aber aus, wenn Ihre Prüfung ergibt, dass die Grundverfügung rechtswidrig ist. Für die h.M. dürfte die Effektivität der Gefahrenabwehr sprechen, die beeinträchtigt werden könnte, wenn vor einer Zwangsmaßnahme zunächst die Rechtmäßigkeit der Grundverfügung geprüft werden müsste.

b) Vollstreckungsvoraussetzungen des konkreten Zwangsmittels

Im zweiten Schritt untersuchen Sie, ob die Vollstreckungsvoraussetzungen des konkreten **355**
Zwangsmittels (Ersatzvornahme, Zwangsgeld, unmittelbarer Zwang) nach **§§ 59 bis 62 VwVG NRW** bzw. **§§ 51 bis 55 PolG NRW** vorliegen.

c) Ordnungsgemäße Art und Weise des Verwaltungszwangs

Im dritten Schritt prüfen Sie, ob die Art und Weise des Verwaltungszwangs ordnungsgemäß **356**
war.

aa) Androhung des Zwangsmittels

» Lesen Sie §§ 63, 69 VwVG NRW und §§ 56, 61 PolG NRW! «

Im gestreckten Zwangsverfahren muss das Zwangsmittel dem Betroffenen regelmäßig **357**
zunächst **angedroht** werden (vgl. **§§ 63, 69 VwVG NRW, §§ 56, 61 PolG NRW**). Bei der Zwangsmittelandrohung handelt es sich um einen **eigenständigen belastenden Verwaltungsakt**,[36] der selbständig mit Rechtsbehelfen angegriffen werden kann. Er kann **mit der Grundverfügung verbunden** werden (vgl. **§§ 63 Abs. 2 VwVG NRW, § 56 Abs. 2 PolG NRW**). Eine **ordnungsbehördliche Androhung** muss **immer schriftlich** erfolgen (vgl. § 63 Abs. 1 S. 1 VwVG NRW; s. aber auch § 69 Abs. 2 VwVG NRW), während **eine polizeiliche Androhung** gemäß **§ 56 Abs. 1 S. 1 PolG NRW** nur **„möglichst" schriftlich** erfolgen soll (s. aber auch § 61 PolG NRW). Die Zwangsmittelandrohung muss sich auf ein **konkretes Zwangsmittel** bzw.

33 Vgl. *BVerwG* NVwZ 2009, 122.
34 Vgl. *Knemeyer* Polizei- und Ordnungsrecht Rn. 358.
35 Vgl. *Würtenberger*, in: Achterberg/Püttner (Hrsg.) Besonderes Verwaltungsrecht Band II Kap. 7/1 Rn. 247 f.
36 Vgl. *Dietlein*, in: Dietlein/Hellermann Öffentliches Recht in Nordrhein-Westfalen § 3 Rn. 247.

ein **Zwangsgeld in bestimmter Höhe** beziehen und grundsätzlich eine **angemessene Frist zur Erfüllung** setzen (vgl. **§ 63 Abs. 3 S. 1, Abs. 5 VwVG NRW, § 56 Abs. 3 S. 1, Abs. 5 PolG NRW**). Vor Erlass einer Zwangsmittelandrohung ist **grundsätzlich keine Anhörung des Betroffenen erforderlich** (vgl. § 28 Abs. 2 Nr. 5 VwVfG NRW). Rechtsbehelfe gegen die Zwangsmittelandrohung haben gemäß **§ 80 Abs. 2 S. 1 Nr. 3 VwGO i.V.m. § 112 S. 1 JustG NRW**[37] bzw. **§ 80 Abs. 2 S. 1 Nr. 2 VwGO keine aufschiebende Wirkung**.

bb) Festsetzung des Zwangsmittels

» Lesen Sie § 64 S. 1 VwVG NRW! «

358 Gemäß **§ 64 S. 1 VwVG NRW** muss das **angedrohte Zwangsmittel** im **ordnungsrechtlichen Zwangsverfahren** stets **festgesetzt** werden, wenn die in der Androhung gesetzte **Frist zur Erfüllung der auferlegten Verpflichtung nicht eingehalten** wird. Im **polizeirechtlichen Zwangsverfahren** ist eine **Festsetzung** des angedrohten Zwangsmittels dagegen **grundsätzlich nicht vorgesehen**. Etwas **anderes** gilt gemäß **§ 53 Abs. 1 PolG NRW** nur für das **Zwangsgeld**.

Hinweis

Merken Sie sich diesen wesentlichen Unterschied zwischen dem polizeirechtlichen und dem ordnungsrechtlichen gestreckten Zwangsverfahren! Auch wenn die Festsetzung des Zwangsmittels im Polizeigesetz NRW grundsätzlich nicht vorgesehen ist, wird sie gleichwohl als sog. „minus-Maßnahme" gegenüber der sofortigen Anwendung des Zwangsmittels zumindest für zulässig erachtet. Eine solche Festsetzung ist jedoch mangels Regelung i.S.d. § 35 VwVfG NRW kein Verwaltungsakt, sondern ein Realakt.[38]

359 Die Festsetzung beinhaltet die **Anordnung**, dass das **angedrohte Zwangsmittel zur Anwendung kommt**, und muss unter Beachtung des Grundsatzes der Verhältnismäßigkeit erfolgen.[39] Wie die vorangegangene Androhung des Zwangsmittels handelt sich bei der Festsetzung des Zwangsmittels um ein **Beugemittel**, das – wie die Androhung des Zwangsmittels – grundsätzlich nicht mehr angewendet werden darf, wenn der Betroffene die ihm in der Grundverfügung auferlegte Verpflichtung erfüllt. Die Festsetzung ist Bestandteil des Zwangsverfahrens und ein **eigenständiger belastender Verwaltungsakt**, der selbständig mit Rechtsbehelfen angegriffen werden kann. Wie bei der Androhung des Zwangsmittels (s.o. Rn. 357) ist vor Erlass der Zwangsmittelfestsetzung **grundsätzlich keine Anhörung des Betroffenen erforderlich** (vgl. **§ 28 Abs. 2 Nr. 5 VwVfG NRW**). Rechtsbehelfe gegen die Zwangsmittelfestsetzung haben **keine aufschiebende Wirkung** (vgl. **§ 80 Abs. 2 S. 1 Nr. 3 VwGO i.V.m. § 112 S. 1 JustG NRW** bzw. **§ 80 Abs. 2 S. 1 Nr. 2 VwGO**).[40]

360 Umstritten ist, ob die an sich stets erforderliche Festsetzung des Zwangsmittels entbehrlich ist, wenn der Betroffene auf die Festsetzung des Zwangsmittels verzichtet.

Beispiel Wie oben (Rn. 319). P erklärt nach der Androhung eines Zwangsgeldes in Höhe von 100 € gegenüber der Stadt E nachdrücklich, dass er die angeforderten Auskünfte auf keinen Fall erteilen wird. Die Stadt E treibt daraufhin sofort 100 € bei. Eine vorherige Festsetzung des Zwangsgeldes hält sie für reine Förmelei, nachdem P klar zu erkennen gegeben habe, dass er

37 Justizgesetz Nordrhein-Westfalen (*v. Hippel/Rehborn* Nr. 252).
38 Vgl. *Dietlein*, in: Dietlein/Hellermann Öffentliches Recht in Nordrhein-Westfalen § 3 Rn. 250.
39 Vgl. *OVG Sachsen-Anhalt* Beschl. v. 3.5.2016 – 2 M 6/16 – juris.
40 Vgl. zum Ganzen *Dietlein*, in: Dietlein/Hellermann Öffentliches Recht in Nordrhein-Westfalen § 3 Rn. 248.

die Auskünfte nicht erteilen werde. Konnte die Stadt E zu Recht von der Festsetzung absehen? – Unter Zugrundelegung der Auffassung des Bundesverwaltungsgerichts konnte die Stadt E von der Festsetzung des Zwangsgeldes absehen. Das Bundesverwaltungsgericht steht auf dem Standpunkt, dass der Betroffene auf den durch die Zwangsmittelfestsetzung gewährten Schutz verzichten kann. Seinen Standpunkt begründet das Gericht vor allem damit, dass der mit der gesetzlichen Regelung verfolgte Zweck einer Zwangsmittelfestsetzung jedenfalls dann nicht verfehlt werde, wenn der Betroffene von Anfang an oder während des Laufs der Androhungsfrist ernstlich und endgültig erkläre, dass er – aus welchen Gründen auch immer – die Grundverfügung weder aus eigener Kraft noch mit Hilfe Dritter erfüllen werde. Er bringe zum Ausdruck, dass er die weitere Initiative der Vollstreckungsbehörde überlasse, und verzichte damit stillschweigend auf die Schutzmöglichkeiten, die eine förmliche Festsetzung an sich zu bieten geeignet sei.[41]

Der Ansicht des Bundesverwaltungsgerichts wird insbesondere der Gesetzeswortlaut entgegengehalten, nach dem die Festsetzung eines Zwangsmittels im gestreckten Verfahren stets erfolgen müsse (vgl. § 64 S. 1 VwVG NRW) und eine Ausnahme hiervon allein für den Sofortvollzug gelte (vgl. § 64 S. 2 VwVG NRW). Daher komme eine Anwendung des § 46 VwVfG NRW von vornherein nicht in Betracht. Außerdem wird gegen die Ansicht des Bundesverwaltungsgerichts vorgebracht, dass es der Ordnungsverwaltung unbenommen bleibe, jederzeit von dem gestreckten Zwangsverfahren in den Sofortvollzug zu wechseln.[42] Nach dieser Auffassung kommt ein konkludenter Verzicht des P nicht in Betracht. Die Stadt E hätte hiernach das Zwangsgeld zuerst festsetzen müssen, bevor sie die angedrohten 100 € beitreibt. Mangels Festsetzung des Zwangsgeldes ist das Vorgehen der Stadt E hiernach rechtswidrig. ■

JURIQ-Klausurtipp

Angesichts des Wortlauts des § 64 VwVG NRW dürfte die Auffassung des Bundesverwaltungsgerichts in der Tat nicht tragfähig sein. In der Fallbearbeitung dürfte es daher empfehlenswert sein, der Gegenauffassung zu folgen.

cc) Anwendung des Zwangsmittels

361 Im **ordnungsrechtlichen Zwangsverfahren** wird das festgesetzte Zwangsmittel **der Festsetzung gemäß angewendet** (vgl. **§ 65 Abs. 1 VwVG NRW**; s. auch **§§ 66 ff. VwVG NRW**). Im **polizeirechtlichen Zwangsverfahren** findet sich keine vergleichbare allgemeine Bestimmung; bei der Anwendung unmittelbaren Zwangs sind hier jedoch **§§ 57 ff. PolG NRW** zu beachten (vgl. **§ 55 Abs. 1 S. 2 PolG NRW**). Nach überwiegender Ansicht handelt es sich bei der Anwendung von Zwangsmitteln um **Realakte**.[43]

» Lesen Sie § 65 VwVG NRW! «

JURIQ-Klausurtipp

Will sich der Betroffene gegen die Realakte zur Wehr setzen, kann er eine vorbeugende Unterlassungsklage (Unterfall der allgemeinen Leistungsklage) erheben. Nach Beendigung einer Zwangsmittelanwendung kommt eine Feststellungsklage nach § 43 VwGO in Betracht.

41 *BVerwG* NVwZ 1997, 381.

42 Vgl. zum Ganzen *Dietlein*, in: Dietlein/Hellermann Öffentliches Recht in Nordrhein-Westfalen § 3 Rn. 249.

43 Vgl. *Maurer* Allgemeines Verwaltungsrecht § 20 Rn. 24.

362 Leistet der Betroffene bei der Ersatzvornahme oder bei unmittelbarem Zwang Widerstand, kann dieser gemäß **§ 65 Abs. 2 S. 1 VwVG NRW** gebrochen werden. Dabei kann die Polizei auf Verlangen Vollzugshilfe leisten (vgl. hierzu § 65 Abs. 2 Sätze 2 ff. VwVG NRW).

» Lesen Sie § 65 Abs. 3 VwVG NRW! «

363 Gemäß **§ 65 Abs. 3 VwVG NRW** ist der Vollzug einer Zwangsmittelanwendung allerdings einzustellen, sobald der **Zweck des Vollzugs erreicht** ist (§ 65 Abs. 3 lit. a VwVG NRW), d.h. insbesondere sobald der Betroffene die ihm auferlegte Pflicht erfüllt hat, des Weiteren wenn dem Betroffenen die **Erfüllung der zu erzwingenden Leistung unmöglich geworden** ist (§ 65 Abs. 3 lit. b VwVG NRW), d.h. wenn der Betroffene die ihm auferlegte Pflicht aus rechtlichen oder tatsächlichen Gründen nicht erfüllen kann, und schließlich, wenn die **Vollstreckungsvoraussetzungen nachträglich weggefallen** sind, wobei § 60 Abs. 3 VwVG NRW unberührt bleibt (§ 65 Abs. 3 lit. c VwVG NRW).

d) Ermessen

364 Im vierten Schritt prüfen Sie, ob die Polizei bzw. die Ordnungsverwaltung das ihr nach **§ 55 Abs. 1 VwVG NRW** bzw. **§ 50 Abs. 1 PolG NRW** eingeräumte **Ermessen** im Einklang mit **§ 40 VwVfG NRW** ausgeübt hat. Die Polizei und die Ordnungsverwaltung besitzen insoweit ein **Entschließungs-**, ein **Handlungs-** und ein **Auswahlermessen**.

JURIQ-Klausurtipp

Beachten Sie hierbei den eingeschränkten Prüfungsmaßstab eines Gerichts nach § 114 VwGO, wenn Sie die Erfolgsaussichten einer Klage gegen eine Zwangsmaßnahme prüfen.

» Lesen Sie § 58 VwVG NRW! «

365 Neben der notwendigen **Bestimmtheit** einer Zwangsmaßnahme ist vor allem der **Verhältnismäßigkeitsgrundsatz** von besonderer Bedeutung, der **im ordnungsrechtlichen Zwangsverfahren** in **§ 58 VwVG NRW** ausdrücklich geregelt ist. Untersuchen Sie daher stets, ob der **Rückgriff auf das Zwangsverfahren** sowie die **Auswahl und Anwendung des Zwangsmittels** verhältnismäßig sind.

III. Rechtmäßigkeit einer Zwangsmaßnahme im Sofortvollzug

366 Unter bestimmten Voraussetzungen können die Polizei und die Ordnungsverwaltung ein Zwangsmittel anwenden, **ohne** zuvor eine **Grundverfügung erlassen, diese angedroht und festgesetzt** zu haben. Selbst bei Vorliegen einer Grundverfügung können die Polizei und die Ordnungsverwaltung die Grundverfügung im Sofortvollzug durchsetzen, wenn deren Voraussetzungen vorliegen. Dies wird aus einem *erst-recht-Schluss* gefolgert: Wenn der Sofortvollzug schon ohne Vorliegen einer Grundverfügung zulässig ist, muss er erst recht zulässig sein, wenn eine Grundverfügung bereits vorliegt.[44] Der Sofortvollzug ist insbesondere für die **Ersatzvornahme** und den **unmittelbaren Zwang** relevant.[45] Beim Sofortvollzug handelt es sich regelmäßig um einen **Realakt**.[46]

---

44 Vgl. *Wolffgang/Hendricks/Merz* Polizei- und Ordnungsrecht in Nordrhein-Westfalen Rn. 536.
45 Vgl. *Dietlein*, in: Dietlein/Hellermann Öffentliches Recht in Nordrhein-Westfalen § 3 Rn. 254.
46 Vgl. *Dietlein*, in: Dietlein/Hellermann Öffentliches Recht in Nordrhein-Westfalen § 3 Rn. 254.

JURIQ-Klausurtipp

Da eine dem § 18 Abs. 2 BVwVG entsprechende Bestimmung im VwVG NRW nicht existiert, kann sich der Betroffene gegen im Sofortvollzug auf der Grundlage des VwVG NRW vorgenommener Realakt mit Hilfe einer vorbeugenden Unterlassungsklage (Unterfall der allgemeinen Leistungsklage) und nach Beendigung einer Zwangsmittelanwendung mittels Feststellungsklage nach § 43 VwGO wehren.

Die Rechtmäßigkeit einer Zwangsmaßnahme im Sofortvollzug prüfen Sie wie folgt: **367**

Rechtmäßigkeit einer Zwangsmaßnahme im Sofortvollzug

PRÜFUNGSSCHEMA

I. Ermächtigungsgrundlage für die Zwangsmaßnahme

II. Formelle Rechtmäßigkeit der Zwangsmaßnahme
1. Zuständigkeit der Vollstreckungsbehörde
2. Verfahren

III. Materielle Rechtmäßigkeit der Zwangsmaßnahme
1. Zulässigkeit des Verwaltungszwangs im Sofortvollzug
   a) Vorliegen einer gegenwärtigen Gefahr
   b) Notwendigkeit des Sofortvollzugs zur Abwehr einer gegenwärtigen Gefahr
   c) Handeln der Vollstreckungsbehörde „innerhalb ihrer Befugnisse"
2. Vollstreckungsvoraussetzungen des konkreten Zwangsmittels
3. Ordnungsgemäße Art und Weise des Verwaltungszwangs
   a) Androhung des Zwangsmittels
   b) Anwendung des Zwangsmittels
4. Ermessen
   a) Entschließungsermessen
   b) Handlungsermessen
   c) Auswahlermessen

JURIQ-Klausurtipp

Das Prüfungsschema dient Ihrer Orientierung. Arbeiten Sie es in Gedanken vollständig ab, erörtern Sie in Ihrer Falllösung aber nur diejenigen Prüfungspunkte, die nach dem Sachverhalt Ihres Falles problematisch sind. Unproblematische Punkte können Sie kurz – und dann auch ruhig im Urteilsstil – abhandeln.

Den richtigen Einstieg in Ihre Prüfung finden Sie mit einem möglichst präzise formulierten **368** **Obersatz** (vgl. dazu bereits oben Rn. 341).

Die Prüfung der Rechtmäßigkeit einer Zwangsmaßnahme im Sofortvollzug ähnelt im Ansatz **369** der Prüfung der Rechtmäßigkeit einer Zwangsmaßnahme im gestreckten Verfahren. Im Einzelnen untersuchen Sie die Rechtmäßigkeit einer Zwangsmaßnahme im Sofortvollzug in drei Schritten:

1. Ermächtigungsgrundlage

» Lesen Sie § 55 Abs. 2 VwVG NRW und § 50 Abs. 2 PolG NRW! «

370 Im ersten Schritt nennen Sie die einschlägige Ermächtigungsgrundlage. Die nach dem rechtsstaatlichen Vorbehalt des Gesetzes auch für den Sofortvollzug erforderliche Ermächtigungsgrundlage findet sich für den **ordnungsrechtlichen Sofortvollzug** in **§ 55 Abs. 2 VwVG NRW in Verbindung mit dem jeweils einschlägigen Zwangsmittel** und für den **polizeilichen Sofortvollzug** in **§ 50 Abs. 2 PolG NRW in Verbindung mit dem jeweils einschlägigen Zwangsmittel**.

2. Formelle Rechtmäßigkeit der Zwangsmaßnahme

371 Im zweiten Schritt gehen Sie der Frage nach, ob die Zwangsmaßnahme formell rechtmäßig ist. Dabei gehen Sie in zwei Schritten vor:

a) Zuständigkeit der Vollstreckungsbehörde

372 Zuerst prüfen Sie die Zuständigkeit der Vollstreckungsbehörde unter Rückgriff auf § 56 Abs. 1 VwVG NRW bzw. das POG NRW (vgl. oben Rn. 345). Da im Sofortvollzug aber grundsätzlich noch keine Grundverfügung erlassen wurde, legen Sie die einschlägige Zuständigkeitsbestimmung dahingehend aus, dass diejenige Behörde für den Sofortvollzug zuständig ist, die eine **entsprechende Grundverfügung erlassen dürfte**.[47]

b) Verfahren

373 Danach untersuchen Sie die Einhaltung des Verfahrens. Da es sich beim Sofortvollzug regelmäßig um einen Realakt handelt (s.o. Rn. 366), kommt eine **Anhörung i.S.d. § 28 Abs. 1 VwVfG NRW** – anders als im gestreckten Verfahren (s.o. Rn. 346) – grundsätzlich **nicht** in Betracht; jedenfalls wäre sie – wie im gestreckten Verfahren – regelmäßig entbehrlich.

3. Materielle Rechtmäßigkeit der Zwangsmaßnahme

Im dritten Schritt untersuchen Sie die materielle Rechtmäßigkeit der Zwangsmaßnahme. Im Rahmen der materiellen Rechtmäßigkeit untersuchen Sie, ob die Zwangsmaßnahme **inhaltlich mit den gesetzlichen Vorgaben in Einklang** steht. Die materielle Rechtmäßigkeit der Zwangsmaßnahme prüfen Sie in vier Schritten:

a) Zulässigkeit des Verwaltungszwangs im Sofortvollzug

374 Im ersten Schritt gehen Sie der Frage nach, ob der Verwaltungszwang im Sofortvollzug **überhaupt zulässig** ist. Gemäß **§ 55 Abs. 2 VwVG NRW** und **§ 50 Abs. 2 PolG NRW** kann der Verwaltungszwang ohne vorausgehenden Verwaltungsakt angewendet werden, wenn das zur Abwehr einer gegenwärtigen Gefahr notwendig ist und die Vollzugsbehörde hierbei innerhalb ihrer Befugnisse handelt (§ 55 Abs. 2 VwVG NRW) bzw. wenn das zur Abwehr einer gegenwärtigen Gefahr notwendig ist, insbesondere weil Maßnahmen gegen Personen nach den §§ 4 bis 6 PolG NRW nicht oder nicht rechtzeitig möglich sind oder keinen Erfolg versprechen, und die Polizei hierbei innerhalb ihrer Befugnisse handelt (§ 50 Abs. 2 PolG NRW).

47 Vgl. *Wolffgang/Hendricks/Merz* Polizei- und Ordnungsrecht in Nordrhein-Westfalen Rn. 539.

aa) Vorliegen einer gegenwärtigen Gefahr

Der Sofortvollzug setzt demnach zunächst das **Vorliegen einer gegenwärtigen Gefahr** voraus.[48] Wann eine gegenwärtige Gefahr vorliegt, wurde bereits oben (Rn. 254) erörtert; auf die dortigen Ausführungen wird verwiesen. **375**

bb) Notwendigkeit des Sofortvollzugs zur Abwehr einer Gefahr

Der Sofortvollzug muss des Weiteren **zur Abwehr einer Gefahr notwendig** sein. Dies ist der Fall, wenn der Zweck der Maßnahme im gestreckten Verfahren selbst bei größtmöglicher Beschleunigung nicht erreichbar wäre.[49] Für das Abschleppen eines von Amts wegen stillgelegten Fahrzeuges, das auf einem regulären Parkplatz steht, wird die Notwendigkeit des Sofortvollzuges verneint, weil ein sofortiges Handeln mangels Verkehrsbehinderung oder anderer Gefahren nicht notwendig sei.[50] **376**

cc) Handeln der Vollstreckungsbehörde innerhalb ihrer Befugnisse

Schließlich muss die Vollstreckungsbehörde beim Sofortvollzug **innerhalb ihrer Befugnisse** handeln. Innerhalb ihrer Befugnisse handelt die Vollstreckungsbehörde, wenn sie berechtigt wäre, gegenüber dem Betroffenen einen Verwaltungsakt mit dem Inhalt zu erlassen, den sie im Rahmen des Sofortvollzuges durchsetzt (sog. **„Rechtmäßigkeit einer hypothetischen Grundverfügung"**).[51] **377**

JURIQ-Klausurtipp

In der Fallbearbeitung prüfen Sie dementsprechend die Rechtmäßigkeit der hypothetischen Grundverfügung, d.h. des Verwaltungsaktes, der auf die Vornahme einer Handlung oder Duldung oder Unterlassung gerichtet ist und den die Polizei bzw. die Ordnungsverwaltung zwangsweise durchsetzen will. Hierzu orientieren Sie sich an dem Prüfungsschema oben Rn. 57.

b) Vollstreckungsvoraussetzungen des konkreten Zwangsmittels

Im zweiten Schritt untersuchen Sie, ob die Vollstreckungsvoraussetzungen des konkreten Zwangsmittels vorliegen (vgl. oben Rn. 355 ff.). **378**

c) Ordnungsgemäße Art und Weise des Verwaltungszwangs

Im dritten Schritt gehen Sie der Frage nach, ob die Art und Weise des Verwaltungszwangs ordnungsgemäß war. Anders als im gestreckten Verfahren (s.o. Rn. 357 f.) sind im Sofortvollzug eine **Androhung** des Zwangsmittels und eine grundsätzlich nur im ordnungsrechtlichen Zwangsverfahren vorgesehene **Festsetzung** nicht notwendig (vgl. **§§ 63 Abs. 1 S. 5, 64 S. 2 VwVG NRW, § 56 Abs. 1 S. 3 PolG NRW**). **379**

---

48 Vgl. *Wolffgang/Hendricks/Merz* Polizei- und Ordnungsrecht in Nordrhein-Westfalen Rn. 543; einschränkend *OVG NRW* NVwZ-RR 2008, 437.

49 Vgl. *Wolffgang/Hendricks/Merz* Polizei- und Ordnungsrecht in Nordrhein-Westfalen Rn. 544.

50 Vgl. *VG Düsseldorf* Urt. v. 21.6.2016 – 14 K 6661/15 – juris; Urt. v. 5.3.2014 – 14 K 6956/13 – juris.

51 Vgl. *Wolffgang/Hendricks/Merz* Polizei- und Ordnungsrecht in Nordrhein-Westfalen Rn. 542.

d) Ermessen

380 Im vierten Schritt untersuchen Sie, ob das Ermessen ordnungsgemäß ausgeübt wurde (vgl. oben Rn. 364 f.).

IV. Rechtmäßigkeit eines Kostenbescheides nach § 77 VwVG NRW

1. Überblick

381 Neben der Frage der Rechtmäßigkeit von Vollstreckungsmaßnahmen im gestreckten Zwangsverfahren oder im Sofortvollzug ist auch die Frage der Rechtmäßigkeit eines Kostenbescheides nach § 77 VwVG NRW prüfungsrelevant.

» Lesen Sie § 77 VwVG NRW! «

Gemäß **§ 77 Abs. 1 S. 1 VwVG NRW** werden **Kosten (Gebühren und Auslagen) für Amtshandlungen nach dem VwVG NRW** nach näherer Bestimmung einer Kostenordnung[52] **vom Vollstreckungsschuldner oder dem Pflichtigen** erhoben. Das Kostenerhebungsverfahren findet **grundsätzlich nach dem Abschluss des Zwangsverfahrens** statt und bildet ein gegenüber dem Zwangsverfahren **eigenständiges Verwaltungsverfahren i.S.d. § 9 VwVfG NRW**, das mit dem Erlass des Kostenbescheides endet. **Ausnahmsweise** kann die Ordnungsverwaltung auch **im Voraus** die Kosten für eine Amtshandlung nach dem VwVG NRW erheben.

Beispiel Z wurde von der Bauaufsichtsbehörde der Stadt K aufgefordert, eine ohne Baugenehmigung errichtete Doppelgarage auf seinem Grundstück abzureißen. Z denkt gar nicht daran und kommt der Aufforderung der Behörde nicht nach. Die Behörde leitet eines Tages ein Zwangsverfahren gegen Z ein und droht ihm eine Ersatzvornahme an. Kurz darauf erhält Z einen Kostenbescheid der Behörde, nach dem er die voraussichtlichen Kosten des Abrisses im Voraus an die Behörde zahlen soll. Z ist empört und hält den Bescheid für rechtswidrig. Zu Recht? – Nein, gemäß § 59 Abs. 2 S. 1 VwVG NRW kann bestimmt werden, dass der Betroffene die voraussichtlichen Kosten einer Ersatzvornahme im Voraus zu zahlen hat. Erfolgt die Zahlung nicht fristgerecht, können die Kosten beigetrieben werden. ■

382 Im Gegensatz zum VwVG NRW gibt es im **Polizeigesetz NRW keine Regelungen über die Kosten einer Zwangsmaßnahme nach dem PolG NRW**. Allerdings wird in **§ 46 Abs. 3 S. 3 PolG NRW** und in **§ 52 Abs. 1 S. 2 PolG NRW** auf **§ 77 VwVG NRW** verwiesen. Bei einer **Sicherstellung** und einer **Ersatzvornahme** können also Kosten vom Pflichtigen erhoben werden. **Bei den anderen Zwangshandlungen nach dem PolG NRW** kommt die **Erhebung von Kosten** gegenüber dem Pflichtigen **mangels gesetzlicher Ermächtigungsgrundlagen** nicht in Betracht.[53]

383 Die Rechtmäßigkeit eines Kostenbescheides nach § 77 VwVG NRW prüfen Sie wie folgt:[54]

---

52 S. Teil 4 der VO VwVG NRW (*v. Hippel/Rehborn* Nr. 73a).

53 Vgl. *Dietlein*, in: Dietlein/Hellermann Öffentliches Recht in Nordrhein-Westfalen § 3 Rn. 259 (str.).

54 Vgl. *Dietlein*, in: Dietlein/Hellermann Öffentliches Recht in Nordrhein-Westfalen § 3 Rn. 262.

Rechtmäßigkeit eines Kostenbescheides nach § 77 VwVG NRW

PRÜFUNGSSCHEMA

I. Ermächtigungsgrundlage für den Kostenbescheid

II. Formelle Rechtmäßigkeit des Kostenbescheides
1. Zuständigkeit
2. Verfahren
3. Form
4. Begründung
5. Bekanntgabe

III. Materielle Rechtmäßigkeit des Kostenbescheides
1. Rechtmäßigkeit der zugrundeliegenden Amtshandlung
2. Erstattungsfähigkeit der erhobenen Kosten
3. Fälligkeit der erhobenen Kosten
4. Ermessen

JURIQ-Klausurtipp

Denken Sie auch bei diesem Prüfungsschema daran, dass es lediglich Ihrer Orientierung dient. Erörtern Sie in der Fallbearbeitung nur die Punkte, die nach den Angaben des Sachverhalts problematisch sind; unproblematische Punkte können Sie kurz – und dann ruhig auch im Urteilsstil – abhandeln.

Den richtigen Einstieg in die Rechtmäßigkeitsprüfung finden Sie über einen möglichst präzise formulierten **Obersatz**, der je nach Fallkonstellation unterschiedlich formuliert werden muss. Wenn Sie es in der Fallbearbeitung – wie es dem Regelfall entspricht – die Erfolgsaussichten einer Anfechtungsklage gegen einen Kostenbescheid zu prüfen haben, könnte der Obersatz der Rechtmäßigkeitsprüfung im Rahmen der Begründetheit der Klage wie folgt lauten: „Der Kostenbescheid der … (hier die betreffende Behörde nennen) ist rechtmäßig, wenn und soweit er auf einer wirksamen Ermächtigungsgrundlage beruht sowie formell und materiell rechtmäßig ist". **384**

Hinweis

Kosten, die auf der Grundlage des § 77 VwVG NRW erhoben werden, stellen nach h.M. keine „öffentlichen Abgaben oder Kosten" i.S.d. § 80 Abs. 2 S. 1 Nr. 1 VwGO dar, so dass eine Anfechtungsklage gegen den Kostenbescheid nach § 80 Abs. 1 S. 1 VwGO aufschiebende Wirkung hat.[55]

55 Vgl. *Dietlein*, in: Dietlein/Hellermann Öffentliches Recht in Nordrhein-Westfalen § 3 Rn. 259.

385 Die Rechtmäßigkeit eines Kostenbescheides prüfen Sie in drei Schritten:

2. Ermächtigungsgrundlage für den Kostenbescheid

386 Im ersten Schritt arbeiten Sie die einschlägige Ermächtigungsgrundlage für den Kostenbescheid heraus. Ermächtigungsgrundlage für den Erlass eines **Kostenbescheides für Zwangsmaßnahmen nach dem VwVG NRW** ist **§ 77 Abs. 1 S. 1 i.V.m. §§ 8 ff. VO VwVG NRW**. Ermächtigungsgrundlage für den Erlass eines **Kostenbescheides für eine polizeiliche Sicherstellung oder Ersatzvornahme** ist **§ 46 Abs. 3 S. 3 bzw. § 52 Abs. 1 S. 2 PolG NRW i.V.m. § 77 Abs. 1 S. 1 VwVG NRW i.V.m. §§ 8 ff. VO VwVG NRW**.

JURIQ-Klausurtipp

Welche Bestimmung der VO VwVG NRW einschlägig ist, hängt davon ab, welche Kosten (Gebühren und Auslagen) erstattet verlangt werden. Prüfungsrelevant ist vor allem § 20 Abs. 2 Nr. 7 VO VwVG NRW.

3. Formelle Rechtmäßigkeit des Kostenbescheides

387 Im zweiten Schritt untersuchen Sie die formelle Rechtmäßigkeit des Kostenbescheides. Hierbei gehen Sie regelmäßig wie folgt vor:

a) Zuständigkeit

388 Zunächst erörtern Sie die Frage, wer für den Erlass des Kostenbescheides zuständig ist. **Kostengläubiger** ist gemäß **§ 77 Abs. 1 S. 2 VwVG NRW** der **Rechtsträger, dessen Behörde die Amtshandlung vornimmt, bei Auslagen auch** der **Rechtsträger, bei dessen Behörde die Auslagen entstanden** sind.

Beispiel Wie oben (Rn. 381). Nach Androhung und Festsetzung der Ersatzvornahme beauftragt die Bauaufsichtsbehörde ein Unternehmen, das die Doppelgarage des Z eines Morgens abreißt. Z erhält kurz darauf einen Kostenbescheid der Stadt K, in dem er aufgefordert wird, den für die Ersatzvornahme aufgewendeten Betrag zu begleichen. – Als Rechtsträger ist die Stadt K gemäß § 77 Abs. 1 S. 2 VwVG NRW Kostengläubigerin für den für die Ersatzvornahme aufgewendeten Betrag. ■

b) Verfahren

389 Sodann gehen Sie der Frage nach, ob das Kostenerhebungsverfahren ordnungsgemäß verlaufen ist. Insbesondere gilt es dabei zu beachten, dass im Kostenerhebungsverfahren – anders als im Zwangsverfahren – eine vorherige **Anhörung des Betroffenen** gemäß **§ 28 Abs. 1 VwVfG** erforderlich ist.

c) Form

390 Anschließend untersuchen Sie die Einhaltung der **Form des Kostenbescheides** nach Maßgabe des **§ 37 Abs. 2 VwVfG NRW** (s. dazu näher Skript „Allgemeines Verwaltungsrecht").

d) Begründung

Danach gehen Sie der Frage nach, ob die Vollstreckungsbehörde den Kostenbescheid unter Beachtung des **§ 39 VwVfG NRW begründet** hat (s. dazu näher Skript „Allgemeines Verwaltungsrecht“). **391**

e) Bekanntgabe

Schließlich prüfen Sie, ob der Kostenbescheid ordnungsgemäß nach Maßgabe des **§ 41 VwVfG NRW bekanntgemacht** wurde (s. dazu näher Skript „Allgemeines Verwaltungsrecht“). **392**

4. Materielle Rechtmäßigkeit des Kostenbescheides

Im dritten Schritt untersuchen Sie die materielle Rechtmäßigkeit des Kostenbescheides. Dabei gehen Sie der Frage nach, ob der Kostenbescheid inhaltlich den gesetzlichen Anforderungen entspricht. Die materielle Rechtmäßigkeit des Kostenbescheides prüfen Sie in vier Schritten: **393**

a) Rechtmäßigkeit der zugrundeliegenden Amtshandlung

Die zentrale Tatbestandsvoraussetzung für das Entstehen eines Kostenerstattungsanspruchs nach § 77 VwVG NRW ist das **Vorliegen einer Amtshandlung**.[56] Eine Amtshandlung i.S.d. § 77 Abs. 1 S. 1 VwVG NRW ist allein eine **rechtmäßige** Amtshandlung.[57] **394**

> **JURIQ-Klausurtipp**
>
> In der Fallbearbeitung prüfen Sie an dieser Stelle also inzident die Rechtmäßigkeit der Zwangsmaßnahme, für die Kosten erhoben werden. Je nachdem, ob ein gestrecktes Zwangsverfahren oder ein Sofortvollzug vorliegt, orientieren Sie sich an dem entsprechenden Prüfungsschema oben (Rn. 340 oder Rn. 367).

b) Erstattungsfähigkeit der erhobenen Kosten

Sodann untersuchen Sie, ob die von der Vollstreckungsbehörde **erhobenen Kosten** nach **§ 77 Abs. 2 VwVG NRW i.V.m. §§ 8 ff. VO VwVG NRW erstattungsfähig** sind. Prüfungsrelevant ist insoweit vor allem **§ 20 Abs. 2 VO VwVG NRW**. **395**

> **JURIQ-Klausurtipp**
>
> In der Fallbearbeitung werden Sie hinreichende Angaben im Sachverhalt finden, die Ihnen ein schnelles Auffinden der möglichen Kosten (Gebühren und Auslagen) erleichtert. Im Zweifel orientieren Sie an § 8 VO VwVG NRW, der als Eingangsbestimmung von Teil 4 Kapitel 1 VO VwVG NRW eine abschließende Aufzählung über die Gebührenarten enthält, und an den amtlichen Überschriften von Teil 4 Kapitel 2 VO VwVG NRW, um die einschlägigen Bestimmungen der VO VwVG NRW für die möglichen Kosten aufzufinden.

---

56 Vgl. weitestgehend ebenso *Dietlein*, in: Dietlein/Hellermann Öffentliches Recht in Nordrhein-Westfalen § 3 Rn. 260.

57 Vgl. *Dietlein*, in: Dietlein/Hellermann Öffentliches Recht in Nordrhein-Westfalen § 3 Rn. 260 m.w.N.

c) Fälligkeit der erhobenen Kosten

396 Anschließend gehen Sie der Frage nach, ob die erhobenen Kosten fällig sind. Hinsichtlich der prüfungsrelevanten Auslagen, die der Vollstreckungsbehörde im Rahmen der Ersatzvornahme oder der Sicherstellung entstanden sind, tritt **Fälligkeit** gemäß **§ 20 Abs. 4 S. 1 VO VwVG NRW** mit der **Entstehung** der Auslagen ein.

Beispiel Wie oben (Rn. 381). – Bei dem Betrag, den die Behörde an das private Abrissunternehmen bezahlen muss, handelt es sich um eine Auslage nach § 20 Abs. 2 S. 2 Nr. 7 VO VwVG NRW, die mit der Durchführung der Ersatzvornahme entsteht und fällig wird (vgl. § 20 Abs. 4 S. 1 VO VwVG NRW). ■

d) Ermessen

397 Schließlich prüfen Sie, ob die Vollstreckungsbehörde bei Erlass des Kostenbescheides das ihr eingeräumte Ermessen pflichtgemäß ausgeübt hat (vgl. § 40 VwVfG NRW).[58]

JURIQ-Klausurtipp

Sofern Sie die Rechtmäßigkeit eines Kostenbescheides aus Sicht eines Gerichts prüfen, denken Sie bitte an den eingeschränkten Überprüfungsmaßstab des § 114 VwGO.

398 Die Vollstreckungsbehörde hat ein **Entschließungs-**, **Handlungs-** und **Auswahlermessen**. So kann die Vollstreckungsbehörde gemäß **§ 24 Abs. 2 VO VwVG NRW** von der Berechnung und Beitreibung der Kosten z.B. ganz oder teilweise absehen, wenn es sich um geringfügige Beträge handelt oder wenn die Beitreibung der Kosten neue, nicht vertretbare Kosten verursachen würde. § 24 Abs. 2 VO VwVG NRW stellt damit erkennbar eine **Härtefallregelung** dar. Außerdem muss die Vollstreckungsbehörde den **richtigen Kostenschuldner** auswählen. Richtiger Kostenschuldner ist die **Person, die die kostenpflichtige Amtshandlung veranlasst** hat. Dazu gehören alle Personen, die nach dem Polizei- und Ordnungsrecht **verhaltens- oder zustandsverantwortlich** sind (s. dazu oben Rn. 276 ff.). Kein Kostenschuldner ist nach Ansicht des OVG NRW jedoch eine Person, die Verdachtsstörer ist und die Umstände des Gefahrenverdachts nicht zurechenbar veranlasst hat.[59]

Online-Wissens-Check

Ist die Rechtmäßigkeit des Grundverwaltungsakts eine Zulässigkeitsvoraussetzung im gestreckten Zwangsverfahren?

Überprüfen Sie jetzt online Ihr Wissen zu den in diesem Abschnitt erarbeiteten Themen. Unter **www.juracademy.de/skripte/login** steht Ihnen ein Online-Wissens-Check speziell zu diesem Skript zur Verfügung, den Sie kostenlos nutzen können. Den Zugangscode hierzu finden Sie auf der Codeseite.

58 Vgl. hierzu die Überlegungen, dass es sich bei der Entscheidung über die Erhebung von Kosten nach § 77 VwVG NRW um eine Ermessensentscheidung handelt, *Dietlein*, in: Dietlein/Hellermann Öffentliches Recht in Nordrhein-Westfalen § 3 Rn. 261.

59 Vgl. *OVG NRW* NVwZ 2001, 1314.

E. Übungsfall Nr. 2

„Halten verboten!" 399

O ist Eigentümer und Halter eines Pkw. An einem frühen Vormittag muss er vor der Arbeit in die Innenstadt von K fahren, um bei seiner Versicherung kurz eine Angelegenheit zu erledigen. Leider findet O in unmittelbarer Umgebung der Versicherung keinen freien Parkplatz. Da O in Eile ist, stellt er seinen Pkw ganz in der Nähe der Versicherung am Fahrbahnrand vor einem Haus ab, das sich in einem Bereich befindet, der durch ein eingeschränktes Halteverbot (VZ 286) mit dem Zusatzschild „Ladezone werktags 8–12 h" ausgewiesen ist. Vorsorglich schreibt O seine Handy-Nummer auf einen Zettel und legt den Zettel hinter die Frontscheibe am Beifahrersitz. Kurz nachdem O seinen Pkw verlassen hat, stellen Außendienstmitarbeiter des Ordnungsamtes der Stadt K einen Verkehrsverstoß fest. Die Außendienstmitarbeiter beobachten auch, dass etliche Lieferantenfahrzeuge wegen des Pkw von O nicht in der Ladezone parken können und dadurch gezwungen sind, ihren Lieferwagen auf der Fahrbahn abzustellen, was zu nicht unerheblichen Behinderungen des fließenden Straßenverkehrs führt. Nach ca. 25 Minuten erteilen die Außendienstmitarbeiter einen Abschleppauftrag. Sie sind dienstlich verpflichtet, bei Feststellung von Verkehrsverstößen ein privates Abschleppunternehmen zu beauftragen, das den abgeschleppten Pkw auf einen Abschlepphof verbringt. Den Zettel mit der Handy-Nummer haben die Außendienstmitarbeiter zwar gesehen, die Nummer aber nicht angewählt, weil sie sich nicht hierzu verpflichtet fühlen. Ein freier Parkplatz in der Nähe ist nicht vorhanden. Nach ca. 10 Minuten trifft der Abschleppwagen ein. Als der Pkw des O bereits auf dem Abschleppwagen steht, kommt O zu seinem Parkplatz zurück und versucht – vergeblich – die Außendienstmitarbeiter davon zu überzeugen, seinen Pkw wieder abzuladen. Das Abschleppen sei unverhältnismäßig, weil er doch jetzt sofort wegfahre. Der Pkw des O wird auf einen Abschlepphof verbracht.

O ist mit dem Vorgehen des Ordnungsamtes der Stadt K nicht einverstanden. Zu Recht?

Lösung 400

Zu prüfen ist die Rechtmäßigkeit der Abschleppmaßnahme des Ordnungsamtes der Stadt K. Die Abschleppmaßnahme des Ordnungsamtes der Stadt K war rechtmäßig, wenn und soweit sie auf einer wirksamen Ermächtigungsgrundlage beruht sowie formell und materiell rechtmäßig erfolgt ist.

I. Ermächtigungsgrundlage für die Abschleppmaßnahme

Aufgrund des rechtsstaatlichen Vorbehalts des Gesetzes bedarf die Abschleppmaßnahme des Ordnungsamtes der Stadt K einer gesetzlichen Grundlage. Fraglich ist, welche Ermächtigungsgrundlage für das Abschleppen des Pkw in Betracht kommt. Die Beantwortung dieser Frage hängt davon ab, wie die Abschleppmaßnahme des Ordnungsamtes der Stadt K rechtlich zu qualifizieren ist. Die rechtliche Qualifikation des Abschleppens von verbotswidrig abgestellten Pkw ist umstritten. Nach einer Ansicht handelt es sich hierbei um eine Sicherstellung i.S.d. § 43 PolG NRW i.V.m. § 24 Nr. 13 OBG mit anschließender Verwahrung i.S.d. § 44 PolG NRW i.V.m. § 24 Nr. 13 OBG. Die Sicherstellung eines Pkw sei notwendig, wenn der verbotswidrig abgestellte Pkw – wie hier – nicht auf einen freien

Parkplatz in der Nähe umgesetzt werden könne. Nach dieser Ansicht wurde mit der Abschleppmaßnahme eine Sicherstellung mit anschließender Verwahrung durchgeführt.

Demgegenüber wird überwiegend vertreten, dass es sich beim Abschleppen eines verbotswidrig abgestellten Pkw um eine Zwangsmaßnahme handele. Unter den Vertretern dieser Ansicht ist jedoch umstritten, ob eine Ersatzvornahme oder ein unmittelbarer Zwang vorliegt. Überwiegend wird vertreten, dass grundsätzlich eine Ersatzvornahme i.S.d. § 59 VwVG NRW gegeben sei. Nur in dem – hier nicht einschlägigen – Ausnahmefall, dass der Pkw entzogen werden soll, weil der Pkw z.B. verkehrsuntauglich ist, liege eine Sicherstellung vor. Ziel der Entfernung des Pkw sei die Beendigung der Störung der öffentlichen Sicherheit, nicht jedoch – wie von der Gegenansicht angenommen – die Entziehung des Gewahrsams an den Pkw.

Vereinzelt wird allerdings angenommen, dass es sich beim Abschleppen um unmittelbaren Zwang i.S.d. § 62 VwVG NRW handele, weil ein Halte- oder Parkverbotsschild, das nach allgemeiner Auffassung eine Allgemeinverfügung i.S.d. § 35 S. 2 VwVfG NRW ist, lediglich ein sofort vollziehbares Verbot eines bestimmten Verhaltens enthalte. Mit dem Abschleppen des Pkw werde ein Wegschleppen des Pkw durchgesetzt. Die Rechtsprechung, zu der auch das Bundesverwaltungsgericht gehört, steht jedoch auf dem Standpunkt, dass ein Halte- oder Parkverbotsschild nicht nur ein sofort vollziehbares Verbot eines bestimmten Verhaltens, sondern gleichzeitig ein sofort vollziehbares Gebot, den Halte- oder Parkverbotsbereich zu verlassen, enthalte. Dieses Gebot werde im Wege der Ersatzvornahme durchgesetzt.

Nach dieser Ansicht wurde mit dem Abschleppen des Pkw des O eine Ersatzvornahme durchgeführt bzw. unmittelbarer Zwang angewendet.

Wegen der unterschiedlichen Standpunkte, ob das Abschleppen als gefahrenabwehrrechtliche Standardmaßnahme oder als Zwangsmaßnahme zu qualifizieren ist, bedarf es zunächst insoweit einer Entscheidung des Meinungsstreits. Als Sicherstellung mit anschließender Verwahrung könnte die Abschleppmaßnahme qualifiziert werden, wenn die Abschleppmaßnahme auf die Inverwahrungnahme des sichergestellten Pkw gerichtet wäre. Eine Inverwahrungnahme ist indes beim Abschleppen eines verbotswidrig abgestellten Pkw grundsätzlich nicht beabsichtigt. Das Abschleppen eines verbotswidrig abgestellten Pkw ist daher als Zwangsmaßnahme zu qualifizieren.

Wegen der unterschiedlichen Standpunkte innerhalb der Ansicht, die eine Zwangsmaßnahme annehmen, bedarf auch dieser Meinungsstreit einer Entscheidung. Der Standpunkt der Befürworter des unmittelbaren Zwangs beruht auf der Annahme, dass ein Halte- oder Parkverbotsschild lediglich ein Verbot, in dem betreffenden Bereich zu halten oder zu parken, enthalte. Daher fehle die für die Ersatzvornahme erforderliche Deckungsgleichheit zwischen der auferlegten und durchgesetzten Handlung. Diese Ansicht ist jedoch nicht zwingend. In einem Halte- oder Parkverbotsschild kann durchaus – wie von der Rechtsprechung angenommen – neben dem Halte- oder Parkverbot zugleich ein Gebot, den betreffenden Bereich im Falle eines Verkehrsverstoßes zu verlassen, enthalten sein. Sofern man in diesem Gebot ein abstraktes Räumungsgebot sieht, ist die erforderliche Deckungsgleichheit zwischen auferlegter und durchgesetzter Handlung hergestellt.[60]

Nach alledem ist das Abschleppen des verbotswidrig abgestellten Pkw des O als Ersatzvornahme i.S.d. § 59 VwVG NRW zu qualifizieren.

Fraglich ist nun, ob die Ersatzvornahme im gestreckten Zwangsverfahren oder im Sofortvollzug durchgeführt wurde. Unter Zugrundelegung der Annahme, dass das von O missachtete VZ 286 auch ein abstraktes Räumungsgebot enthält und damit gegenüber O eine Grundverfügung existiert, kann das Abschleppen nicht als Ersatzvornahme im Sofortvollzug betrachtet werden. Der Sofortvollzug setzt ausweislich des § 55 Abs. 2 VwVG NRW voraus, dass der Verwaltungszwang ohne eine Grundverfügung angewendet wird. Ein Vorgehen im gestreckten

60 Vgl. *Dietlein*, in: Dietlein/Hellermann Öffentliches Recht in Nordrhein-Westfalen § 3 Rn. 245.

Zwangsverfahren kommt ebenfalls nicht in Betracht, weil hier die Ersatzvornahme gemäß § 64 S. 1 VwVG NRW zunächst festgesetzt werden müsste. Die Festsetzung müsste als Verwaltungsakt i.S.d. § 35 S. 1 VwVfG NRW dem O gegenüber bekanntgegeben werden, damit sie wirksam wird (vgl. § 43 Abs. 1 VwVfG NRW). Aufgrund der Abwesenheit des O konnte eine Bekanntgabe der Festsetzung jedoch nicht erfolgen und ist daher unterblieben. So betrachtet, wäre weder § 55 Abs. 1 VwVG NRW noch § 55 Abs. 2 VwVG NRW als Ermächtigungsgrundlage einschlägig. Um dieses Ergebnis zu vermeiden, lässt sich im Wege eines erst-recht-Schlusses bei § 55 Abs. 2 VwVG NRW argumentieren, dass ein Sofortvollzug, wenn er schon auf der Grundlage einer hypothetischen Grundverfügung zulässig ist, erst recht auf der Grundlage einer tatsächlich existierenden Grundverfügung zulässig sein muss. Dieser erst-recht-Schluss verstößt nicht gegen das sich aus dem Vorbehalt des Gesetzes ergebende Analogieverbot.[61]

Ermächtigungsgrundlage für die Abschleppmaßnahme des Ordnungsamtes der Stadt K ist daher § 55 Abs. 2 i.V.m. §§ 57 Abs. 1 Nr. 1, 59 VwVG NRW.

II. Formelle Rechtmäßigkeit der Abschleppmaßnahme

Die Abschleppmaßnahme müsste formell rechtmäßig sein.

1. Zuständigkeit des Ordnungsamtes der Stadt K

Das Ordnungsamt der Stadt K müsste für die Abschleppmaßnahme sachlich und örtlich zuständig gewesen sein.

a) Sachliche Zuständigkeit

Gemäß § 56 Abs. 1 VwVG NRW wird ein Verwaltungsakt von der Behörde vollstreckt, die ihn erlassen hat. Problematisch ist, dass das Ordnungsamt der Stadt K die Grundverfügung, nämlich das im VZ 286 enthaltene abstrakte Räumungsgebot, nicht erlassen hat. Straßenverkehrsrechtliche Anordnungen in Form von Verkehrszeichen werden grundsätzlich nur von Straßenverkehrsbehörden nach Maßgabe der Straßenverkehrsordnung erlassen (vgl. §§ 44, 39, 45 StVO). Somit besteht zwischen der Behörde, die die Grundverfügung erlassen hat, und der Behörde, die die Grundverfügung im Wege des Verwaltungszwangs durchsetzt, keine Identität. Das Ordnungsamt der Stadt K war für die Abschleppmaßnahme demnach sachlich unzuständig, es sei denn, es hätte eine außerordentliche sachliche Zuständigkeit des Ordnungsamtes der Stadt K bestanden. Eine solche außerordentliche sachliche Zuständigkeit käme bei Gefahr im Verzug in Betracht. Gemäß § 6 Abs. 1 S. 1 OBG kann jede Ordnungsbehörde in ihrem Bezirk die Befugnisse einer anderen Ordnungsbehörde ausüben. Als sachlich zuständige allgemeine Ordnungsbehörde i.S.d. § 5 Abs. 1 S. 1 OBG konnte das Ordnungsamt der Stadt K das abstrakte Räumungsgebot der Straßenverkehrsbehörde, einer Sonderordnungsbehörde i.S.d. § 12 OBG, im Wege des Verwaltungszwangs durchsetzen, wenn Gefahr im Verzug vorlag. Gefahr im Verzug liegt vor, wenn ein regulärer Verfahrensweg oder eine Zuständigkeit ausnahmsweise nicht eingehalten werden kann, weil andernfalls eine effektive Gefahrenabwehr nicht möglich wäre. Der Pkw des O war verbotswidrig abgestellt; dadurch konnten Lieferanten nicht in der Ladezone parken, sondern mussten auf die Fahrbahn ausweichen, was zu Behinderungen des fließenden Verkehrs führte. Unter den gegebenen Umständen lag bereits eine Störung der öffentlichen Sicherheit vor, die nur durch eine sofortige Abschleppmaßnahme beseitigt werden konnte. Zur effektiven Gefahrenabwehr war es somit notwendig, dass die vor Ort anwesenden Außenmitarbeiter des Ordnungsamtes der Stadt K die Abschleppmaßnahme durchführen. Demnach lag eine Gefahr im Verzug vor. Das Ordnungsamt der Stadt K besaß eine außerordentliche sachliche Zuständigkeit für die Abschleppmaßnahme.

b) Örtliche Zuständigkeit

Das Ordnungsamt der Stadt K war gemäß § 4 Abs. 1 OBG auch örtlich zuständig. Die Störung der öffentlichen Sicherheit lag in ihrem Bezirk vor.

---

61 Vgl. *Dietlein*, in: Dietlein/Hellermann Öffentliches Recht in Nordrhein-Westfalen § 3 Rn. 256.

Übungsfall Nr. 2

c) Ergebnis zu 1.

Das Ordnungsamt der Stadt K war für die Abschleppmaßnahme zuständig.

2. Verfahren

Die Abschleppmaßnahme ist unter Beachtung der verfahrensrechtlichen Vorgaben durchgeführt worden. Insbesondere war keine vorherige Anhörung des O notwendig, weil es sich beim Sofortvollzug um einen Realakt handelt, für den § 28 VwVfG NRW nicht gilt. Selbst wenn § 28 VwVfG NRW gelten würde, wäre eine Anhörung des O nach § 28 Abs. 2 Nr. 5 VwVfG NRW entbehrlich gewesen.

3. Ergebnis zu II.

Die Abschleppmaßnahme ist formell rechtmäßig.

III. Materielle Rechtmäßigkeit der Abschleppmaßnahme

Die Abschleppmaßnahme müsste materiell rechtmäßig sein. Dies wäre dann der Fall, wenn und soweit die Abschleppmaßnahme inhaltlich mit den gesetzlichen Vorgaben in Einklang stehen würde.

1. Zulässigkeit des Verwaltungszwangs im Sofortvollzug

Der Sofortvollzug des Ordnungsamtes der Stadt K müsste überhaupt zulässig sein. Gemäß § 55 Abs. 2 VwVG NRW kann der Verwaltungszwang ohne vorausgehenden Verwaltungsakt angewendet werden, wenn dies zur Abwehr einer gegenwärtigen Gefahr notwendig ist und die Behörde hierbei innerhalb ihrer Befugnisse handelt. Wie oben (Ziff. I.) bereits dargelegt, wird § 55 Abs. 2 VwVG NRW im vorliegenden Fall im Wege eines erst-recht-Schlusses angewendet, weil – entgegen § 55 Abs. 2 VwVG NRW – eine Grundverfügung in Form des im VZ 286 enthaltenen abstrakten Räumungsgebots vorhanden ist. Daher erübrigt sich eine Prüfung, ob das Ordnungsamt der Stadt K innerhalb seiner Befugnisse handelte.[62]

Zu prüfen bleibt daher nur, ob die Abschleppmaßnahme zur Abwehr einer gegenwärtigen Gefahr notwendig war. Zunächst müsste eine gegenwärtige Gefahr vorliegen. Eine solche Gefahr liegt bei einer Sachlage vor, bei der im Einzelfall die Einwirkung des schädigenden Ereignisses bereits begonnen hat oder bei der diese Einwirkung mit an Sicherheit grenzender Wahrscheinlichkeit umgehend bevorsteht. O stellte seinen Pkw in einem durch das VZ 286 mit dem Zusatzschild „Ladezone werktags 8–12 h" ausgewiesenen Bereich für länger als die erlaubten drei Minuten ab. Dadurch hat er gegen das in dem VZ 286 angeordnete eingeschränkte Halteverbot und das Räumungsgebot verstoßen. Der Verkehrsverstoß des O als schädigendes Ereignis zeigte bereits Auswirkungen, indem Lieferfahrzeuge nicht in der Ladezone parken konnten, sondern auf die Fahrbahn ausweichen mussten, wodurch es zu Behinderungen des fließenden Verkehrs kam. Folglich lag eine gegenwärtige Gefahr i.S.d. § 55 Abs. 2 VwVG NRW vor.

Des Weiteren müsste die Abschleppmaßnahme zur Abwehr dieser gegenwärtigen Gefahr notwendig gewesen sein. Dies ist der Fall, wenn der Zweck der Maßnahme im gestreckten Zwangsverfahren selbst bei größtmöglicher Beschleunigung nicht erreichbar wäre. Im gestreckten Zwangsverfahren hätten die Abschleppmaßnahmen gegenüber O angedroht und festgesetzt werden müssen. Diese Maßnahmen waren wegen der Abwesenheit des O zum einen nicht möglich, zum anderen hätten sie das Vorgehen zur Gefahrenabwehr zeitlich verzögert. Da unter den gegebenen Umständen ein sofortiges Handeln der Außendienstmitarbeiter des Ordnungsamtes der Stadt K erforderlich war, um die bereits eingetretene Störung der öffentlichen Sicherheit zu beseitigen, war die Abschleppmaßnahme notwendig i.S.d. § 55 Abs. 2 VwVG NRW.

Der Verwaltungszwang im Sofortvollzug war demnach zulässig.

2. Vollstreckungsvoraussetzungen der Ersatzvornahme

Die Vollstreckungsvoraussetzungen der Ersatzvornahme i.S.d. §§ 57 Abs. 1 Nr. 1, 59 VwVG NRW müssten vorliegen. Gemäß § 59 Abs. 1 VwVG

62 Vgl. allgemein *Dietlein*, in: Dietlein/Hellermann Öffentliches Recht in Nordrhein-Westfalen § 3 Rn. 256.

NRW kann die Ersatzvornahme durchgeführt werden, wenn die Verpflichtung, eine vertretbare Handlung vorzunehmen, nicht erfüllt wird.

Zunächst müsste eine Verpflichtung zur Vornahme einer vertretbaren Handlung bestehen. Eine vertretbare Handlung liegt nach der Legaldefinition des § 59 Abs. 1 VwVG NRW vor, wenn die Vornahme der Handlung durch einen anderen möglich ist. Es darf also keine höchstpersönliche Handlung in Rede stehen. Charakteristisch für eine Ersatzvornahme ist eine vollständige Deckungsgleichheit zwischen der auferlegten und der durchgesetzten Handlung. Das VZ 286 enthält neben dem Halteverbot auch ein abstraktes Räumungsgebot. Das Gebot, einen im Halteverbot abgestellten Pkw aus diesem Bereich zu entfernen, fordert keine Handlung, die nur von dem Halter des betreffenden Pkw vorgenommen werden kann; vielmehr kann die Entfernung auch von Dritten erfüllt werden. Somit liegt eine vertretbare Handlung vor. Die für die Ersatzvornahme charakteristische Deckungsgleichheit zwischen der auferlegten und der durchgesetzten Handlung besteht ebenfalls: Das VZ 286 gebietet, den verbotswidrig abgestellten Pkw zu entfernen; die Entfernung des Pkw aus dem Halteverbot wird im Zwangsverfahren durchgesetzt.

Folglich liegen die Vollstreckungsvoraussetzungen für die Ersatzvornahme vor.

3. Ordnungsgemäße Art und Weise der Ersatzvornahme

Mangels entgegenstehender Hinweis im Sachverhalt war die Ersatzvornahme ihrer Art und Weise nach ordnungsgemäß. Insbesondere bedurfte es im Sofortvollzug weder einer Androhung noch einer Festsetzung des Zwangsmittels (vgl. § 63 Abs. 1 S. 5, § 64 S. 2 VwVG NRW).

4. Ermessen

Das Ordnungsamt der Stadt K müsste das nach § 56 Abs. 2 VwVG NRW eingeräumte Ermessen pflichtgemäß i.S.d. § 40 VwVfG NRW ausgeübt haben. Dem Ordnungsamt der Stadt K ist prinzipiell ein Entschließungs-, ein Handlungs- und ein Auswahlermessen eingeräumt.

Das Entschließungsermessen betrifft die Frage, ob das Ordnungsamt der Stadt K die Abschleppmaßnahme durchführen konnte. Dass dem Ordnungsamt der Stadt K bei dieser Entscheidung ein Ermessensfehler unterlaufen sein könnte, ist nicht ersichtlich. Bei der gegebenen Sachlage war ein sofortiges Handeln der Außendienstmitarbeiter des Ordnungsamtes der Stadt K angezeigt.

Das Handlungsermessen betrifft die Frage, wie das Ordnungsamt der Stadt K die Abschleppmaßnahme durchgeführt hat. Fraglich ist insoweit, ob die Abschleppmaßnahme verhältnismäßig war. Zweifel an der Verhältnismäßigkeit könnten sich daraus ergeben, dass O seine Handy-Nummer auf einem Zettel hinter der Windschutzscheibe hinterlegt hatte. Hätten die Außendienstmitarbeiter zunächst versucht, den Aufenthaltsort des O zu ermitteln und hätten sie zu diesem Zwecke versucht, O auf seinem Handy telefonisch zu erreichen, hätte O nach Rücksprache mit den Außendienstmitarbeitern seinen Pkw sofort selbst aus dem Halteverbot entfernen können. Die Abschleppmaßnahme wäre dann nicht erforderlich gewesen. Diese Annahme setzt jedoch voraus, dass die Außendienstmitarbeiter des Ordnungsamtes der Stadt K verpflichtet waren, zunächst zu versuchen, den Aufenthaltsort des O durch Anwahl seines Handys zu ermitteln. Eine solche Verpflichtung wird von der Rechtsprechung regelmäßig verneint. Danach ist die Behörde grundsätzlich nicht verpflichtet, vor der Beauftragung eines Abschleppunternehmens Ermittlungen über den Aufenthaltsort des Halters oder des Fahrers des verbotswidrig abgestellten Pkw anzustellen, um diesen aufzufordern, den Pkw zu entfernen. Dies gilt auch dann, wenn zwar eine Handy-Nummer hinterlegt wurde, aber keine weiteren Angaben zum genauen Aufenthaltsort des Fahrers gemacht werden.[63] Die Abschleppmaßnahme war somit erforderlich.

Auch hinsichtlich der Angemessenheit der Abschleppmaßnahme bestehen keine Beden-

63 Vgl. aus der jüngeren Vergangenheit z.B. *VG Düsseldorf* Urt. vom 17.2.2010 – 14 K 2614/09 – juris Rn. 15 und Rn. 17; kritisch *Dietlein*, in: Dietlein/Hellermann Öffentliches Recht in Nordrhein-Westfalen § 3 Rn. 258.

ken. Durch den verbotswidrig abgestellten Pkw des O kam es zu einer Störung der öffentlichen Sicherheit (s.o. Ziff. III. 1.), die durch die sofortige Entfernung des Pkw aus dem Halteverbot zu beseitigen war. Eine Umsetzung des Pkw des O auf einen freien Parkplatz im Sichtbereich kam ebenfalls nicht in Betracht, weil ein solcher nicht vorhanden war.[64]

Die Abschleppmaßnahme war somit verhältnismäßig.

64 Vgl. hierzu allgemein *VG Köln* Urt. v. 1.10.2015 – 20 K 5858/14 – juris.

Das Ordnungsamt der Stadt K hat sein Auswahlermessen ebenfalls pflichtgemäß ausgeübt. Als Verhaltens- und Zustandsstörer wurde O ermessensfehlerfrei zur Gefahrenabwehr in Anspruch genommen.

Die Abschleppmaßnahme wurde folglich ermessensfehlerfrei ausgeübt.

IV. Ergebnis

Die Abschleppmaßnahme des Ordnungsamtes der Stadt K war rechtmäßig. O irrt sich somit in seiner Annahme, dass die Abschleppmaßnahme zu Unrecht erfolgt sei.

5. Teil
Ordnungsbehördliche Gefahrenabwehrverordnungen

A. Überblick

In den Teilen 3 und 4 dieses Skripts wurden die im Polizei- und Ordnungsrecht sehr praxis- 401
und prüfungsrelevante Handlungsform der Gefahrenabwehrverfügung und ihre zwangsweise Durchsetzung behandelt. Neben der Gefahrenabwehrverfügung kann die Ordnungsverwaltung (nicht die Polizei!; dazu unten Rn. 415 f.) für die Wahrnehmung ihrer gesetzlich zugewiesenen Aufgaben auf ein weiteres Handlungsinstrument zurückgreifen, nämlich den Erlass von Rechtsverordnungen. Geregelt ist der Erlass ordnungsbehördlicher Verordnungen insbesondere in **§§ 25 ff. OBG**.

§ 25 S. 1 OBG definiert ordnungsbehördliche Verordnungen im Anschluss an § 24 pr.PVG, der 402
die damals sog. Polizeiverordnungen regelte, wie folgt:

» Lesen Sie § 25 S. 1 OBG! «

> **Ordnungsbehördliche Verordnungen** sind die auf Grund der Ermächtigung in §§ 26 und 27 erlassenen Gebote oder Verbote, die für eine unbestimmte Anzahl von Fällen an eine unbestimmte Anzahl von Personen gerichtet sind.

Hinweis

In der Normierung von Geboten oder Verboten muss sich der Regelungsinhalt ordnungsbehördlicher Verordnungen jedoch nicht erschöpfen. Darüber hinausgehend können im Falle einer vorsätzlichen oder fahrlässigen Zuwiderhandlung Geldbußen und die Einziehung der durch die Zuwiderhandlung gewonnenen oder erlangten Gegenstände angedroht werden (vgl. § 31 Abs. 1 OBG).

Damit enthalten ordnungsbehördliche Verordnungen abstrakt-generelle Regelungen, d.h. sie 403
gelten für eine unbestimmte Vielzahl von Gefahrensituationen **(abstrakte Geltung)** und eine unbestimmte Anzahl von Personen **(generelle Geltung)**.

Beispiel Die Stadt H erlässt eine Hundeverordnung. Danach werden alle Hundebesitzer (generelle Geltung) dazu verpflichtet, innerhalb des Stadtgebiets von H ihre Hunde außerhalb des befriedeten Besitztums anzuleinen (abstrakte Geltung). – Jeder Hundehalter, der seinen Hund unter Verstoß gegen die Anleinpflicht der Hundeordnung unangeleint herumlaufen lässt, verwirklicht bereits durch das unangeleinte Laufenlassen des Hundes eine abwehrfähige Gefahr. ■

Hierdurch unterscheiden sich die ordnungsbehördlichen Verordnungen von den anderen 404
polizei- und ordnungsrechtlichen Handlungsformen: Verwaltungsakte i.S.d. § 35 S. 1 VwVfG NRW ergehen als konkret-individuelle Maßnahmen, d.h. sie gelten für eine bestimmte Gefahrensituation (konkrete Geltung) und für bestimmte Personen (individuelle Geltung).

Beispiel Anders als in der Stadt H (s.o. Rn. 403) gibt es in der Stadt B keine Hundeverordnung. K geht dort mit seinem Hund im Stadtpark spazieren und lässt ihn unangeleint herumlaufen. Als K zwecks Abkürzung seines Heimweges mit seinem Hund eine als Liegewiese ausgewiesene Fläche überqueren will, wird ein Mitarbeiter des Ordnungsamtes auf die beiden aufmerksam und fordert K auf (individuelle Geltung), seinen Hund sofort an die Leine zu nehmen (konkrete Geltung). ■

405 Verwaltungsakte in Form von Allgemeinverfügungen (§ 35 S. 2 VwVfG NRW) ergehen als konkret-generelle Maßnahmen, d.h. sie gelten für eine bestimmte Gefahrensituation (konkrete Geltung) und eine unbestimmte Anzahl von Personen (generelle Geltung).

Beispiel 1 Wie *Beispiel* oben (Rn. 404). Allerdings hat die Stadt B Schilder an den seitlichen Begrenzungen der als Liegewiese ausgewiesenen Fläche aufgestellt, auf denen alle Hundehalter (generelle Geltung) aufgefordert werden, beim Betreten der Liegewiese die Hunde an die Leine zu nehmen (konkrete Geltung). ■

Beispiel 2[1] In der Stadt S und Umgebung sind knapp 400 Personen epidemisch erkrankt. Mit großer Wahrscheinlichkeit – so ergibt eine Untersuchung – ist Endiviensalat die Ansteckungsquelle. Der zuständige Regierungspräsident verbietet den Verkauf von Endiviensalat in allen Städten und Kreisen seines Bezirks und lässt diese Anordnung über Rundfunk und Fernsehen verbreiten. – Das Bundesverwaltungsgericht hat in seiner sog. Endiviensalatentscheidung die Anordnung des Regierungspräsidenten als Allgemeinverfügung qualifiziert. Sie diente der Eindämmung der bereits aufgetretenen Epidemie und somit der Abwehr einer konkreten Gefahr, die aufgrund eines bestimmten Sachverhalts entstanden war (konkrete Geltung). Die Adressaten der Anordnung können nach allgemeinen Merkmalen bestimmt werden (generelle Geltung). ■

406 Diese Abgrenzung der verschiedenen Handlungsformen ist in zweifacher Hinsicht von Bedeutung: Zum einen im Hinblick auf die **Fehlerfolgen**: Insoweit gilt, dass rechtswidrige Verwaltungsakte i.S.d. § 35 VwVfG NRW grundsätzlich wirksam, wenngleich aufhebbar sind, während rechtswidrige Rechtsverordnungen grundsätzlich mit Wirkung ex tunc nichtig sind. Zum anderen in **prozessualer Hinsicht**: Insoweit gilt bei Verwaltungsakten i.S.d. § 35 VwVfG NRW, dass sie – soweit nach § 110 JustG NRW überhaupt noch vorgesehen – mit Widerspruch und im Übrigen mit Anfechtungs- oder Verpflichtungsklage gemäß § 42 Abs. 1 VwGO angegriffen werden müssen. Die Rechtmäßigkeit ordnungsbehördlicher Verordnungen kann in Nordrhein-Westfalen über die Feststellungsklage nach § 43 VwGO[2] oder inzident im Rahmen des Rechtsschutzes gegen eine sog. „unselbständige Verfügung", d.h. eines Verwaltungsaktes i.S.d. § 35 VwVfG NRW, der auf eine ordnungsbehördliche Verordnung gestützt ist,[3] überprüft werden. Eine direkte Normenkontrolle nach § 47 VwGO kommt in Nordrhein-Westfalen dagegen nicht in Betracht, weil der Landesgesetzgeber von der Ermächtigung in § 47 Abs. 1 Nr. 2 VwGO (bislang) keinen Gebrauch gemacht hat.

1 Nach *BVerwGE* 12, 87 – Endiviensalatentscheidung.
2 Vgl. *Dietlein*, in: Dietlein/Hellermann Öffentliches Recht in Nordrhein-Westfalen § 3 Rn. 236a.
3 Vgl. *Dietlein*, in: Dietlein/Hellermann Öffentliches Recht in Nordrhein-Westfalen § 3 Rn. 230.

JURIQ-Klausurtipp

In der Fallbearbeitung werden Sie regelmäßig mit einer Konstellation konfrontiert werden, in der Sie nicht allein die Rechtmäßigkeit einer Gefahrenabwehrverordnung, sondern auch die einer unselbständigen Verfügung zu prüfen haben werden. Die Rechtmäßigkeit der Gefahrenabwehrverordnung ist dann inzident im Rahmen der materiellen Rechtmäßigkeit der unselbständigen Verfügung zu untersuchen.

Beispiel Entgegen der verordneten Anleinpflicht geht K mit seinem Hund Gassi. Ein Mitarbeiter des städtischen Ordnungsamtes fordert ihn unter Hinweis auf die geltende Anleinpflicht auf, den Hund umgehend an die Leine zu nehmen. – Die an K gerichtete Aufforderung, seinen Hund anzuleinen, konkretisiert die nach der Hundeverordnung geltende Anleinpflicht. Bei der Aufforderung handelt es sich demnach um eine sog. „unselbständige Verfügung".

Sind Sie aufgefordert, in der Fallbearbeitung die Rechtmäßigkeit der behördlichen Aufforderung, eines Verwaltungsakt i.S.d. § 35 S. 1 VwVfG NRW, zu prüfen, orientieren Sie sich bei Ihrer Falllösung in erster Linie am Prüfungsschema für die Rechtmäßigkeit einer Gefahrenabwehrverfügung (s.o. Rn. 57). Unter dem Prüfungspunkt „Materielle Rechtmäßigkeit der behördlichen Aufforderung" beginnen Sie Ihre Prüfung mit der Frage, ob die Tatbestandsvoraussetzungen der Ermächtigungsgrundlage (Anleingebot in der Hundeverordnung) vorliegen. Im Rahmen dieser Untersuchung ist bei entsprechenden Anhaltspunkten im Sachverhalt darauf einzugehen, ob die Hundeverordnung selbst auf einer wirksamen formell-gesetzlichen Grundlage beruht und ob die Hundeverordnung selbst rechtmäßig ist. Hier sind also mehrere Inzidentprüfungen (Verfassungsmäßigkeit der formell-gesetzlichen Ermächtigungsgrundlage für die Gefahrenabwehrverordnung; Rechtmäßigkeit der Ermächtigungsgrundlage in der Gefahrenabwehrverordnung als Rechtsgrundlage für die unselbständige Verfügung) angezeigt. ■

Beim Erlass ordnungsbehördlicher Verordnungen handelt es sich wesensmäßig um **„delegierte Normsetzung"**,[4] denn nicht die nach der Aufteilung der Staatsgewalt an sich hierfür zuständige Legislative, sondern die Exekutive wird mit dem Erlass ordnungsbehördlicher Verordnungen rechtsetzend tätig. Weil aber nicht die Legislative, sondern die Exekutive mit den ordnungsbehördlichen Verordnungen abstrakt-generelle Normen erlässt, handelt es sich bei diesen (lediglich) um **materielle Gesetze**. **407**

Die verfassungsrechtliche Zulässigkeit ordnungsbehördlicher Verordnungen folgt aus **Art. 70 LVerf. NRW**.[5] Im Gegensatz zu Art. 80 GG, der allein die Bundesregierung, die Bundesminister oder die Landesregierungen (sog. Gubernative) zum Erlass von Rechtsverordnungen ermächtigt, ist Art. 70 LVerf. NRW hinsichtlich der zum Erlass von Verordnungen zuständigen Organe nach seinem Wortlaut nicht beschränkt. Das bedeutet, dass – anders als auf Bundesebene – nicht nur die Gubernative, sondern auch untergeordnete Behörden Verordnungen erlassen können. De lege lata haben jedoch allein die **Ordnungsbehörden** in Nordrhein-Westfalen die Möglichkeit, ordnungsbehördliche Verordnungen zu erlassen. Den Polizeibehörden als den „vor Ort" tätigen Behörden ist diese Handlungsform nach geltendem Landesrecht verwehrt.[6] **408**

» Lesen Sie Art. 70 LVerf. NRW und sodann zum Vergleich Art. 80 GG! Denken Sie daran, dass Art. 80 GG ausschließlich die Verordnunggebung auf *bundes*gesetzlicher Grundlage regelt! «

4 Vgl. *Dietlein*, in: Dietlein/Hellermann Öffentliches Recht in Nordrhein-Westfalen § 3 Rn. 230.
5 Landesverfassung Nordrhein-Westfalen (*v. Hippel/Rehborn* Nr. 1).
6 Vgl. *Dietlein*, in: Dietlein/Hellermann Öffentliches Recht in Nordrhein-Westfalen § 3 Rn. 231.

Hinweis

Die praktische Relevanz ordnungsbehördlicher Verordnungen sollte nicht überschätzt werden, denn der **parlamentarische Gesetzgeber** hat **zahlreiche Materien**, die früher Gegenstand ordnungsbehördlicher Verordnungen waren, **mittlerweile selbst geregelt**,[7] so z.B. das Landeshundegesetz NRW[8] (früher: Kampfhundeverordnung) und das Bestattungsgesetz NRW[9] (früher: Leichenverordnung).

B. Rechtmäßigkeit einer ordnungsbehördlichen Gefahrenabwehrverordnung

409 In der Fallbearbeitung prüfen Sie die Rechtmäßigkeit einer ordnungsbehördlichen Gefahrenabwehrverordnung wie folgt:

PRÜFUNGSSCHEMA

Rechtmäßigkeit einer ordnungsbehördlichen Gefahrenabwehrverordnung

I. Ermächtigungsrundlage für die Gefahrenabwehrverordnung

II. Formelle Rechtmäßigkeit der Gefahrenabwehrverordnung
1. Zuständigkeit
2. Verfahren
3. Form
4. Verkündung

III. Materielle Rechtmäßigkeit der Gefahrenabwehrverordnung
1. Vorliegen der Tatbestandsvoraussetzungen der Ermächtigungsgrundlage
2. Wirksamkeit der Ermächtigungsgrundlage
3. Pflichtgemäße Ermessensausübung
4. Kein Verstoß gegen das Bestimmtheitsgebot
5. Kein Verstoß gegen höherrangiges Recht

JURIQ-Klausurtipp

Denken Sie auch hier wieder daran: Prüfungsschemata sollen Ihnen lediglich als Orientierung dienen. Arbeiten Sie das Prüfungsschema in der Fallbearbeitung gedanklich durch; erörtern Sie aber nur die Punkte, die nach den Angaben im Sachverhalt problematisch sind. Unproblematische Punkt können Sie kurz – und dann auch ruhig im Urteilsstil – abhandeln.

---

7 Vgl. dazu näher *Götz* Allgemeines Polizei- und Ordnungsrecht § 22 Rn. 20 ff.

8 LHundG NRW (v. *Hippel/Rehborn* Nr. 61).

9 BestG NRW (*v. Hippel/Rehborn* Nr. 67).

Ihre Rechtmäßigkeitsprüfung beginnen Sie mit einem möglichst präzise formulierten **Obersatz**, der wie folgt lauten könnte: „Die ordnungsbehördliche Verordnung der/des ... (hier Erlassbehörde nennen) ist rechtmäßig, wenn und soweit sie auf eine taugliche Ermächtigungsgrundlage gestützt werden kann sowie formell und materiell rechtmäßig ist.“ **410**

I. Ermächtigungsgrundlage für die Gefahrenabwehrverordnung

Ihre Rechtmäßigkeitsprüfung beginnen Sie mit der Frage nach der einschlägigen Ermächtigungsgrundlage. Als Ermächtigungsgrundlage kommt allein ein formelles Gesetz in Betracht. Dies folgt aus **Art. 70 S. 1 LVerf. NRW**, nach dem die Ermächtigung für den Erlass von Rechtsverordnungen „nur durch Gesetz“ erteilt werden kann und der somit einen sog. **Totalvorbehalt des Gesetzes** normiert.[10] Bei der Suche nach der einschlägigen Ermächtigungsgrundlage gehen Sie wie folgt vor: **411**

Zunächst prüfen Sie, ob es im **besonderen Gefahrenabwehrrecht** eine taugliche formellgesetzliche Grundlage für die Verordnung gibt; mit diesem Vorgehen tragen Sie dem Grundsatz der Subsidiarität des allgemeinen Gefahrenabwehrrechts gegenüber dem besonderen Gefahrenabwehrrecht Rechnung. Im besonderen Gefahrenabwehrrecht gibt es sowohl auf **bundesgesetzlicher Ebene** (z.B. §§ 18 Abs. 1, 30 GastG,[11] §§ 17 Abs. 2 und 4, 32 IfSG;[12] § 2a TierschutzG[13]) als auch auf **landesgesetzlicher Ebene** (z.B. § 34 Abs. 2 LWG NRW[14]) vorrangig anwendbare Ermächtigungsgrundlagen.[15] **412**

Soweit eine Ermächtigungsgrundlage aus dem besonderen Gefahrenabwehrrecht in Ihrer Fallbearbeitung einschlägig ist, ziehen Sie diese heran. Andernfalls greifen Sie auf die Generalermächtigung der §§ 26, 27 OBG zurück. **413**

Hinweis

Sollte die einschlägige Ermächtigungsgrundlage nachträglich außer Kraft treten, besteht die auf dieser Grundlage erlassene ordnungsbehördliche Verordnung gleichwohl fort.[16]

II. Formelle Rechtmäßigkeit der Gefahrenabwehrverordnung

Die formelle Rechtmäßigkeit der Gefahrenabwehrverordnung prüfen Sie in vier Schritten: **414**

1. Zuständigkeit

Zuerst untersuchen Sie die (sachliche, örtliche und instanzielle) Zuständigkeit für den Erlass der Gefahrenabwehrverordnung. Nach geltendem Landesrecht sind grundsätzlich allein die **Ordnungsbehörden** für die Gefahrenabwehr zuständig (vgl. § 1 OBG). Daher können nur sie Gefahrenabwehrverordnungen erlassen. **415**

10 Vgl. *Dietlein*, in: Dietlein/Hellermann Öffentliches Recht in Nordrhein-Westfalen § 3 Rn. 230.
11 Das Gaststättengesetz des Bundes gilt gemäß Art. 125a Abs. 1 GG fort, bis es durch Landesrecht ersetzt wurde.
12 Infektionsschutzgesetz (*Sartorius* I Ergänzungsband Nr. 285).
13 Tierschutzgesetz (*Sartorius* I Nr. 873).
14 Landeswassergesetz (*v. Hippel/Rehborn* Nr. 125).
15 Vgl. weitere Beispiele bei BeckOK PolR NRW/*Schroeder* OBG § 25 Rn. 42.1 f.
16 Vgl. *Dietlein*, in: Dietlein/Hellermann Öffentliches Recht in Nordrhein-Westfalen § 3 Rn. 232.

» Lesen Sie §§ 26, 27 OBG! «

416 Die Frage, welche Ordnungsbehörde innerhalb des „ordnungsbehördlichen Apparates" des Landes Nordrhein-Westfalen für den Erlass von Verordnungen zuständig ist, ergibt sich – vorbehaltlich spezieller Zuständigkeitsregelungen in einer Ermächtigungsgrundlage im besonderen Gefahrenabwehrrecht des Bundes (vgl. z.B. § 18 S. 1 GastG; s. aber auch § 18 S. 3 GastG) – aus **§§ 26, 27 OBG**. Danach ist im Rahmen der §§ 26, 27 OBG wie folgt zu unterscheiden: Gemäß **§ 27 Abs. 1 i.V.m. § 3 OBG** sind **grundsätzlich** die **Gemeinden** als örtliche Ordnungsbehörden bzw. ihre Vertretungen (§ 27 Abs. 4 S. 1 OBG) für den Erlass zuständig. **Kreise** als Kreisordnungsbehörden bzw. ihre Vertretungen (§ 27 Abs. 4 S. 1 OBG) dürfen nach **§ 27 Abs. 3 OBG** dagegen Verordnungen nur erlassen, wenn eine **einheitliche Regelung für den Kreis oder die Gebiete, die mehr als eine Gemeinde umfassen, geboten** ist. **Bezirksregierungen** als Landesordnungsbehörden dürfen ihrerseits gemäß **§ 27 Abs. 2 i.V.m. § 3 Abs. 2 OBG** Verordnungen nur erlassen, wenn eine **einheitliche Regelung für den ganzen Regierungsbezirk oder für Gebiete, die mehr als einen Kreis oder eine kreisfreie Stadt umfassen, geboten** ist. Ist eine **einheitliche Regelung für das ganze Land oder für Landesteile, die mehr als einen Regierungsbezirk umfassen, geboten**, dürfen auch die **Ministerien des Landes**, wobei grundsätzlich das Innenministerium zuständig ist (vgl. § 26 Abs. 1 OBG), gemäß **§ 26 Abs. 2 OBG** Verordnungen erlassen.

2. Verfahren

» Wiederholen Sie ggf. an dieser Stelle die einschlägigen Verfahrensbestimmungen in der GO NRW und in der KrO NRW im Skript „Kommunalrecht NRW"! «

417 Beim Erlass einer Verordnung muss die zuständige Behörde bzw. ggf. ihre Vertretung das für den Erlass der Verordnung vorgesehene Verfahren einhalten. So müssen z.B. die Vertretungen von Gemeinden und Kreisen die einschlägigen Verfahrensvorschriften der GO NRW bzw. der KrO NRW beachten. Für den Fall, dass ein Fachministerium ausnahmsweise eine Verordnung erlassen hat, muss es gemäß **§ 26 Abs. 3 S. 1 OBG** die erlassene Verordnung unverzüglich dem Landtag vorlegen. Sofern **§ 26 Abs. 1 OBG** im Zusammenhang mit dem Tätigwerden eines Fachministeriums von **„im Benehmen mit ihm"** spricht, bedeutet dies, dass das Fachministerium das Innenministerium vorab lediglich kontaktieren bzw. informieren muss.[17]

3. Form

418 **§ 30 OBG** normiert **sieben zwingende Voraussetzungen** in Bezug auf die Form, die hier nicht im Einzelnen wiederholt werden sollen. Insofern genügt die aufmerksame Lektüre des Gesetzestextes.

4. Verkündung

» Lesen Sie § 33 Abs. 1 OBG! «

419 Gefahrenabwehrverordnungen müssen verkündet werden. Die Verkündung von Verordnungen ist in **§ 33 Abs. 1 OBG** geregelt. Je nachdem, welche Behörde die Verordnung erlassen hat, unterscheidet § 33 Abs. 1 OBG hinsichtlich der Publikationsquelle: Verordnungen der örtlichen Ordnungsbehörden (Gemeinden bzw. ihre Vertretungen) und der Kreisordnungsbehörden (Kreise bzw. ihre Vertretungen) sind gemäß § 33 Abs. 1 S. 2 OBG vom zuständigen Hauptverwaltungsbeamten auszufertigen und an der Stelle zu verkünden, die für die öffentliche Bekanntmachung von Satzungen vorgesehen ist. Verordnungen der Landesordnungsbehörden (Bezirksregierungen) sind in den Regierungsamtsblättern; Verordnungen von Ministerien sind im Gesetz- und Verordnungsblatt für das Land Nordrhein-Westfalen zu verkünden.

17 Vgl. *Dietlein*, in: Dietlein/Hellermann Öffentliches Recht in Nordrhein-Westfalen § 3 Rn. 231.

JURIQ-Klausurtipp

Die ordnungsgemäße Verkündung einer ordnungsbehördlichen Verordnung dürfte in der Fallbearbeitung in aller Regel unproblematisch sein. Sollte hier ein Problem liegen, werden Sie entsprechende Anhaltspunkte im Sachverhalt finden.

Im engen sachlichen Zusammenhang mit der Verkündung steht das **Inkrafttreten von Gefahrenabwehrverordnungen**. Dies ist in **§ 33 Abs. 2 OBG** geregelt. Danach treten die ordnungsbehördlichen Verordnungen gemäß § 33 Abs. 2 S. 1 OBG **grundsätzlich eine Woche nach dem Tag ihrer Verkündung** in Kraft. 420

» Lesen Sie § 33 Abs. 2 OBG! «

Gefahrenabwehrverordnungen **gelten maximal 20 Jahre** (vgl. **§ 32 Abs. 1 S. 2 OBG**). 421

JURIQ-Klausurtipp

Ergibt Ihre Prüfung, dass eine der formellen Rechtmäßigkeitsvoraussetzungen nicht vorliegt, ist die ordnungsbehördliche Verordnung nichtig (s.o. Rn. 406).

III. Materielle Rechtmäßigkeit der Gefahrenabwehrverordnung

Die materielle Rechtmäßigkeit der Gefahrenabwehrverordnung prüfen Sie in fünf Schritten: 422

1. Vorliegen der Tatbestandsvoraussetzungen der Ermächtigungsgrundlage

Im ersten Schritt untersuchen Sie, ob die Tatbestandsvoraussetzungen der Ermächtigungsgrundlage vorliegen. Vorbehaltlich besonderer Voraussetzungen in Ermächtigungsgrundlagen des besonderen Gefahrenabwehrrechts gilt für die Generalermächtigung der §§ 26, 27 OBG, dass Verordnungen zur Abwehr von Gefahren für die öffentliche Sicherheit und Ordnung erlassen werden können. Im Einzelnen bedeutet dies: 423

a) Vorliegen einer abstrakten Gefahr

aa) Begriff der Gefahr

Der Begriff der Gefahr wurde oben (Rn. 243 ff.) bereits behandelt; daher kann auf die dortigen Ausführungen verwiesen werden. 424

bb) Abstrakte Gefahr

Des Weiteren muss es sich um eine abstrakte Gefahr handeln (s. dazu bereits oben Rn. 253). 425
Ob eine abstrakte Gefahr i.S.d. §§ 26, 27 OBG vorliegt, bestimmt sich nach einer typisierenden Betrachtungsweise der Gefahrenprognose.[18] Eine abstrakte Gefahr liegt hiernach bei **Sachlagen** vor, **in denen bei abstrakt-genereller Betrachtung nach allgemeiner Lebenserfahrung oder den Erkenntnissen fachkundiger Stellen bzw. Personen bestimmte Verhal-**

18 Vgl. *Schenke* Polizei- und Ordnungsrecht Rn. 625.

tensweisen oder Zustände typischerweise zu einer konkreten Gefahr führen können.[19] Es müssen also hinreichende Anhaltspunkte dafür vorliegen, dass sich Sachverhalte, die in der ordnungsbehördlichen Verordnung durch Ge- oder Verbote geregelt sind, nach der Lebenserfahrung geeignet sind, im Regelfall konkrete Gefahren zu verursachen.[20]

Beispiele Bissige Hunde, die ohne Maulkorb herumlaufen, stellen nach der Lebenserfahrung eine (abstrakte) Gefahr für Menschen dar. Weitere Beispiele aus der Rechtsprechung: Füttern von Tauben;[21] Ansprechen von Prostituierten durch Freier im Sperrbezirk.[22] – Keine abstrakte Gefahr liegt dagegen bei bloßen Belästigungen vor, so z.B. bei stillem Bettel.[23]– Das Vorliegen einer abstrakten Gefahr verneinte das Bundesverwaltungsgericht im Zusammenhang mit sog. Kampfhundeverordnungen; es hielt die auf bestimmte Hunderassen beschränkte Gefahrenprognose für nicht tragfähig.[24] Dem hat das Bundesverfassungsgericht eine Absage erteilt.[25] ■

426 Dem Verordnunggeber steht insoweit ein **gerichtlich nicht überprüfbarer Einschätzungs- und Prognosespielraum** zu.[26]

427 Die herkömmliche Gefahrenprognose wurde in der jüngeren Vergangenheit verschiedentlich in Zweifel gezogen. Dies betrifft z.B. Alkoholverbote[27] und Glasverbote[28].

428 Mit dem Erfordernis einer abstrakten Gefahr unterscheiden sich die ordnungsbehördlichen Verordnungen nach §§ 26, 27 OBG von der ordnungsbehördlichen Generalklausel des § 14 Abs. 1 OBG, die das Vorliegen einer konkreten Gefahr verlangt (s.o. Rn. 251). Anders als bei der abstrakten Gefahr bestimmt sich das Vorliegen einer konkreten Gefahr nach einer auf den konkreten Einzelfall abstellenden Betrachtungsweise der Gefahrenprognose.[29] Denn eine konkrete Gefahr liegt vor, wenn in dem zu beurteilenden konkreten Einzelfall in überschaubarer Zukunft mit dem Schadenseintritt hinreichend wahrscheinlich gerechnet werden kann.

Hinweis

Sie sehen: Der Unterschied zwischen einer abstrakten und einer konkreten Gefahr liegt demnach nicht in dem Grad der Wahrscheinlichkeit des Schadenseintritts, sondern in dem Bezugspunkt der Gefahrenprognose.[30]

19 Vgl. *Schenke* Polizei- und Ordnungsrecht Rn. 70; ausführlich *BVerwGE* 116, 347.
20 Vgl. *Schenke* Polizei- und Ordnungsrecht Rn. 625.
21 *VGH BW* NVwZ-RR 2006, 398.
22 *VGH BW* NVwZ 2001, 1299.
23 *VGH BW* NVwZ 1999, 560.
24 *BVerwGE* 116, 347 – Niedersächsische Gefahrtier-Verordnung.
25 Vgl. *BVerfGE* 110, 141.
26 Vgl. *BVerfG* (K) NVwZ 2005, 975.
27 Vgl. z.B. *BVerwG* NVwZ-RR 2013, 387 (Vorinstanz: *OVG Weimar* ThürVBl. 2013, 8); *OVG Koblenz* DVBl. 2013, 330; *OVG Lüneburg* NordÖR 2013, 113; *VGH BW* NVwZ-RR 2010, 55 – „Freiburger Bermuda-Dreieck".
28 Vgl. z.B. *VGH BW* BWGZ 2013, 77; *OVG NRW* NWVBl. 2012, 431; 2011, 108; 2010, 360.
29 Vgl. *Schenke* Polizei- und Ordnungsrecht Rn. 625.
30 Vgl. *VGH BW* NVwZ-RR 2010, 55 – „Freiburger Bermuda-Dreieck".

b) Gefahr für die öffentliche Sicherheit oder Ordnung

Wie die ordnungsbehördliche Generalklausel des § 14 Abs. 1 OBG setzen §§ 26, 27 OBG voraus, dass eine **Gefahr für die öffentliche Sicherheit oder Ordnung** vorliegt. Die in §§ 26, 27 OBG enthaltenen Begriffe der „öffentlichen Sicherheit" und „öffentliche Ordnung" haben dieselbe Bedeutung wie in § 14 Abs. 1 OBG, so dass auf die Ausführungen oben (Rn. 232 ff.) verwiesen werden kann. **429**

2. Wirksamkeit der Ermächtigungsgrundlage

Die Norm, auf deren Grundlage die Gefahrenabwehrverordnung erlassen wurde, muss ihrerseits wirksam sein. Sie muss vor allem die Grundrechte wahren. Da es sich bei der Ermächtigungsgrundlage wegen Art. 70 S. 1 LVerf. NRW zwingend um ein formelles Gesetz handeln muss (s.o. Rn. 411), muss bei entsprechenden Anhaltspunkten im Sachverhalt die **Verfassungsmäßigkeit der formell-gesetzlichen Ermächtigungsgrundlage für den Erlass von Gefahrenabwehrverordnungen** geprüft werden. **430**

3. Pflichtgemäße Ermessensausübung

Der zuständige Verordnunggeber muss beim Erlass einer Gefahrenabwehrverordnung das ihm eingeräumte Ermessen (vgl. nur den jeweiligen Wortlaut der §§ 26 Abs. 1, 27 Abs. 1 OBG: „... können ...".) pflichtgemäß ausüben. Der Verordnunggeber besitzt ein Entschließungs-, ein Handlungs- und ein Auswahlermessen. **431**

a) Entschließungsermessen

Der Verordnunggeber muss sein **Entschließungsermessen** („Ob") pflichtgemäß ausüben. **432**

Beispiel Das Amt für öffentliche Ordnung der Stadt B leidet seit einiger Zeit unter chronischem Personalmangel. Damit die wenigen verbliebenen Mitarbeiter nicht ständig im Wechsel neben ihrem (eigentlichen) Innendienst auch Außendienst versehen müssen, erlässt die Stadt B eine Verordnung, in der das Füttern von Tauben verboten wird. Die Stadt B geht beim Erlass dieser Verordnung davon aus, dass die in der Verordnung enthaltenen Verbote auch ohne Kontrolle ihre Wirkung haben werden. – Die Stadt B hat ihr Entschließungsermessen fehlerhaft ausgeübt. Ordnungsbehördliche Verordnungen können nur zur Gefahrenabwehr erlassen werden. Sie dürfen nicht lediglich den Zweck haben, die den Ordnungsbehörden obliegenden Aufgaben zu erleichtern (vgl. § 29 Abs. 1 S. 2 OBG). Genau und allein dies hat die Stadt B jedoch bewogen, die Verordnung zu erlassen. ■

b) Handlungsermessen

Des Weiteren muss der Verordnunggeber sein Handlungsermessen („Wie") ordnungsgemäß ausüben. Die gewählte Maßnahme muss insbesondere **verhältnismäßig im weiteren Sinne** sein, d.h. die Maßnahme muss einen verfassungsrechtlich legitimen Zweck verfolgen, zur Erreichung dieses Zwecks geeignet und erforderlich sowie angemessen sein. **433**

Beispiel Das Städtchen M ist in den Sommermonaten ein wahrer Touristenmagnet. Ab dem frühen Vormittag bis spät in den Abend besuchen viele tausend Menschen das Städtchen mit seinem historischen Stadtkern. Die weitaus meisten Touristen reisen mit dem Pkw und Reisebussen an. Entsprechend chaotisch gestaltet sich die Verkehrssituation in und um M. Um dem Besucherstrom Herr zu werden, erlässt M eine Verordnung, in der sie ganzjährig ein Fahrverbot für Pkw und Reisebusse in M ausspricht. – Die Verordnung verfolgt den verfassungsrechtlich legitimen Zweck, M von dem enormen Verkehrsaufkommen zu entlasten. Dabei stehen insbesondere der grundrechtlich garantierte Schutz des Lebens und der körperlichen Unversehrtheit der betroffenen Menschen in Rede. Zur Erreichung dieses Zwecks ist das verordnete Fahrverbot geeignet. Fraglich ist jedoch, ob das ganzjährig angeordnete Fahrverbot erforderlich ist. Dies wird zu verneinen sein, da M nur in den Sommermonaten ein Touristenmagnet ist. In den übrigen Monaten des Jahres erlebt M kein größeres Verkehrsaufkommen als andere vergleichbare Städte. Demnach ist das ganzjährige Fahrverbot nicht erforderlich. Die Verordnung der Stadt M ist folglich (zumindest insoweit) nichtig. ■

c) Auswahlermessen

434 Der Verordnunggeber muss schließlich sein Auswahlermessen („gegen wen") pflichtgemäß ausüben.

435 Gefahrenabwehrverordnungen müssen die allgemeinen Regelungen über die Verantwortlichkeit beachten. **Grundsätzlich** können Gefahrenabwehrverordnungen daher nur an die für die abstrakte Gefahr **Verantwortlichen**, d.h. diejenigen gerichtet werden, deren Verhalten oder deren Sache eine abstrakte Gefahr verursacht (vgl. §§ 17, 18 OBG).

436 Eine Inanspruchnahme **Nichtverantwortlicher** wird im Schrifttum nur für **ausnahmsweise** zulässig erachtet (z.B. wenn eine ordnungsbehördliche Verordnung für den Fall einer Katastrophe eine Verpflichtung zur Aufnahme Obdachloser unter bestimmten Voraussetzungen normiert). Eine solche Inanspruchnahme müsste nach dieser Ansicht allerdings dann von vornherein nach Maßgabe der allgemein für die Inanspruchnahme von Nichtstörern geltenden Grundsätze auf das unbedingt Notwendige beschränkt werden.[31]

4. Kein Verstoß gegen das Bestimmtheitsgebot

» Lesen Sie § 29 Abs. 1 S. 1 OBG! «

437 **§ 29 Abs. 1 S. 1 OBG** sieht vor, dass Gefahrenabwehrverordnungen **ihrem Inhalt nach bestimmt** sein müssen.

Beispiel Die Gemeinde U erlässt eine Verordnung, in der sie verbietet, sich auf öffentlichen Straßen „nach Art eines Land- oder Stadtstreichers herumzutreiben". – Der VGH BW hat diese Bestimmung für inhaltlich zu unbestimmt und damit für nichtig erklärt.[32] ■

5. Kein Verstoß gegen höherrangiges Recht

438 Als materielle Gesetze müssen Gefahrenabwehrverordnungen den rechtsstaatlichen **Vorrang des Gesetzes** beachten. Dies bedeutet, dass ihr Inhalt weder zu Bundesrecht (vgl. Art. 31 GG) noch zu höherrangigem Landesrecht in Widerspruch stehen darf. Beachtet werden müssen dabei insbesondere die im Grundgesetz und in den Landesverfassungen gewährleisteten Grundrechte. Gleiches gilt für Staatszielbestimmungen.

---

31 Vgl. zum Ganzen *Schenke* Polizei- und Ordnungsrecht Rn. 627.
32 Vgl. *VGH BW* NJW 1984, 507.

Beispiel Der VGH BW entschied 2005, dass zur Abwehr der von verwilderten Haustauben (Stadttauben) ausgehenden Gefahren insbesondere für das Eigentum und die menschliche Gesundheit ein Taubenfütterungsverbot auch nach Einfügung des Staatsziels des Tierschutzes in Art. 20a GG durch Verordnung erlassen werden kann.[33] ■

Außerdem dürfen Gefahrenabwehrverordnungen gemäß **§ 28 Abs. 1 OBG keine Bestim-** 439
mungen enthalten, die **mit den Verordnungen einer höheren Behörde in Widerspruch** stehen. Ob eine niedrigere Behörde überhaupt eine Verordnung erlassen darf, wenn es in derselben Angelegenheit bereits eine Verordnung einer höheren Behörde gibt, regelt **§ 29 Abs. 2 OBG**. Danach darf die **niedrigere Behörde** nur dann eine **eigene Verordnung** erlassen, **wenn die Verordnung der höheren Behörde dies ausdrücklich zulässt**.

JURIQ-Klausurtipp

Kommen Sie nach der Prüfung der materiellen Rechtmäßigkeit der ordnungsbehördlichen Verordnung zu dem Ergebnis, dass die Verordnung materiell rechtswidrig ist, ist die Verordnung nichtig.

Online-Wissens-Check

Welche Art von Regelung enthalten ordnungsbehördliche Verordnungen?

Überprüfen Sie jetzt online Ihr Wissen zu den in diesem Abschnitt erarbeiteten Themen. Unter **www.juracademy.de/skripte/login** steht Ihnen ein Online-Wissens-Check speziell zu diesem Skript zur Verfügung, den Sie kostenlos nutzen können. Den Zugangscode hierzu finden Sie auf der Codeseite.

33 Vgl. *VGH BW* NVwZ-RR 2006, 398.

C. Übungsfall Nr. 3

440 Alkoholverbot[34]

Der Rat der kreisfreien Stadt A mit ca. 260 000 Einwohnern beschließt in seiner Sitzung am 21.1.2016 den Erlass einer „Ordnungsbehördlichen Verordnung zur Sicherung der öffentlichen Ordnung in der Innenstadt der Stadt A" (im Folgenden kurz: VO). Mit dieser VO sollen die Gewaltkriminalität und der starke Alkoholkonsum in der Innenstadt reduziert werden. Nach Ansicht des Rates der Stadt A führe der Alkoholkonsum zur Enthemmung und damit zur Steigerung der Gewaltbereitschaft einzelner Personen. Vor allem Jugendliche träfen sich auf Plätzen in der Innenstadt, um dort den in Supermärkten gekauften Alkohol zu trinken. Erfahrungsberichte der Polizei zeigten, dass der Alkoholkonsum zumindest mitursächlich für die Begehung von Gewaltdelikten sei.

Die VO hat folgenden Wortlaut:

„§ 1 Geltungsbereich

(1) Diese Verordnung gilt für den Marktplatz, den Katschhof, den Elisenbrunnen und den Kurpark.

(2) Der beigefügte Lageplan vom 7.1.2016 ist Bestandteil dieser VO.

§ 2 Alkoholverbot

(1) Im Geltungsbereich dieser VO ist es auf den öffentlich zugänglichen Flächen außerhalb konzessionierter Freisitzflächen verboten,

(a) alkoholische Getränke jedweder Art zu konsumieren,

(b) alkoholische Getränke jedweder Art mit sich zu führen, wenn aufgrund der konkreten Umstände die Absicht erkennbar ist, diese im Geltungsbereich der VO konsumieren zu wollen.

(2) Dieses Verbot gilt in den Nächten von Freitag auf Samstag, von Samstag auf Sonntag und von Sonntag auf Montag jeweils von 22.00 bis 6.00 Uhr. Gleiches gilt für die Zeit von 00.00 bis 6.00 Uhr morgens an einem gesetzlichen Feiertag und die zwei Stunden davor (d.h. von 22.00 bis 6.00 Uhr).

(3) Das Verbot des Absatzes 1 gilt nur, wenn die Auswirkungen des Alkoholgenusses geeignet sind, Dritte erheblich zu belästigen."

In der Sitzung am 21.1.2016 wurde zutreffend festgestellt, dass 40 Mitglieder des Rates anwesend seien und der Rat damit beschlussfähig sei. Während der Sitzung verließen acht Mitglieder den Ratssaal. In der Abstimmung stimmen 28 Ratsmitglieder für die VO.

Die VO wurde am 25.2.2016 ordnungsgemäß verkündet.

Am 1.6.2016, einem frühsommerlichen Samstagabend, trifft sich der Student M mit Kommilitonen im Kurpark, um eine Runde Bier zu trinken. Solche Treffen veranstalten sie regelmäßig. Gegen 23.30 Uhr kommt die Polizei und stellt den Kasten Bier, den P für die Runde spendiert hatte, sicher. M und seine Kommilitonen stehen unvermittelt ohne Bier da. Sie gehen daher enttäuscht nach Hause. Am nächsten Tag kann M den Bierkasten bei der Polizei abholen.

Auch wenn M den Bierkasten zurückbekommen hat, ist er mit dem Vorgehen der Polizei nicht einverstanden. Er ist der Ansicht, dass die Polizei den Bierkasten an sich gar nicht sicherstellen durfte. Ein Verstoß gegen die VO hätte nicht geahndet werden dürfen. Die VO sei unwirksam, weil sie zu unbestimmt sei und weil der Alkohol keine Gefahr begründe, die durch die VO abgewehrt werden müsse. Dass die Alkoholisierung zumindest mitursächlich für die Gewalt sein könne, genüge nicht, um eine Gefahr anzunehmen. Alkoholkonsum in der Öffentlichkeit führe nicht zwingend zu Gewalttaten. Gewalttaten entstünden unter komplexen Umständen und seien nicht einfach auf eine Alkoholisierung zurückzuführen.

---

34 Vgl. *Peine* Klausurenkurs im Verwaltungsrecht 4. Aufl. 2010 Fall 20, dem der Übungsfall Nr. 3 teilweise nachgebildet und dabei auf das nordrhein-westfälische Landesrecht zugeschnitten wurde. S. zum Themenkomplex „Alkoholverbote im öffentlichen Raum" z.B. auch *VGH BW* NVwZ-RR 2010, 55 – „Freiburger-Bermuda-Dreieck"; *OVG Lüneburg* NordÖR 2013, 113; *OVG Koblenz* DVBl. 2013, 330; BVerwG NVwZ-RR 2013, 387.

M fragt seinen Freund S, einen Jurastudenten, was er gegen die Maßnahme der Polizei noch unternehmen kann und wie die Erfolgsaussichten eines rechtlichen Vorgehens sind. Übernehmen Sie die Prüfung anstelle des S!

Lösung 441

M möchte gegen die Sicherstellung des Bierkastens am Abend des 1.6.2016 vorgehen. In Betracht kommt eine Klage gegen die Sicherstellung. Diese Klage hat Erfolg, wenn und soweit sie zulässig und begründet ist.

I. Zulässigkeit der Klage

Die Klage müsste zulässig sein.

1. Eröffnung des Verwaltungsrechtsweges

Mangels auf- oder abdrängender Sonderzuweisungen ist der Verwaltungsrechtsweg nach der Generalklausel des § 40 Abs. 1 S. 1 VwGO eröffnet, wenn eine öffentlich-rechtliche Streitigkeit nichtverfassungsrechtlicher Art vorliegt. Eine öffentlich-rechtliche Streitigkeit liegt vor, wenn die streitentscheidenden Normen dem öffentlichen Recht entstammen. Wann dies der Fall ist, bestimmt sich z.B. nach der modifizierten Subjektstheorie. Danach ist eine Streitigkeit öffentlich-rechtlicher Natur, wenn durch die streitentscheidenden Normen allein ein Träger öffentlicher Gewalt berechtigt oder verpflichtet wird. Im vorliegenden Fall ist § 43 PolG NRW die streitentscheidende Norm. Durch diese Bestimmung wird ausschließlich die Polizei berechtigt bzw. verpflichtet. Eine öffentlich-rechtliche Streitigkeit liegt demnach vor. Diese ist auch nichtverfassungsrechtlicher Art, da weder M noch die Polizei unmittelbar am Verfassungsleben beteiligt sind.

Der Verwaltungsrechtsweg ist somit nach § 40 Abs. 1 S. 1 VwGO eröffnet.

2. Statthafte Klageart

Die statthafte Klageart richtet sich nach dem Begehren des M (vgl. § 88 VwGO). M wendet sich gegen die Sicherstellung seines Bierkastens durch die Polizei. Welche Klageart statthaft ist, hängt von der Rechtsnatur der Sicherstellung ab. Die Rechtsnatur der polizeilichen Sicherstellung – wie auch die Rechtsnatur der sonstigen polizeilichen Standardmaßnahmen – ist umstritten. Maßgeblich für die Qualifikation einer polizeilichen Sicherstellung als Verwaltungsakt ist die Frage, ob die Sicherstellung eine Regelung i.S.d. § 35 S. 1 VwVfG NRW beinhaltet. Eine Regelung i.S.d. § 35 S. 1 VwVfG NRW liegt vor, wenn die Maßnahme nach ihrem objektiven Sinngehalt auf eine unmittelbare, für die Betroffenen verbindliche Festlegung von Rechten und Pflichten oder eines Rechtsstatus gerichtet ist.[35] Nach ihrem äußeren Erscheinungsbild ist die Sicherstellung in erster Linie auf den tatsächlichen Erfolg gerichtet, nämlich die Begründung des Gewahrsams der Polizei an dem herausverlangten Gegenstand. Daher spricht sich eine Ansicht dafür aus, die Sicherstellung als bloßen Realakt ohne Regelungscharakter anzusehen. Unter Zugrundelegung dieser Ansicht bestünde jedoch die Gefahr, dass der Adressat einer solchen Maßnahme zum bloßen Objekt hoheitlicher Realakte degradiert würde. Daher sieht eine andere Ansicht zu Recht auch in einer polizeilichen Sicherstellung einen Verwaltungsakt in Form einer konkludenten Duldungsverfügung. Auf der Grundlage dieser Ansicht ist die polizeiliche Anordnung, den Kasten herauszugeben, demnach als belastender Verwaltungsakt i.S.d. § 35 S. 1 VwVfG NRW zu qualifizieren.

M könnte sich somit im Wege der Anfechtungsklage nach § 42 Abs. 1 Alt. 1 VwGO gegen die Sicherstellung wehren. Allerdings kommt eine Anfechtungsklage nur in Betracht, solange sich die Sicherstellung noch nicht erledigt hat, d.h. solange sie noch belastende Rechtswirkungen entfaltet. Im vorliegenden Fall hat sich die Sicherstellung indes bereits erledigt, nachdem M den Bierkasten von der Polizei zurückerhalten hat. Von der Sicherstellung gehen keine belastenden Rechtswirkungen mehr aus. Eine Anfechtungsklage ist demnach nicht statthaft.

35 Vgl. *Ramsauer*, in: Kopp/Ramsauer VwVfG § 35 Rn. 88.

Übungsfall Nr. 3

Statthafte Klageart könnte jedoch eine Fortsetzungsfeststellungsklage gemäß § 113 Abs. 1 S. 4 VwGO sein. Danach spricht das Gericht auf Antrag durch Urteil aus, dass der Verwaltungsakt rechtswidrig gewesen ist, wenn der Kläger ein berechtigtes Interesse an der Feststellung hat. Problematisch ist allerdings, dass § 113 Abs. 1 S. 4 VwGO unmittelbar nur den Fall regelt, dass sich der Verwaltungsakt nach Erhebung der Klage, d.h. während des laufenden Klageverfahrens erledigt. Im vorliegenden Fall hat sich die Sicherstellung aber schon vor Erhebung einer Klage erledigt. § 113 Abs. 1 S. 4 VwGO ist demnach nicht unmittelbar anwendbar.

Zu prüfen ist, § 113 Abs. 1 S. 4 VwGO jedoch entsprechend anwendbar ist. Die entsprechende Anwendung des § 113 Abs. 1 S. 4 VwGO ist umstritten. Insbesondere das Bundesverwaltungsgericht stellte seine eigene Rechtsprechung, dass § 113 Abs. 1 S. 4 VwGO bei Erledigung des Verwaltungsaktes vor Klageerhebung analog anwendbar sei, in Frage und stellte die Möglichkeit in den Raum, dass eine Feststellungsklage nach § 43 VwGO in diesem Falle näher liege. Allerdings ließ das Bundesverwaltungsgericht die Frage nach der statthaften Klageart offen.

Gegen die Feststellungsklage spricht jedoch, dass die Rechtswidrigkeit des Verwaltungsaktes kein feststellungsfähiges Rechtsverhältnis i.S.d. § 43 Abs. 1 VwGO darstellt. Ein Rechtsverhältnis i.S.d. § 43 Abs. 1 VwGO ist nach h.M. eine sich aus einem konkreten Sachverhalt aufgrund einer Rechtsnorm ergebende Rechtsbeziehung zwischen einer Person zu einer anderen Person oder zu einer Sache. Ein Verwaltungsakt selbst stellt kein Rechtsverhältnis dar; durch die in einem Verwaltungsakt getroffene Regelung kann wohl ein Rechtsverhältnis begründet, gestaltet oder beendet werden. Außerdem besteht in der hier in Rede stehenden Fallkonstellation dieselbe Interessenlage wie bei einer Erledigung des Verwaltungsaktes nach Klageerhebung. Dabei zielt § 113 Abs. 1 S. 4 VwGO exakt auf die begehrte Feststellung der Rechtswidrigkeit des erledigten Verwaltungsaktes.

Die besseren Argumente sprechen somit dafür, § 113 Abs. 1 S. 4 VwGO entsprechend anzuwenden, wenn sich der Verwaltungsakt vor Klageerhebung erledigt hat.

Die Fortsetzungsfeststellungsklage gemäß § 113 Abs. 1 S. 4 VwGO analog ist demnach die statthafte Klageart.

3. Klagebefugnis

Als Adressat der polizeilichen Sicherstellung ist M möglicherweise zumindest in seinem Grundrecht aus Art. 2 Abs. 1 GG verletzt (sog. Adressatentheorie) und demnach klagebefugt gemäß § 42 Abs. 2 VwGO analog.

4. Beteiligten- und Prozessfähigkeit

M ist gemäß §§ 61 Nr. 1, 62 Abs. 1 Nr. 1 VwGO und das Land NRW ist gemäß §§ 61 Nr. 1, 62 Abs. 3 VwGO beteiligten- und prozessfähig.

5. Richtiger Klagegegner

Richtiger Klagegegner ist gemäß § 78 Abs. 1 Nr. 1 VwGO das Land NRW.

6. Besonderes Feststellungsinteresse

M müsste ein berechtigtes Interesse an der Feststellung der Rechtswidrigkeit der erledigten Sicherstellung haben. Von den in der Rechtsprechung anerkannten berechtigten Interessen kommt im vorliegenden Fall eine Wiederholungsgefahr in Betracht. Eine Wiederholungsgefahr besteht, wenn die hinreichende Gefahr besteht, dass unter im Wesentlichen unveränderten tatsächlichen und rechtlichen Umständen erneut ein gleichartiger Verwaltungsakt ergehen würde. Da sich P und seine Kommilitonen regelmäßig im Kurpark der Stadt A treffen, um gemeinsam Bier zu trinken, ist es wegen des Alkoholverbots nicht ausgeschlossen, dass die Polizei erneut einen Bierkasten sicherstellt. Somit liegt eine Wiederholungsgefahr und damit ein berechtigtes Interesse des M vor.

7. Klagefrist

Der Beachtung einer Klagefrist bedarf es nach Ansicht des Bundesverwaltungsgerichts in der hier gegebenen Fallkonstellation nicht.

8. Ergebnis zu I.

Die Fortsetzungsfeststellungsklage des M gemäß § 113 Abs. 1 S. 4 VwGO analog ist zulässig.

II. Begründetheit der Klage

Die Fortsetzungsfeststellungsklage des M gemäß § 113 Abs. 1 S. 4 VwGO analog ist begründet, wenn und soweit die polizeiliche Sicherstellung des Bierkastens rechtswidrig war und M dadurch in seinen Rechten verletzt hat.

1. Ermächtigungsgrundlage für die Sicherstellung

Ermächtigungsgrundlage für die polizeiliche Sicherstellung des Bierkastens ist § 43 Nr. 1 PolG NRW.

2. Formelle Rechtmäßigkeit der Sicherstellung

Zu prüfen ist, ob die Sicherstellung formell rechtmäßig erfolgt ist.

a) Zuständigkeit der Polizei

Das Polizeipräsidium A ist gemäß § 1 Abs. 1 Sätze 1 und 3 PolG NRW, §§ 10 S. 1, 11 Abs. 1 Nr. 1, 7 Abs. 1 S. 1, 2 Abs. 1 Nr. 1 POG NRW sachlich und örtlich zuständig. Zur Einsatzzeit am 1.6.2013 um 23.30 Uhr waren die an sich für die Überwachung des Alkoholverbots zuständigen Mitarbeiter der Ordnungsbehörde der Stadt A außer Dienst, so dass die Polizei gemäß § 1 Abs. 1 S. 3 PolG NRW wegen eines Eilfalls subsidiär zuständig war.

b) Verfahren

Mangels entgegenstehender Hinweise im Sachverhalt war das Verfahren bei der Sicherstellung ordnungsgemäß. Insbesondere war eine vorherige Anhörung des M gemäß § 28 Abs. 2 Nr. 1 VwVfG NRW entbehrlich.

c) Form

Die Sicherstellung konnte formlos erfolgen (vgl. § 37 Abs. 2 VwVfG NRW) und bedurfte daher keiner Begründung (vgl. § 39 Abs. 1 VwVfG NRW).

d) Ergebnis zu 2.

Die Sicherstellung ist formell rechtmäßig.

3. Materielle Rechtmäßigkeit der Sicherstellung

Die polizeiliche Sicherstellung des Bierkastens ist materiell rechtmäßig, wenn und soweit sie inhaltlich mit den gesetzlichen Vorgaben in Einklang steht.

Es müssten die Tatbestandsvoraussetzungen des § 43 Abs. 1 Nr. 1 PolG NRW vorliegen. Diese liegen vor, wenn die Polizei den Bierkasten des M sicherstellen konnte, um eine gegenwärtige Gefahr abzuwehren.

Eine Gefahr liegt bei einer Sachlage vor, die im Einzelfall bei ungehindertem Ablauf in absehbarer Zeit mit hinreichender Wahrscheinlichkeit zu einem Schaden am Schutzgut der öffentlichen Sicherheit oder Ordnung führen wird. Der Alkoholgenuss durch M und seine Kommilitonen im Kurpark der Stadt A könnte gegen die öffentliche Sicherheit verstoßen. Das Schutzgut der öffentlichen Sicherheit umfasst die Unverletzlichkeit der objektiven Rechtsordnung, der subjektiven Rechtsgüter und Rechte des Einzelnen sowie des Staates, seiner Einrichtungen und Veranstaltungen.

Im Falle des Verstoßes gegen geltende öffentlich-rechtliche Vorschriften liegen immer eine Störung und eine weitere Gefährdung der öffentlichen Sicherheit vor.

Der Alkoholkonsum durch M und seine Kommilitonen verstößt gegen die VO der Stadt A, die Bestandteil der objektiven Rechtsordnung ist. Somit liegt ein Verstoß gegen die objektive Rechtsordnung und demnach eine Gefahr für die öffentliche Sicherheit vor, es sei denn, die VO wäre unwirksam. Zu prüfen ist somit die Rechtmäßigkeit und damit die Wirksamkeit der VO.

> **JURIQ-Klausurtipp**
>
> Denken Sie daran: Im Gegensatz zum Verwaltungsakt ist eine Gefahrenabwehrverordnung im Falle ihrer Rechtswidrigkeit auf jeden Fall unwirksam.

a) Ermächtigungsgrundlage für die VO

Ermächtigungsgrundlage für die VO ist § 27 OBG.

b) Formelle Rechtmäßigkeit der VO

Zu prüfen ist die formelle Rechtmäßigkeit der VO.

aa) Zuständigkeit

Der Rat der Stadt A müsste für den Erlass der VO sachlich und örtlich zuständig gewesen sein. Gemäß § 27 Abs. 1 OBG können die Ordnungsbehörden Gefahrenabwehrverordnungen erlassen. Zuständig für den Erlass von Verordnungen der örtlichen Ordnungsbehörden i.S.d. §§ 4, 5 OBG ist gemäß § 27 Abs. 4 S. 1 OBG die Vertretung. In der kreisfreien Stadt A ist der Rat der Stadt A zuständig (vgl. §§ 40, 41 Abs. 1 S. 1 GO NRW).

bb) Verfahren

Fraglich ist, ob beim Erlass der VO das Verfahren eingehalten wurde. Im Zeitpunkt der Beschlussfassung könnte der Rat der Stadt A nach § 49 GO NRW beschlussunfähig gewesen sein. Gemäß § 49 Abs. 1 S. 1 GO NRW ist der Rat der Stadt A beschlussfähig, wenn mehr als die Hälfte der gesetzlichen Mitgliederzahl anwesend ist. Die gesetzliche Mitgliederzahl der kreisfreien Stadt A mit ihren ca. 260 000 Einwohnern beträgt gemäß § 3 Abs. 2 lit. a KWahlG NRW[36] 66 Mitglieder. Zu Beginn der Ratssitzung waren 40 Ratsmitglieder anwesend, d.h. mehr als die Hälfte der gesetzlichen Mitgliederzahl. Der Rat war demnach jedenfalls zu diesem Zeitpunkt beschlussfähig. Fraglich ist, ob die Beschlussfähigkeit nachträglich weggefallen ist, nachdem acht Mitglieder die laufende Ratssitzung verlassen haben, was zur Folge hatte, dass im Zeitpunkt der Beschlussfassung nur noch 32 Mitglieder anwesend waren. Der Rat könnte somit nachträglich beschlussunfähig geworden sein. Gemäß § 49 Abs. 1 S. 2 GO NRW gilt der Rat als beschlussfähig, solange die Beschlussunfähigkeit nicht auf Antrag eines Ratsmitglieds durch den Oberbürgermeister festgestellt wurde. Ein solcher Antrag wurde im vorliegenden Fall nicht gestellt. Der Rat der Stadt A galt somit bei der Beschlussfassung als beschlussfähig. Ein (berücksichtigungsfähiger) Verfahrensfehler liegt demnach nicht vor.

cc) Form, Verkündung

Mangels entgegenstehender Hinweis im Sachverhalt ist davon auszugehen, dass die VO unter Beachtung der Formerfordernisse des § 30 OBG erlassen und gemäß § 33 Abs. 1 S. 2 OBG ordnungsgemäß verkündet wurde.

dd) Ergebnis zu b)

Die VO ist formell rechtmäßig.

c) Materielle Rechtmäßigkeit der VO

Die VO ist materiell rechtmäßig, wenn und soweit sie inhaltlich mit den gesetzlichen Vorgaben übereinstimmt.

aa) Erlass zur Abwehr von Gefahren

§ 27 Abs. 1 OBG setzt auf seiner Tatbestandsseite voraus, dass der Erlass der Verordnung zur Abwehr von Gefahren erfolgen muss. Nach § 25 S. 1 OBG sind ordnungsbehördliche Verordnungen Gebote oder Verbote, die für eine unbestimmte Anzahl von Fällen an eine unbestimmte Anzahl von Personen gerichtet sind. Es muss demnach eine abstrakte Gefahr vorliegen. Eine solche Gefahr ist gegeben, wenn eine generell-abstrakte Betrachtung für bestimmte Arten von Verhaltensweisen oder Zuständen zu dem Ergebnis führt, dass mit hinreichender Wahrscheinlichkeit ein Schaden im Einzelfall einzutreten pflegt, und daher Anlass besteht, diese Gefahr mit generell-abstrakten Mitteln, also mit einem Rechtssatz, zu bekämpfen. Nachzuweisen ist somit eine hinreichende Wahrscheinlichkeit des Schadenseintritts. Für die Bejahung einer abstrakten Gefahr müssen – bei abstrakt-genereller Betrachtung – hinreichende Anhaltspunkte vorhanden sein, die es rechtfertigen, auf den drohenden Eintritt von Schäden zu schließen. Der Schaden muss regelmäßig und typischerweise zu erwarten sein.

Solange und soweit die Behörde die erforderliche Gefahrenprognose nicht durchführen kann, weil sie noch keine hinreichenden kon-

36 Kommunalwahlgesetz (*v. Hippel/Rehborn* Nr. 21).

kreten Erkenntnisse besitzt, liegt keine Gefahr, sondern allenfalls ein Gefahrenverdacht vor. Vorsorgemaßnahmen zur Abwehr möglicher Beeinträchtigungen im Vorfeld einer Gefahr können nicht auf § 25 OBG gestützt werden.

Im vorliegenden Fall müsste der Alkoholkonsum an den in § 1 VO genannten Stellen eine abstrakte Gefahr im oben beschriebenen Sinne darstellen, die eine Regelung wie § 2 VO rechtfertigt. Dies wäre der Fall, wenn mit einer statistisch hohen Wahrscheinlichkeit nachzuweisen wäre, dass Gewalttätigkeiten, deren Verhinderung die VO dient, auf den vorherigen Konsum von Alkohol zurückzuführen sind. Ein Kausalzusammenhang zwischen Alkoholkonsum und Gewalttätigkeiten ist in der Regel nicht auszuschließen. Er begründet jedoch allenfalls einen Gefahrenverdacht. Dass Alkoholkonsum generell zu Aggressivität führt, widerspricht der allgemeinen Lebenserfahrung. Welche Wirkungen der Konsum von Alkohol nach sich zieht, hängt vielmehr von den äußeren Umständen, den individuellen Gegebenheiten und Befindlichkeiten sowie den Einflüssen im Einzelfall ab. Alkoholkonsum im öffentlichen Raum ist nicht unüblich und führt keinesfalls typischerweise zur Begehung von Gewalttätigkeiten. Demnach liegt eine abstrakte Gefahr i.S.d. §§ 27 Abs. 1, 25 S. 1 OBG nicht vor. § 2 VO ist demnach rechtswidrig.

bb) Verstoß gegen den Bestimmtheitsgrundsatz

§ 2 Abs. 1b und Abs. 3 VO könnten gegen § 29 Abs. 1 S. 1 OBG verstoßen, indem die beiden Regelungen zu unbestimmt sind. Das rechtsstaatliche Bestimmtheitsgebot verlangt, dass Regelungen so getroffen werden, dass der Betroffene den Inhalt und die Grenzen von Ge- oder Verbotsnormen in zumutbarer Weise erkennen und sein Verhalten danach ausrichten kann. Grundsätzlich dürfen auch unbestimmte Rechtsbegriffe verwendet werden. Allerdings darf die Erkennbarkeit der Rechtslage durch den Betroffenen hierdurch nicht wesentlich eingeschränkt werden; die Gerichte müssen in der Lage bleiben, den Inhalt einer Regelung anhand der anerkannten Auslegungsregeln zu konkretisieren.

(1) § 2 Abs. 1b VO

Zu prüfen ist, ob § 2 Abs. 1b VO den Anforderungen des Bestimmtheitsgrundsatzes genügt. Im Gegensatz zu § 2 Abs. 1a VO, der ein klar formuliertes Verbot, Alkohol zu konsumieren, enthält, ist § 2 Abs. 1b VO weniger klar formuliert. Gleichwohl wird für den Betroffenen auch hier erkennbar, welche Verhaltensweisen verboten sind. Für den Betroffenen erkennbar, erfasst das Verbot nicht das bloße Durchqueren des Geltungsbereichs der VO mit dem zuvor gekauften Alkohol, wenn nicht beabsichtigt ist, den Alkohol dort zu konsumieren. Auch das Verweilen mit mitgeführtem Alkohol ohne Konsumabsicht wird erkennbar nicht vom Verbot erfasst. Verboten ist jedoch das Mitsichführen von alkoholischen Getränken, wenn aufgrund der konkreten Umstände die Absicht erkennbar ist, dass die Getränke an Ort und Stelle konsumiert werden sollen. Soweit der Verordnunggeber auf die Absicht des Handelnden Bezug nimmt, widerspricht dies nicht dem Bestimmtheitsgebot, weil äußere Umstände diese Absicht belegen müssen. § 2 Abs. 1b VO ist demnach hinreichend bestimmt.

(2) § 2 Abs. 3 VO

Fraglich ist jedoch, ob § 2 Abs. 3 VO hinreichend bestimmt ist. § 2 Abs. 3 VO regelt die Umstände, die das Alkoholverbot auslösen. Danach müssen die Auswirkungen des Alkoholgenusses geeignet sein, Dritte erheblich zu belästigen. Der Verordnunggeber beabsichtigt mit dem Alkoholverbot, die alkoholbedingten, mit Belästigungen Dritter verbundenen Ausfall- und Folgeerscheinungen (z.B. aggressives Verhalten, Verunreinigungen, ruhestörender Lärm etc.) auszuschließen. Nähere Umstände, bei deren Vorliegen diese Befürchtungen gerechtfertigt wären, bleiben allerdings unerwähnt. In jedem Einzelfall muss vielmehr geprüft werden, ob eine Gefahr vorliegt. Für Betroffene ist damit aber nicht erkennbar, wo die Grenzen liegen, ab wann bzw. unter welchen Voraussetzungen das Verweilen zum Alkoholgenuss geeignet ist, sich belästigend auf Dritte auszuwirken und Sanktionen nach sich zu ziehen. Der Wortlaut des § 2 Abs. 3 VO gibt hierauf keine klare Antwort. Somit ist eine eindeutige Grenzziehung zwischen Erlaubtem und Verbotenem nicht möglich. § 2 Abs. 3 VO ist demnach nicht hinreichend bestimmt und folglich unwirksam.

cc) Ergebnis zu c)

§ 2 VO ist wegen Unwirksamkeit seines Absatzes 3 insgesamt materiell rechtswidrig und damit unwirksam. Wegen Unwirksamkeit der Verbotsnorm des § 2 VO ist die gesamte VO unwirksam, weil die wirksamen Teile der VO ohne die unwirksamen Teile keinen Bestand haben können. Wegen der Unwirksamkeit des § 2 VO ist der Alkoholgenuss des M und seiner Kommilitonen nicht rechtswidrig gewesen. Dies hat zur Folge, dass keine Gefahr für die öffentliche Sicherheit bestanden hat und die polizeiliche Sicherstellung somit rechtswidrig gewesen ist.

4. Rechtsverletzung

Aufgrund der rechtswidrigen polizeilichen Sicherstellung des Bierkastens wurde F zumindest in seinem Grundrecht aus Art. 2 Abs. 1 GG verletzt.

5. Ergebnis zu II.

Die Fortsetzungsfeststellungsklage des M gemäß § 113 Abs. 1 S. 4 VwGO analog ist begründet.

III. Ergebnis

Die Klage des M ist zulässig und begründet und demnach erfolgreich.

6. Teil
Polizei- und ordnungsrechtliches Haftungsrecht

A. Überblick

Im letzten Teil dieses Skriptes werden wir uns mit einigen Fragen des polizei- und ordnungsrechtlichen Haftungsrechts befassen. Das Polizei- und Ordnungsrecht enthält **spezielle Regelungen** über den Ausgleich von Schäden. Dabei ist zwischen **Entschädigungsansprüchen eines Bürgers gegenüber der Polizei und der Ordnungsverwaltung** einerseits und **Regressansprüchen der Polizei und der Ordnungsverwaltung gegenüber einem Bürger** andererseits zu unterscheiden. Die speziellen Regelungen über den Schadensausgleich bilden einen **Teilbereich des allgemeinen (Staats-)Haftungsrechts**, das im Skript „Staatshaftungsrecht" behandelt wird. 442

B. Ansprüche eines Bürgers gegen die Polizei und die Ordnungsverwaltung

Unter den Regelungen über den Schadensausgleich, die Ansprüche des Bürgers gegen die Polizei und die Ordnungsverwaltung betreffen, ist weiter zu differenzieren: Zum einen gibt es Regelungen über den Schadensausgleich für rechtswidrige Maßnahmen der Polizei und der Ordnungsverwaltung, zum anderen gibt es Regelungen über den Schadensausgleich aufgrund einer Inanspruchnahme als Nichtverantwortlicher. Diese Regelungen sind für die Ordnungsverwaltung in **§ 39 Abs. 1 OBG** geregelt; über **§ 67 PolG NRW** finden sie auch im Polizeirecht Anwendung. 443

I. Anspruch nach § 39 Abs. 1 lit. b OBG wegen rechtswidriger Maßnahmen

1. Überblick

Gemäß **§ 39 Abs. 1 lit. b OBG** ist ein Schaden, den jemand durch Maßnahmen der Ordnungsbehörden erleidet, zu ersetzen, wenn er durch rechtswidrige Maßnahmen, gleichgültig, ob die Ordnungsbehörden ein Verschulden trifft oder nicht, entstanden ist. Diese verschuldensunabhängige Unrechtshaftung wurzelt im **allgemeinen Aufopferungsgedanken**; die Rechtswidrigkeit des hoheitlichen Handelns stellt eine das Sonderopfer des Betroffenen begründende, sachlich nicht gerechtfertigte Ungleichbehandlung gegenüber anderen dar.[1] 444

» Lesen Sie § 39 Abs. 1 lit. b OBG! «

Anspruchsberechtigt sind vor allem **rechtswidrig in Anspruch genommene Nichtverantwortliche**, ferner **Verantwortliche, denen gegenüber die Polizei bzw. die Ordnungsverwaltung aus anderen Gründen rechtwidrig gehandelt hat**, und schließlich **Personen**, die weder als Verantwortliche noch als Nichtverantwortliche in Anspruch genommen wurden, sondern die **zufällig durch eine rechtswidrige Maßnahme der Polizei bzw. der Ordnungsverwaltung geschädigt** wurden.[2] 445

1 Vgl. *Wolffgang/Hendricks/Merz* Polizei- und Ordnungsrecht in Nordrhein-Westfalen Rn. 572.
2 Vgl. *Pieroth/Schlink/Kniesel* Polizei- und Ordnungsrecht § 26 Rn. 21.

» Lesen Sie §§ 42, 45 OBG! «

446 Der Ersatzanspruch nach § 39 Abs. 1 lit. b OBG richtet sich **grundsätzlich** gegen den **Träger der ordnungsbehördlichen Kosten** (vgl. **§ 42 Abs. 1 S. 1 i.V.m. § 45 OBG**).

447 Der Ersatzanspruch nach § 39 Abs. 1 lit. b OBG steht neben dem Amtshaftungsanspruch; beide Anspruchsgrundlagen sind also **nebeneinander** anwendbar.[3] Im Falle einer gerichtlichen Geltendmachung des Anspruchs nach § 39 Abs. 1 lit. b OBG mittels Leistungsklage entscheiden – wie beim Amtshaftungsanspruch – die **ordentlichen Gerichte** (vgl. **§ 43 Abs. 1 OBG**).

448 Einen Anspruch nach § 39 Abs. 1 lit. b OBG prüfen Sie wie folgt:

PRÜFUNGSSCHEMA

Anspruch nach § 39 Abs. 1 lit. b OBG

I. Anspruchsvoraussetzungen
1. Maßnahme der Ordnungsverwaltung (bzw. der Polizei)
2. Rechtwidrigkeit der Maßnahme
3. Schaden
4. Anspruchsausschluss nach § 39 Abs. 2 OBG

II. Rechtsfolgenseite

JURIQ-Klausurtipp

Denken Sie auch hier wieder daran: Das Prüfungsschema soll Ihnen lediglich als Orientierung dienen! Arbeiten Sie das Schema gedanklich durch; erörtern Sie aber nur die Punkte, die nach den Angaben im Sachverhalt problematisch sind. Unproblematische Punkte können Sie kurz – und dann ruhig auch im Urteilsstil – abhandeln.

449 Den richtigen Einstieg in die Prüfung eines Anspruchs nach § 39 Abs. 1 lit. b OBG finden Sie mit einem möglichst präzise formulierten **Obersatz**, der wie folgt formuliert werden kann: „x (hier Anspruchssteller nennen) hat gegenüber y (hier Anspruchsgegner nennen) einen Anspruch auf Entschädigung nach § 39 Abs. 1 lit. b OBG (ggf. i.V.m. § 67 PolG NRW), wenn x einen Schaden erlitten hat, der durch eine rechtswidrige Maßnahme einer Ordnungsbehörde (bzw. der Polizei) entstanden ist".

2. Anspruchsvoraussetzungen

450 Der Anspruch nach § 39 Abs. 1 lit. b OBG hat folgende vier Voraussetzungen:

a) Maßnahme der Ordnungsverwaltung (bzw. der Polizei)

451 Erste Anspruchsvoraussetzung ist das Vorliegen einer Maßnahme i.S.d. § 39 Abs. 1 OBG. Der Begriff der Maßnahme wird **weit ausgelegt**.[4] Daher fällt unter diesen Begriff vielfältiges **positives Tun**, mit dem – unabhängig von der Handlungsform – bewusst und zielgerichtet

3 Vgl. *Dietlein*, in: Dietlein/Hellermann Öffentliches Recht in Nordrhein-Westfalen § 3 Rn. 277.
4 Vgl. *BGHZ* 138, 15.

unmittelbar in schutzwürdige Positionen des Bürgers eingegriffen werden soll.[5] Dazu gehört z.B. der Erlass von Gebots-, Verbots- und Duldungsverfügungen, der Erlass von Verordnungen, Realakte.[6]

Beispiel 1[7] **Sog. „feindliches Grün"** Eine von der zuständigen Verkehrsbehörde an einer Straßenkreuzung aufgestellte Verkehrsampel zeigt aufgrund eines technischen Defekts in alle Richtungen grünes Lichtzeichen. Die Pkw-Fahrer B und G bemerken den Defekt nicht bzw. zu spät und kollidieren im Kreuzungsbereich. – Der BGH hat entschieden, dass die Lichtzeichen der Verkehrsampel „Maßnahmen" i.S.d. § 39 Abs. 1 OBG darstellen, die der Straßenverkehrsbehörde zuzurechnen sind. ■

Beispiel 2[8] Die zuständige Bauaufsichtsbehörde hat eine rechtwidrige Baugenehmigung erteilt. – Die rechtswidrig erteilte Baugenehmigung hat insoweit Eingriffscharakter, als die Bauherren auf die Baugenehmigung vertrauen durften und durch die Enttäuschung ihres Vertrauens einen Nachteil erlitten haben. ■

Unterlassungen der Polizei bzw. der Ordnungsverwaltung werden vom Begriff der Maß- **452**
nahme grundsätzlich jedoch **nicht erfasst**. Dies gilt auch für den Fall, dass die Polizei oder die Ordnungsverwaltung infolge einer Ermessensreduzierung auf Null zum Handeln verpflichtet war.[9] Etwas anderes gilt jedoch für **qualifiziertes Unterlassen**. Dieses setzt voraus, dass unmittelbar auf eine geschützte Rechtsposition eingewirkt wird (z.B. Ablehnung einer beantragten Baugenehmigung).[10]

Hinweis

Vgl. zur streitigen Frage, ob legislatives Unrecht zu einem Ersatzanspruch nach § 39 Abs. 1 lit. b OBG führen kann, s. z.B. *Heusch*, in: Schönenbroicher/Heusch OBG NRW § 39 Rn. 30; BeckOK PolR NRW/*Schroeder* OBG § 39 Rn. 28.4; *Dietlein*, in: Dietlein/Hellermann Öffentliches Recht in Nordrhein-Westfalen § 3 Rn. 281a.

Ordnungsbehörde i.S.d. § 39 Abs. 1 OBG sind die **allgemeinen Ordnungsbehörden**, die **453**
gemäß § 1 Abs. 1 OBG die Aufgaben der Gefahrenabwehr wahrnehmen, und die **Sonderordnungsbehörden** i.S.d. § 12 OBG.[11]

b) Rechtswidrigkeit der Maßnahme

Zweite Anspruchsvoraussetzung ist gemäß § 39 Abs. 1 lit. b OBG die Rechtswidrigkeit der **454**
Maßnahme. Nach überwiegender Ansicht ist dabei auf die Rechtswidrigkeit des Erfolges abzustellen (sog. **Erfolgsunrecht**).[12]

5 Vgl. *BVerwG* NJW 1996, 3151.
6 Vgl. *Pieroth/Schlink/Kniesel* Polizei- und Ordnungsrecht § 26 Rn. 22.
7 Nach *BGHZ* 99, 249.
8 Nach *BGHZ* 60, 112.
9 Vgl. BeckOK PolR NRW/*Schroeder* OBG § 39 Rn. 27; *Heusch*, in: Schönenbroicher/Heusch OBG NRW § 39 Rn. 29.
10 Vgl. BeckOK PolR NRW/*Schroeder* OBG § 39 Rn. 27; *Heusch*, in: Schönenbroicher/Heusch OBG NRW § 39 Rn. 29.
11 Vgl. *Wolffgang/Hendricks/Merz* Öffentliches Recht in Nordrhein-Westfalen Rn. 574 (auch mit Hinweis auf die zuständigen Polizeibehörden).
12 Str., vgl. dazu *Dietlein*, in: Dietlein/Hellermann Öffentliches Recht in Nordrhein-Westfalen § 3 Rn. 281, der selbst für eine analoge Anwendung des § 39 Abs. 1 lit. a OBG plädiert.

Beispiel In einer eiskalten Winternacht wird R sturzbetrunken von der Polizei im Stadtpark aufgefunden. Die Polizei will R in Gewahrsam nehmen und ihn nach Hause fahren, weil ein weiterer Verbleib des R im Freien den sicheren Tod für R bedeuten würde. Dabei leistet R so heftige Gegenwehr, dass eine wertvolle Uhr, die dem Schwager von R gehört, beim Zupacken eines Polizeibeamten zerstört wird. – Nach der nicht unbestrittenen Lehre vom Erfolgsunrecht kommt es allein auf die Rechtswidrigkeit des Erfolges an. Auch wenn die Ingewahrsamnahme des R durch die Polizei rechtmäßig ist, ist die Zerstörung der Uhr des Schwagers nach dieser Ansicht rechtswidrig i.S.d. § 39 Abs. 1 lit. b OBG und daher nach § 39 Abs. 1 lit. b OBG ersatzpflichtig. ■

JURIQ-Klausurtipp

Unter diesen Prüfungspunkt prüfen Sie inzident die Rechtmäßigkeit der in Rede stehenden Maßnahme der Polizei bzw. der Ordnungsverwaltung.

c) Schaden

455 Dritte Anspruchsvoraussetzung ist das Vorliegen eines Schadens. Als Schaden kommen körperliche Schäden oder Sachschäden in Betracht. Der Schaden umfasst außerdem die zur Schadensbeseitigung oder -minderung erforderlichen Aufwendungen.[13]

456 Der Schaden muss durch die rechtswidrige Maßnahme der Polizei bzw. der Ordnungsverwaltung verursacht worden sein. Zwischen der rechtswidrigen Maßnahme und dem Schaden muss also eine **Kausalität** bestehen.

d) Anspruchsausschluss nach § 39 Abs. 2 OBG

457 Als vierte Anspruchsvoraussetzung prüfen Sie negativ, ob der Ersatzanspruch nach § 39 Abs. 2 OBG ausgeschlossen ist. Gemäß **§ 39 Abs. 2 OBG** besteht der Anspruch nicht, soweit die **geschädigte Person auf andere Weise Ersatz erlangt hat (lit. a)** oder wenn durch die Maßnahme **die Person oder das Vermögen der geschädigten Person geschützt worden ist (lit. b)**.

Hinweis

In beiden Fällen kommt es also nur dann zu einem Anspruchsausschluss, wenn die geschädigte Person *tatsächlich* anderweitig Ersatz erlangt *hat* bzw. wenn die Person oder Vermögen der geschädigten Person *tatsächlich* geschützt worden *ist*.

458 Als **ungeschriebene Ausschlussregelung** wird über den § 39 Abs. 2 OBG hinausgehend angenommen, dass ein Ersatzanspruch nach § 39 Abs. 1 lit. b OBG grundsätzlich nicht in Betracht kommt, wenn und soweit es der Betroffene vorwerfbar versäumt hat, eine rechtswidrige Maßnahme der Polizei bzw. der Ordnungsverwaltung mittels gerichtlichen Rechtsschutzes abzuwehren (sog. **Vorrang des Primärrechtsschutzes**).[14]

13 Vgl. zum Ganzen z.B. BeckOK PolR NRW/*Schroeder* OBG § 39 Rn. 10 f.
14 Vgl. *Dietlein*, in: Dietlein/Hellermann Öffentliches Recht in Nordrhein-Westfalen § 3 Rn. 279.

3. Rechtsfolgenseite

Liegen die Anspruchsvoraussetzungen des § 39 Abs. 1 lit. b OBG vor, ist eine Entschädigung für den erlittenen Schaden zu leisten. 459

Gemäß **§ 40 Abs. 1 S. 1 OBG** wird die Entschädigung nach § 39 Abs. 1 lit. b OBG nur für **Vermögensschäden** gewährt. Für entgangenen Gewinn, der über den Ausfall des *gewöhnlichen* Verdienstes oder Nutzungsentgelts hinausgeht, und für Vermögensnachteile, die nicht in unmittelbarem Zusammenhang mit der zu entschädigenden Maßnahme stehen, ist jedoch eine Entschädigung nur zu leisten, wenn und soweit dies zur Abwendung unbilliger Härten geboten erscheint (vgl. **§ 40 Abs. 1 S. 2 OBG**). Ein Schmerzensgeld kann in Nordrhein-Westfalen nicht beansprucht werden.[15] Die Entschädigung ist **grundsätzlich** in **Geld** zu gewähren (vgl. § 40 Abs. 2 OBG).

» Lesen Sie § 40 OBG! «

Gemäß **§ 40 Abs. 4 OBG** ist ein etwaiges **Mitverschulden des Anspruchstellers bei der Entstehung des Schadens im Rahmen der Bemessung der Entschädigung** zu **berücksichtigen**. 460

Weitergehende Ersatzansprüche aus Amtspflichtverletzung bleiben **gemäß § 40 Abs. 5 OBG** unberührt. 461

II. Anspruch nach § 39 Abs. 1 lit. a OBG wegen Inanspruchnahme nach § 19 OBG

1. Überblick

Gemäß § 39 Abs. 1 lit. a OBG ist ein Schaden, den jemand durch Maßnahmen der Ordnungsbehörden erleidet, zu ersetzen, wenn er infolge einer Inanspruchnahme nach § 19 OBG entstanden ist. Der Grund für diesen Haftungsanspruch liegt in dem **Sonderopfer** für die Allgemeinheit, das der Nichtverantwortliche durch die Inanspruchnahme für die Allgemeinheit erbracht hat.[16] 462

» Lesen Sie § 39 Abs. 1 lit. a OBG! «

Im Falle einer gerichtlichen Geltendmachung des Ersatzanspruchs nach § 39 Abs. 1 lit. a OBG mittels Leistungsklage entscheiden – wie beim Anspruch nach § 39 Abs. 1 lit. b OBG – die **ordentlichen Gerichte** (vgl. **§ 43 Abs. 1 OBG**). 463

Den Anspruch nach § 39 Abs. 1 lit. a OBG prüfen Sie wie folgt: 464

PRÜFUNGSSCHEMA

Anspruch nach § 39 Abs. 1 lit. a OBG

I. Anspruchsvoraussetzungen
1. Maßnahme der Ordnungsverwaltung (bzw. der Polizei)
2. Inanspruchnahme nach § 19 OBG
3. Schaden
4. Anspruchsausschluss nach § 39 Abs. 2 OBG

II. Rechtfolgenseite

15 Vgl. *Dietlein*, in: Dietlein/Hellermann Öffentliches Recht in Nordrhein-Westfalen § 3 Rn. 280.
16 Vgl. *Wolffgang/Hendricks/Merz* Öffentliches Recht in Nordrhein-Westfalen Rn. 623.

JURIQ-Klausurtipp

Beachten Sie auch bei diesem Prüfungsschema, dass es lediglich Ihrer Orientierung dienen soll. Vgl. im Übrigen oben Rn. 448.

465 Den richtigen Einstieg in die Prüfung eines Anspruchs nach § 39 Abs. 1 lit. a OBG finden Sie mit einem möglichst präzise formulierten **Obersatz**, der wie folgt formuliert werden kann: „x (hier Anspruchssteller nennen) hat gegenüber y (hier Anspruchsgegner nennen) einen Anspruch auf Entschädigung nach § 39 Abs. 1 lit. a OBG (ggf. i.V.m. § 67 PolG NRW), wenn x einen Schaden erlitten hat, der durch eine Inanspruchnahme nach § 19 OBG entstanden ist."

2. Anspruchsvoraussetzungen

Der Anspruch nach § 39 Abs. 1 lit. a OBG hat folgende vier Voraussetzungen:

a) Maßnahme der Ordnungsverwaltung (bzw. der Polizei)

466 Erste Anspruchsvoraussetzung ist das Vorliegen einer Maßnahme der Polizei oder der Ordnungsverwaltung. Insoweit kann auf die Ausführungen oben (Rn. 451 ff.) verwiesen werden.

b) Inanspruchnahme nach § 19 OBG

467 Als zweite Anspruchsvoraussetzung prüfen Sie, ob der Anspruchssteller als Nichtverantwortlicher nach § 19 OBG (bzw. § 6 PolG NRW) in Anspruch genommen wurde. Ausweislich seines Wortlauts erfasst § 39 Abs. 1 lit. a OBG allein die *rechtmäßige* Inanspruchnahme des Anspruchsstellers als Nichtverantwortlicher.[17]

468 Über seinen unmittelbaren Anwendungsbereich hinaus wird in folgenden Fällen eine **analoge Anwendung des § 39 Abs. 1 lit. a OBG** bejaht:

- Bei einer **faktischen Inanspruchnahme eines Unbeteiligten**, der infolge einer rechtmäßigen Maßnahme der Polizei oder der Ordnungsverwaltung gegen einen polizei- bzw. ordnungsrechtlich Verantwortlichen unvermeidlich einen Schaden erleidet.[18]

Beispiel G hat eine Bank überfallen und flüchtet mit dem Fahrrad der S. Die Polizei verfolgt G und stellt ihn an einer Straßenkreuzung, indem sie den auf dem Rad sitzenden G anfährt und G dadurch an einer Weiterfahrt hindert. Das Fahrrad der S wird bei diesem Einsatz völlig demoliert. – Die Maßnahme der Polizei ist gegen G gerichtet. S wird dagegen nicht inzident nach § 19 OBG in Anspruch genommen (str.). Daher scheidet eine unmittelbare Anwendung des § 39 Abs. 1 lit. a OBG aus. In Betracht kommt aber eine analoge Anwendung dieser Vorschrift. ■

- Bei einem **Anscheinsverantwortlichen**.[19]
- Bei einem **Gefahrenverdachtsverantwortlichen**.[20]

---

17 Vgl. *Dietlein*, in: Dietlein/Hellermann Öffentliches Recht in Nordrhein-Westfalen § 3 Rn. 284.

18 Vgl. näher *Wolffgang/Hendricks/Merz* Polizei- und Ordnungsrecht in Nordrhein-Westfalen Rn. 642 f.; auch *BGHZ* 197, 43; str.

19 Vgl. *Dietlein*, in: Dietlein/Hellermann Öffentliches Recht in Nordrhein-Westfalen § 3 Rn. 285; *Wolffgang/Hendricks/Merz* Polizei- und Ordnungsrecht in Nordrhein-Westfalen Rn. 635 ff.; str.

20 Vgl. *OVG NRW* Beschl. v. 17.4.2012 – 5 A 2125/10 – juris Rn. 5; *Wolffgang/Hendricks/Merz* Polizei- und Ordnungsrecht in Nordrhein-Westfalen Rn. 640 f.

Im Falle eines Polizeihelfers und eines freiwilligen Nothelfers wird eine analoge Anwendung des § 39 Abs. 1 lit. a OBG dagegen verneint, weil wegen der Freiwilligkeit keine dem § 39 Abs. 1 lit. a OBG vergleichbare Interessenlage vorliege.[21] **469**

c) Schaden

Dritte Anspruchsvoraussetzung ist das Vorliegen eines Schadens. Insoweit kann auf die Ausführungen oben (Rn. 455 f.) verwiesen werden. **470**

d) Anspruchsausschluss nach § 39 Abs. 2 OBG

Als vierte Anspruchsvoraussetzung prüfen Sie negativ, ob der Ersatzanspruch nach § 39 Abs. 2 OBG ausgeschlossen ist. Insoweit kann auf die Ausführungen oben (Rn. 457 f.) verwiesen werden. **471**

3. Rechtsfolgenseite

Liegen die Anspruchsvoraussetzungen des § 39 Abs. 1 lit. b OBG vor, ist der erlittene Schaden zu ersetzen. Insoweit kann auf die Ausführungen oben (Rn. 459 ff.) verwiesen werden. **472**

III. Verjährung der Ansprüche nach § 39 OBG

Gemäß **§ 41 OBG** gelten für die Verjährung der Ansprüche aus § 39 Abs. 1 OBG die Bestimmungen des BGB (§§ 199 Abs. 2, 3, 200 BGB) über die Verjährung von Schadensersatzansprüchen entsprechend. Die Ansprüche verjähren daher **regelmäßig in drei Jahren**, wobei die Verjährungsfrist mit der Kenntniserlangung des Schadens und der entschädigungspflichtigen Anspruchsgegners, ohne Rücksicht hierauf in 30 Jahren. **473**

» Lesen Sie § 41 OBG! «

C. Regressanspruch eines Hoheitsträgers gegen den Bürger

Gemäß **§ 42 Abs. 2 OBG** kann derjenige, der nach § 39 Abs. 1 lit. a OBG ersatzpflichtig ist, in **entsprechender Anwendung der §§ 677 ff. BGB** den Ersatz seiner Aufwendungen von den nach §§ 17 und 18 OBG ordnungspflichtigen Personen verlangen. Über einen solchen Ersatzanspruch entscheiden im Streitfalle die **Verwaltungsgerichte** (vgl. **§ 43 Abs. 2 OBG**). Statthafte Klageart ist in diesem Falle die allgemeine Leistungsklage. **474**

» Lesen Sie § 42 Abs. 2 OBG! «

Hinweis

Über § 67 PolG NRW findet § 42 Abs. 2 OBG auch im Polizeirecht Anwendung.

21 Vgl. *Wolffgang/Hendricks/Merz* Polizei- und Ordnungsrecht in Nordrhein-Westfalen Rn. 644–660.

475 Der Regressanspruch des § 42 Abs. 2 OBG besteht dann, wenn § 39 Abs. 1 lit. a OBG **unmittelbar anwendbar** ist. In den oben (Rn. 468) erwähnten Fällen, in denen eine analoge Anwendung des § 39 Abs. 1 lit. a OBG angenommen wird, um bestimmten Geschädigten einen Entschädigungsanspruch über den unmittelbaren Anwendungsbereich des § 39 Abs. 1 lit. a OBG hinaus zu gewähren, greift § 42 Abs. 2 OBG dagegen nicht. Einer analogen Anwendung des § 42 Abs. 2 OBG oder einer Anwendung dieser Vorschrift im Wege der Rechtsfortbildung steht der rechtsstaatliche **Vorbehalt des Gesetzes** entgegen. Eingriffsnormen können nicht zu Lasten des Bürgers angewendet werden.[22]

Beispiel In unserem Beispiel oben (Rn. 468) kann S als faktisch belastete Unbeteiligte nach § 39 Abs. 1 lit. a OBG Ersatz für die Beschädigung ihres Fahrrades vom Land verlangen. Das Land kann aber seinerseits keinen Regress bei G nehmen, weil die Polizei nur in analoger Anwendung des § 39 Abs. 1 lit. a OBG zur Entschädigung gegenüber S verpflichtet ist. ■

Online-Wissens-Check

Welches Verhalten fällt unter eine Maßnahme i.S.d. § 39 Abs. 1 OBG?

Überprüfen Sie jetzt online Ihr Wissen zu den in diesem Abschnitt erarbeiteten Themen. Unter **www.juracademy.de/skripte/login** steht Ihnen ein Online-Wissens-Check speziell zu diesem Skript zur Verfügung, den Sie kostenlos nutzen können. Den Zugangscode hierzu finden Sie auf der Codeseite.

22 Vgl. zum Ganzen *Dietlein*, in: Dietlein/Hellermann Öffentliches Recht in Nordrhein-Westfalen § 3 Rn. 293.

D. Übungsfall Nr. 4

Autoschaden durch städtischen Poller[23] 476

A ist Taxifahrer in der kreisfreien Stadt B. In der Innenstadt von B gibt es im Bereich der H.-Straße eine Fußgängerzone. Die Fußgängerzone wird durch einen versenkbaren, automatisch gesteuerten hydraulischen Poller abgesperrt, der von der Straßenverkehrsbehörde der Stadt B installiert wurde. Der Poller soll verhindern, dass unbefugte Personen in die Fußgängerzone fahren. Personen, die – wie A als Taxifahrer – eine ausdrückliche Gestattung besitzen, dient der versenkbare Poller als Ausfahrtmöglichkeit aus der Fußgängerzone, wenn sie an anderer Stelle in die Zone hineingefahren sind.

Eines Morgens möchte A die Ausfahrtmöglichkeit über den versenkbaren Poller nutzen. Unvorhersehbar fährt der Poller aufgrund eines technischen Defekts nach seinem Absenken sofort wieder hoch, gerade als der sich ordnungsgemäß verhaltende A vorsichtig über den Poller fährt. Der hochfahrende Poller beschädigt das Taxi des A nicht unerheblich. A fordert daraufhin die Stadt B auf, ihm Ersatz für die Beschädigung seines Taxis leisten. Die Stadt B bestreitet, den Schaden schuldhaft verursacht zu haben und lehnt Ersatzleistungen ab.

A sucht einen Rechtsanwalt auf und bittet ihn zu prüfen, ob es eine Möglichkeit gibt, den Schaden von der Stadt B ersetzt zu bekommen, ohne dass es darauf ankommt, ob die Stadt B den Schaden verschuldet hat, denn er will sich nicht über Jahre mit der Stadt B darüber streiten, ob sie den Schaden verursacht hat oder nicht.

Prüfen Sie die Angelegenheit gutachterlich aus anwaltlicher Sicht!

Lösung 477

I. Vorüberlegungen

A will gegenüber der Stadt B einen Ersatzanspruch für die Beschädigung seines Taxis durch den unvorhergesehen hochfahrenden Poller geltend machen. Nach dem ausdrücklichen Wunsch des A soll der Anspruch auf eine rechtliche Grundlage gestützt werden, die eine verschuldensunabhängige Haftung der Stadt B ermöglicht. Unter Zugrundelegung dieser Prämisse scheidet ein Schadenersatzanspruch aus Amtshaftung nach § 839 BGB i.V.m. Art. 34 GG von vornherein aus. Als Anspruchsgrundlagen für verschuldensunabhängige Ersatzansprüche kommen § 39 Abs. 1 lit. b und a OBG in Betracht. Beide Anspruchsgrundlagen unterscheiden sich zwar in den Voraussetzungen, nicht aber in der Rechtsfolge. Ihrer Rechtsnatur nach handelt es sich bei den Ansprüchen nach § 39 Abs. 1 OBG um besondere Ausprägungen des allgemeinen Aufopferungsgedankens.[24]

II. Anspruch des A nach § 39 Abs. 1 lit. b OBG

A hat gegen die Stadt B einen Anspruch auf Entschädigung nach § 39 Abs. 1 lit. b OBG, wenn die Voraussetzungen dieses Anspruchs vorliegen.

1. Anspruchsvoraussetzungen

a) Maßnahme der Ordnungsbehörde

Gemäß § 39 Abs. 1 lit. b OBG müsste zunächst eine Maßnahme der Ordnungsbehörden gegeben sein. Der Begriff der Maßnahme wird weit ausgelegt. Er umfasst vielfältiges positives Tun.

23 Nach *OLG Köln* NZV 2004, 95.

24 Vgl. *Rachor*, in: Lisken/Denninger Handbuch des Polizeirechts M Rn. 1, 33, 39.

Fraglich ist, ob im vorliegenden Fall eine solche Maßnahme vorliegt. An sich ist mit einer Maßnahme ein positives menschliches Tun durch Behörden gemeint, durch das jemand einen Schaden erleidet. Im vorliegenden Fall wurde das Taxi jedoch durch den unvorhergesehen hochfahrenden Poller verursacht. Bei dem Poller handelt es sich eigentlich nicht um ein positives Tun durch die Straßenverkehrsbehörde. Somit könnte angenommen werden, dass keine Maßnahme i.S.d. § 39 Abs. 1 lit. b OBG vorliegt. Etwas anderes könnte aber dann gelten, wenn man das Absenken und das Hochfahren des Pollers in Anbetracht der Rechtsprechung des Bundesgerichtshofs zum sog. „feindlichen Grün" (s.o. Rn. 451) als Maßnahmen der Straßenverkehrsbehörde qualifizieren, der Straßenverkehrsbehörde also die Funktionen des Pollers zurechnen könnte. Dies wäre der Fall, wenn dem Poller ein Handeln der Straßenverkehrsbehörde zugrundeliegen würde, das auf die Regelung des Verkehrs gerichtet ist, so dass die durch eine solche Anlage vorgenommene Verkehrsregelung die gleiche Funktion wie die Regelung durch Polizei- oder Ordnungskräfte hätte. Dies wird in der Rechtsprechung angenommen.[25] Die Rechtsprechung steht auf dem Standpunkt, dass die Straßenverkehrsbehörde mit der Einrichtung des Pollers – wie bei einer Lichtzeichenanlage – von ihrer Befugnis nach §§ 44, 45 StVO Gebrauch mache, den Verkehr zu regeln. Damit bezwecke sie eine Kostenersparnis und eine Vereinfachung bei der Verkehrsregelung, indem sie die eigentlich zur Durchsetzung der Verkehrsregelung erforderlichen menschlichen Maßnahmen und Weisungen durch eine automatische Anlage ersetze. Die durch eine solche Anlage vorgenommene Verkehrsregelung habe demnach die gleiche Funktion wie die Regelung durch Polizei- oder Ordnungskräfte. Der Anlage liege ein Handeln der Straßenverkehrsbehörde zugrunde, das auf die Regelung des Verkehrs gerichtet sei. Daher seien der Straßenverkehrsbehörde die einzelnen Funktionen der Anlage zuzurechnen. Für den vorliegenden Fall bedeutet dies, dass die durch den automatisch gesteuerten, hydraulischen Poller gegebenen Gebots- und Verbotszeichen in Form des Hochfahrens und des Absenkens ihre Existenz dem Handeln der Straßenverkehrsbehörde verdanken und ihr demnach zuzurechnen sind. Das Hochfahren und das Absenken des Pollers stellen folglich Maßnahmen i.S.d. § 39 Abs. 1 lit. b OBG dar.

Die Straßenverkehrsbehörde ist eine Sonderordnungsbehörde i.S.d. § 12 OBG und somit ohne Weiteres eine Ordnungsbehörde i.S.d. § 39 Abs. 1 lit. b OBG.

Eine Maßnahme der Ordnungsbehörde i.S.d. § 39 Abs. 1 lit. b OBG liegt folglich vor.

b) Rechtswidrigkeit der Maßnahme

Der Anspruch nach § 39 Abs. 1 lit. b OBG setzt des Weiteren die Rechtswidrigkeit der Maßnahme voraus. Nach überwiegender Ansicht ist dabei auf die Rechtswidrigkeit des Erfolges abzustellen (sog. Erfolgsunrecht). Auf dieser Grundlage ist unter keinem Gesichtspunkt anzunehmen, dass die Straßenverkehrsbehörde berechtigt sein kann, Fahrzeuge, die aus der Fußgängerzone herausfahren und dabei den versenkten Poller überqueren müssen, zu beschädigen. Die erforderliche Rechtswidrigkeit ist somit gegeben.

c) Schaden

Es müsste ein Schaden entstanden sein. Als Schaden kommen u.a. ein Sachschaden und die zur Schadensbeseitigung erforderlichen Aufwendungen in Betracht. Indem das Taxi des A durch den unvorhergesehen hochfahrenden Poller beschädigt wurde und repariert werden muss, ist ein Schaden durch die rechtswidrige Maßnahme der Straßenverkehrsbehörde eingetreten.

d) Anspruchsausschluss gemäß § 39 Abs. 2 OBG

Zu prüfen ist, ob der Anspruch nach § 39 Abs. 1 lit. b OBG nach § 39 Abs. 2 OBG ausgeschlossen ist. Ein Ausschluss kommt in Betracht, wenn A auf andere Weise Ersatz erlangt hat (lit. a) oder wenn durch die Maßnahme die Person oder das Vermögen des A geschützt worden ist (lit. b). Weder von dem Ausschlussgrund des lit. a noch von dem des

25 Vgl. *OLG Düsseldorf* VersR 1997, 1234.

lit. b kann im vorliegenden Fall die Rede sein. Der Anspruch nach § 39 Abs. 1 lit. b OBG ist demnach nicht ausgeschlossen.

e) Ergebnis zu 1.

Die Anspruchsvoraussetzungen des § 39 Abs. 1 lit. b OBG liegen vor.

2. Rechtsfolgenseite

Die Stadt B hat A den erlittenen Schaden zu ersetzen. Ersetzt werden gemäß § 40 Abs. 1 S. 1 OBG Vermögensschäden. Darunter fällt der Schaden, den A durch die Beschädigung seines Taxis erlitten hat. Die Stadt B hat A Geld zu gewähren (vgl. § 40 Abs. 2 OBG).

Der Anspruch des A könnte jedoch zumindest gemindert sein, wenn A den Schaden mitverursacht hat (vgl. § 40 Abs. 4 OBG). Eine Mitverursachung könnte A angelastet werden, wenn A die Beschädigung seines Taxis durch ein Fehlverhalten bei der Ausfahrt aus der Fußgängerzone und dem Überfahren des abgesenkten Pollers selbst (mit-)verursacht hätte. Für ein solches Mitverschulden ergeben sich aus dem Sachverhalt jedoch keine Anhaltspunkte; vielmehr hat sich A nach den Angaben im Sachverhalt ordnungsgemäß verhalten. Ein Mitverschulden des A scheidet demnach aus.

3. Ergebnis zu II.

A hat gegen die Stadt B einen Anspruch auf Ersatz des Schadens, den A durch die Beschädigung seines Taxis durch den unvorhergesehen hochfahrenden Poller erlitten hat.

III. Anspruch des A nach § 39 Abs. 1 lit. a OBG

Neben dem Anspruch nach § 39 Abs. 1 lit. b OBG könnte A auch einen Anspruch gemäß § 39 Abs. 1 lit. a OBG haben. Dieser Anspruch unterscheidet sich hinsichtlich seiner Voraussetzungen von dem zuerst genannten Anspruch allein dadurch, dass der Schaden nicht durch eine rechtswidrige Maßnahme, sondern durch eine Maßnahme infolge einer Inanspruchnahme nach § 19 OBG verursacht worden sein muss. Dass A von der Straßenverkehrsbehörde als Nichtverantwortlicher zur Abwehr einer Gefahr in Anspruch genommen wurde, ist jedoch nicht der Fall. Somit kommt ein Anspruch des A gegen die Stadt B gemäß § 39 Abs. 1 lit. a OBG nicht in Betracht.

IV. Ergebnis

A hat gegen die Stadt B einen Anspruch auf Ersatz des Schadens, den er durch die Beschädigung seines Taxis erlitten hat. Der Rechtsanwalt wird diesen verschuldensunabhängigen Ersatzanspruch bei der Stadt B, die als kreisfreie Stadt Kostenträgerin und damit Entschädigungspflichtige ist (vgl. §§ 42 Abs. 1 S. 1, 45 Abs. 1 S. 2 OBG) geltend machen. Im Falle der gerichtlichen Geltendmachung sind die ordentlichen Gerichte gemäß § 43 Abs. 1 OBG zuständig.

Sachverzeichnis

Die Zahlen verweisen auf die Randnummern.